U0052863

錢穆
作品精萃

中國史學發微

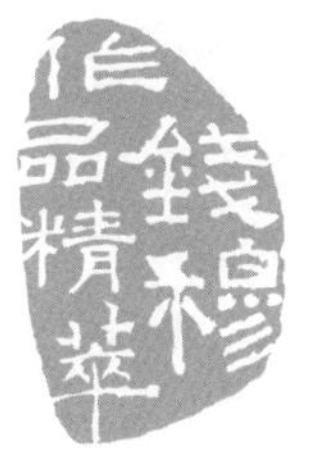

錢穆

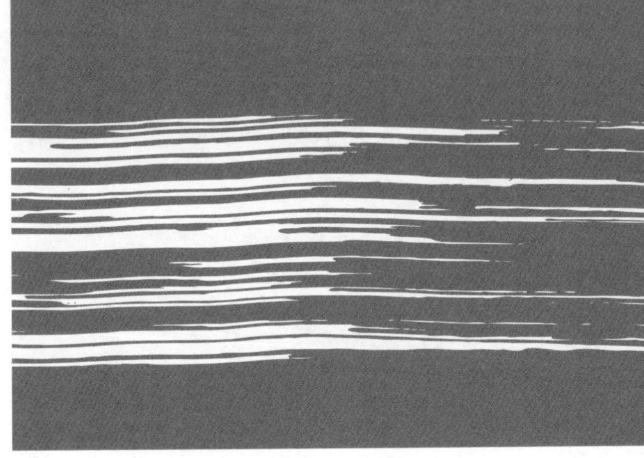

三民書局

錢穆作品精萃序

錢穆先生身處中國近代的動盪時局，於西風東漸之際，毅然承擔起宣揚中華文化的重任，冀望喚醒民族之靈魂。他以史為軸，廣涉群經子學，開闢以史入經的嶄新思路，其學術成就直接反映了中國近代學術史之變遷，展現出中華傳統文化的輝煌與不朽，並撐起了中華學術與思想文化的一方天地，成就斐然。

三民書局與先生以書結緣，不遺餘力地保存先生珍貴的學術思想，希冀能為傳揚先生著作，以及承續傳統文化略盡綿薄。

自一九六九年十一月迄於一九九一年十二月，二十多年間，三民書局總共出版了錢穆先生長達六十餘年（一九二三～一九八九）之經典著作——三十九種四十冊。茲序列書目及本局初版日期如下：

中國文化叢談……（一九六九年十一月）

中國史學名著……（一九七三年二月）

文化與教育……(一九七六年二月)

中國學術思想史論叢(一)……(一九七六年六月)

國史新論……(一九七六年八月)

中國歷代政治得失……(一九七六年八月)

中國歷史精神……(一九七六年十二月)

中國學術思想史論叢(二)……(一九七七年二月)

世界局勢與中國文化……(一九七七年五月)

中國學術思想史論叢(三)……(一九七七年七月)

中國學術思想史論叢(四)……(一九七八年一月)

黃帝……(一九七八年四月)

兩漢經學今古文平議……(一九七八年七月)

中國學術思想史論叢(五)……(一九七八年七月)

中國學術思想史論叢(六)……(一九七八年十一月)

中國學術思想史論叢(七)……(一九七九年七月)

歷史與文化論叢……(一九七九年八月)

中國學術思想史論叢(八)……（一九八〇年三月）
湖上閒思錄……（一九八〇年九月）
人生十論……（一九八二年七月）
古史地理論叢……（一九八二年七月）
八十憶雙親・師友雜憶（合刊）……（一九八三年一月）
宋代理學三書隨劄……（一九八三年十月）
中國文學論叢……（一九八三年十月）
現代中國學術論衡……（一九八四年十二月）
秦漢史……（一九八五年一月）
中華文化十二講……（一九八五年十一月）
莊子纂箋……（一九八五年十一月）
朱子學提綱……（一九八六年一月）
先秦諸子繫年……（一九八六年二月）
孔子傳……（一九八七年七月）
晚學盲言（上）（下）……（一九八七年八月）

中國歷史研究法……………………（一九八八年一月）
論語新解……………………………（一九八八年四月）
中國史學發微………………………（一九八九年三月）
新亞遺鐸……………………………（一九八九年九月）
民族與文化…………………………（一九八九年十二月）
中國思想通俗講話…………………（一九九〇年一月）
莊老通辨……………………………（一九九一年十二月）

二〇二二年，三民書局以全新設計，將先生作品以高品質裝幀，隆重推出珍藏精裝版，沉穩厚實的木質色調書封，搭配燙金書名，彰顯國學大家的學術風範，並附贈精美藏書票，期能帶領讀者重回復古藏書年代，品味大師思想精髓。

謹以此篇略記出版錢穆先生作品緣由與梗概，是為序。

三民書局
東大圖書 謹識

序一

中國學業相傳，向分經、史、子、集四部。經學最早，但實惟有《詩》、《書》兩部。《詩》三百，迄今猶存。《書》則惟商、周兩代少數幾篇政治文件，或最先當起於盤庚以後。至唐、虞、夏代，如〈堯典〉、〈禹貢〉之類，皆出戰國後人撰寫，非孔子前所有。至於禮，《論語》：「子所雅言。《詩》、《書》、執禮。」則禮非成書，故稱「執禮」，與《詩》、《書》不同。《儀禮》僅屬士禮，乃孔子以下人所造。〈周官〉更屬後起，當在戰國之晚世，或當在〈虞〉、〈夏書〉之後。樂則無專書記載。即孔子時，鄭、衛之聲，已非古樂。孔子在齊聞韶，韶樂乃自陳達齊，但亦決非傳自舜代。惟在孔子時，已屬南方之樂之稍古僅存者。至孟子時，古樂今樂已顯相分別。《易》雖古代相傳，但孔子時亦僅為一卜筮之書。《易傳》則當出秦始皇時代，已雜采儒道兩家義成書。孔子前雖有《詩》、《書》，亦不稱之為「經」。蓋古代學術尚未流通，惟政府最高層始掌有之。故孔子曰：「《春秋》，天子之事。」

學術傳於社會下層，其事始於孔子。戰國諸子著書，墨家最先有經。漢代諸儒以孔門相傳有禮、樂、射、御、書、數六藝之學，遂誤稱「六經」。而實是《詩》、《書》、《儀禮》、《周易》及孔子《春秋》，只五書，尚缺一《樂經》。漢武帝乃立五經博士，後代經學惟五經有傳記注疏，此外不再有增。則雖有經學之名，而其學術相傳，則惟傳述，無創作，與史、子、集三部有不同。

先秦諸子相傳為九流十家，最先起者為孔門儒家。孔子為中國自古相傳私人講學之始，前後門弟子共七十七人，後世譌稱七十二人。然姓字見於《論語》者，不達半數。《論語》乃孔門師弟子相聚講論語言之記載。然其書相傳，至孟子後，始正式編纂為上下二十篇。故在《孟子》書中，亦尚不見《論語》一書名。墨翟繼孔子而起，但墨家先有成書。如今傳《墨子》及〈墨經〉，其書皆出《論語》為書行世前。其他各家成書，則全出儒、墨後。但獨有小說一家，則其成書當尚有在孔子之前者。

九流各成一家之言，以其門弟子相聚相傳，如同屬一家，故稱「家言」。家族之「家」，指血統言。諸子成「家」，乃指其所講貫之道統言。獨小說家則不然，因小說家所彙集之諸書，尚遠起在孔子儒家講學之前。古代有史官，由周天子分派於列國諸侯間，世襲其位。又有正史、稗史之別。正史居諸侯之國都，稗史則散居國都外城鄉間。其有關稗史所記載之文字，散見於今傳《左傳》諸書中者，尚不少。余已在他篇論及，此不詳。戰國小說家言，則即由其時之稗史來。

如是則在子學中，豈不即包涵有史學？其實不止於此，即如縱橫家言，豈非即戰國時代有關當前國際事件一種互相分派之爭論與抗議？其實尚不止此，即如孔子為儒家開山，但「甚矣，吾衰也。久矣，吾不復夢見周公」，又曰：「如有用我者，吾其為東周乎。」則孔子之意，乃欲上承周公。後儒則又自周公上推堯、舜、禹、湯、文、武之唐、虞、三代。墨翟繼孔子起，自為家言，則曰：「非大禹之道，不足以為墨。」是墨家於唐、虞、三代中，獨取夏禹一人為法。道家繼儒、墨而起，乃更上推黃帝，而唐、虞、三代皆在其下。但又有為神農之言者許行，創為農家言。其次如陰陽家，則伏羲氏、神農氏、黃帝、堯、舜以至三代，凡中國史歷古相傳諸帝王，皆在網羅取法之中。而秦之統一，則其君自稱始皇帝，是亦上承雜家呂不韋《春秋・十二紀》來。則凡先秦諸子學，實可謂乃無一而非源自史學。

此後漢代史學繼起，其太史官司馬談討論六家要旨，而私意所宗，則更在道家。其子司馬遷繼之，乃益尊儒家，故既為〈孔子世家〉，又作〈孔子弟子列傳〉與〈孟荀列傳〉，於諸子中最為特出。其〈自序〉則曰：「通天人之際，明古今之變，成一家之言。藏之名山，傳之其人。」是史遷之為史，亦求上承諸子立言成家。則子、史之學，自古人視之，其間實無大分別。此後二十五史以及三通諸書，乃亦如諸子，各成家言。尤可以宋代之歐陽修為之例。如此中國之子學與史學，豈不貌分而神合，可離而可通乎？

再次言及集部。集部有駢散之分。最先駢體肇始於屈原之〈離騷〉。《詩》、〈騷〉並言，則〈離騷〉亦可謂乃上自經來。太史公以屈原與賈生並傳，賈誼〈治安策〉乃漢初一名奏議，則〈離騷〉豈不亦可通於子與史？其下乃有三國時代之建安文學，乃始由西漢自〈離騷〉轉為駢體辭賦，又轉入散文中來。如曹操之奏議詔令，皆可納入文學之集部。諸葛亮〈出師表〉，亦入集部。實則此等文字，皆亦子亦史。又如晉、宋時代之陶潛，其所為詩辭傳記，如〈歸去來辭〉，如〈桃花源記〉諸文，皆即其一人之史，亦即其一家之言，豈不史與子與集之三部，實可通而為一乎？

唐代韓昌黎唱為古文，乃始正式由駢變而為散。其自言：「好古之文，好古之道也。」則其言亦子亦史。一人之集，至少乃為其一人之自傳，亦即當歸入一民族一國家之文化道統中。故集部興起，乃為四部之最後。其實古代之經，如《詩》、《書》，尤其如《古詩》三百首，豈不亦如後代文學一集部？亦可謂集部即是子，但較單純而已。而其當可列入史部，則更不待論。是則中國四部之學，其實約略言之，只是子、史之兩部分。孔子作《春秋》，又與其門弟子所言合成一《論語》。《春秋》經而即史，而《論語》是子，但亦可稱為一集部。是則孔子一身已兼有了四部之學，故後人尊之為「至聖先師」。

此下於四部之學最有完整成就者，當推北宋時代之歐陽修，其生平著述，可謂經、史、子、集四部皆備。如其為《新五代史》，乃史部之正宗。又兼修《新唐書》，亦入二十五史中。而其於經學，皆有成書。其於《詩經》方面姑不論，而其於《易經》，疑《易傳》非孔子作，此乃自孔子以來，一千年後始發其議。歐陽子自謂再歷一千年又有第二人，兩千年可得第三人，三人為眾，則此一人所疑，二千年後，即當成為眾人之所疑矣。此其運思持論，何等高明而廣大，悠久而深沉。可見由一人之學而成為家學，由一家之學而成為千古之羣學，即道統所存，即於歐陽修一人之身，亦已明白曝露無疑矣。

又歐陽修之文，上承韓愈。而其闢佛，則成為〈本論〉。以一人之所疑，所反對，化而為全國之政教，此即由集為子一明證。故由歐陽一人，而中國四部之學之可得達成於一家，亦即明白可證矣。

余此書專為史學發微，苟其人不通四部之學，不能通古今之變而成其一家之言，又何得成為一史家。上之如漢代之司馬遷，後之如宋代之歐陽修，皆可為明證。惟孔子則尤其為至聖先師，為一切中國學人之最高楷模。此則治中國學術，皆當以此為法。此非空言，乃實際標準之所在，則尤貴學者之能深思而明辨之。心知其意斯可矣，又何貴於繁言與空論。

中華民國七十六年一月錢穆識於臺北士林外雙溪之素書樓時年九十有三

序　二

西方人重空間觀，但缺時間觀。古希臘人即有幾何學，作航海測量之用，但幾何學非以測時間。中國古人，則立標測日影，即知重時間。又曰：「風雨如晦，鷄鳴不已。」雄鷄司晨，亦以測時間為重。

阿剌伯人有《天方夜譚》，其間有〈能言鳥〉一故事。三兄弟同求能言鳥，兩兄已失踪，其弟繼續追求。一術士告之，循山路上行，路旁有呼聲，勿回顧，則能言鳥易得。其弟乃塞耳上山，路旁叢石聳立呼喝不已，愈上則石愈多，聲愈大。其弟因已塞兩耳，幸能終不回顧。竟得能言鳥所在，取之以歸。路旁石皆起立重得為人。蓋皆來尋能言鳥者，聞聲回顧，遂化成石。此亦如人讀史，過重以往，乃隨前人過去，亦如失敗，無以向前。歷史乃前人一切以往故事，可稱已均屬失敗。回讀史籍，亦如人重蹈覆轍，自陷深淵，重歸失敗。能言鳥故事即此意。古希臘濱海而居，非出國渡海，遠向他邦，即無以經商，亦即無以為生。阿剌伯人居沙漠中，非渡越此沙漠，生命亦無前途。故此兩種人，多主向前，不重回顧。歷史故事皆屬以往，非彼輩所當流連。耶穌則猶太人，其創始宗教，乃謂人生從天堂降謫，死後將重返天堂，俾得安居。凱撒事凱撒管，歷史則屬人間事，全屬凱撒，為上帝所不管。信奉宗教，自不留心歷史。西方文化會合此輕視歷史之三大淵源，遂無史學可言。

中國人則謂：「前車之覆，後車之鑒。」前人隨時過失，後人即當警戒。並且前世以往亦並非無成功之處，亦可資後人以承襲與模仿。歷史教人向前，即因其能知過善改，亦因其能善所承襲。西漢人言：「自古無不亡之國。」其時則中國歷史已歷兩千年以上，伏羲、神農、黃帝以迄唐、虞、夏、商、周，以至秦漢，一部兩千年以上之歷史，豈不告人以人類已往，歷史有得有失，有成有敗，使人知所警惕，有過能改。則過而常存，去而復來，乃得依然向前。人生遂能發出前所未有之聰明與措施，而改善其將來。如此則歷史所記乃人道，實亦即天道。人類智識貴在此不斷過程中，求獲將來之新得。故曰：「所過者化，所存者神。」如人一日三餐，有排泄，但亦有存留。惟其所存留已非故物，因謂之「化」。化則非屬過去，故曰：「所存者神。」莊周言：「萬物一也。是其所美者為神奇，其所惡者為臭腐。臭腐復化為神奇，神奇復化為臭腐。故曰通天下一氣耳。」是則歷史非盡屬過去，乃成一種神化作用。西方人輕視歷史，則過去盡成臭腐，如希臘，如羅馬，乃至如近代之英法，不久亦當全成為臭腐。而中國則上下五千年通為一體，盡成神奇，此豈西方之所有。人文學中之史學，其功用乃如是。

《易》言：「一陰一陽之謂道。」必經以往過失，始得繼續生存。孔子曰：「執其兩端，用其中於民。」過去與將來，即屬人生之兩端。當前現在，則是其中。歷史可貴處，即在其屬於過去之一端。不斷過失，實亦為不斷存在之前因。即在此過失中，求一不斷之嚮往。儻盡放棄其一切過去於不顧，則此端既不存在，亦即無其他一端可言。既無過去，亦即無將來，更又何從尋得一向前之生路。中國人言「死生」、「存亡」，此即兩端。不死又何有生，不亡亦何有存。

中國人又言「道」字。道即一條路，向前一步，則失去了其走過之一步。其實就其不斷向前言，則一步過去，亦即是一步完成。但當求前途之所止。而人生無窮，則其前途亦無止。故步步向前，非只是步步過去，實亦是步步完成。人類歷史正如此。司馬遷引《詩》以讚孔子曰：「高山仰止，景行行之。雖不能至，心嚮往之。」此見人類遠大成功之一境，亦即無可至不能止之一境。而「景行行之」之逐一步驟，則亦盡在逐步向前之途上。即過失，亦進步，同時亦即是完成。此則中國人之歷史觀。

余嘗謂人生即歷史。人生之最要過程在能知過勿憚改。歷史亦然。孔子時時夢見周公，但其老年則曰：「甚矣，吾衰也。久矣，吾不復夢見周公。」周公在孔子當時，實已成為一過去人物，亦可謂一失敗人物。儻周公不過去不失敗，則周室亦不東遷。故孔子又曰：「如有用我者，吾其為東周乎。」則孔子已知周公當年之道，不復可行於孔子之時矣。孔子又曰：「夏禮吾能言之，杞不足徵也。殷禮吾能言之，宋不足徵也。」此亦如周禮能言，而魯不足徵。其言不足徵，即猶言過去之亡失。但亡失者乃其事，非其道。又曰：「其或繼周者，雖百世可知。」杞、宋不足徵，即夏、殷兩代已在過失中。魯不足徵，即周公與西周亦盡在過失中。其或繼周者，有繼周而起，此即「自古無不亡之國」之先聲。歷史在過去中，乃指其事，非言其道。而人生則貴在有將來。但非有過去，又何得有將來？是則歷史即人生，但可謂乃指其前一半之已過已失言，非指後一半常存常在之將來言。而將來之可知，則即在過去中。雖可知而不可知，雖不可知而仍可知。此則讀史而明其道乃可知。

故人道即天道，當前之中國，或可謂孔子已先知之。所以孔子往日之所言，至今仍有可用。以今日世界之情況言，亦可謂早在孔子之預見中。然而孔子之在今，豈不亦已成為一過去人物？孔子之所言，迄今已兩千年，早已過去，又豈得一一有用？是則貴在傳孔子之道者，斟酌而善行之。果尚求為東周，則盡人而明知其非矣。但此孔家店，則仍然不得打倒。此則當前之中國人，又誰歟能深識其意旨之所在？

知過去乃知將來，知亡失乃知存在。西方人不肯認有過，又不喜言亡失，故不愛言歷史。其所言之歷史，則盡屬成功一方面，如言希臘史、羅馬史，以迄於最近之英法史，當前之美蘇史，莫不皆然。使人僅見有當前之形成，而不見有以往之過失。則試問個人人生又焉得僅有生存，而無死亡。西方之耶穌教言，人死仍有靈魂上天堂，則正是此義。

中國人貴能知過，又貴能改過，故其言歷史亦常在言人生之過失處。知得人生已往之過失，則亦易知當前及將來之所得完成。西方人則僅知此一端，不知彼一端。如羅馬人，僅言己是，不言希臘人之過失處。現世英法人，亦僅言己是，而亦不言以往羅馬人之過失處。即如當前之美蘇，亦僅能各言己是，而不能言英法已成過去之一切前非。但美蘇自己不遠將來，亦將自陷於過失中。故西方乃終不能有其如中國般之史學，乃使其人生常陷於過失中，而不能自拔。

孔子言：「七十而從心所欲不踰矩。」孔子僅生七十二年，但至七十始能從心所欲，而不見有過失。則其前七十年，豈不亦常在過失中？故孔子「學不厭」，即學求其少過。但中國亦僅有孔子一人為至聖先師，則其他人亦盡不如孔子，斯其畢生多過可知。學史功夫即在知過。孔子作《春秋》，試問春秋兩百四十年，又誰一人能在無過中？孔子稱：「微管仲，吾其被髮左衽矣。」然又曰：「管仲之器小哉。」則雖管仲，又焉能無過？故歷史多過，學史在求少過，直待天下太平，始為至善可止。則試問何日能達？故孔子之門人言，孔子之死，亦僅孔子之休息，尚待後學繼起，續加努力。西方人只認各有長處，並日在進步中，此乃西方人之歷史觀。今日國人慕之，不論是非，不問過失，惟知求變求新，日趨進步。即如原子彈發明，亦是一進步，並是一大進步。但不僅不問進步之所止，亦不問進步之當前實況究如何。此為中西雙方民生精神之不同，此即其既往歷史，亦宜無可相同矣。

中國人言「鑒古知今」，西方人則貴開闢創造，求變求新。即當前之美蘇，又當變，又當新。但新又如何？則非當前之所知矣。

又西方人重多數，故其歷史亦惟重多數。而在中國則惟少數人能入史，能為歷史人物。西方人既不重歷史人物，乃有無歷史人物，但只惟變惟新而已。故西方人論新舊，中國人則重褒貶。又少褒而多貶，即新亦可貶。又孔子前人言立德、立功、立言為「三不朽」，但孔子則並此而不言，乃惟言一「學」字。過往歷史，即在其所學中。而西方人則曰：「吾愛吾師，吾尤愛真理。」師則可在歷史中，而真理則多在歷史外。故西方不重有史學。此一大要端，亦誠不可不深論。

今日國人好罵中國史，謂其全屬過失，毫無進步。以另一觀點另一角度言，此亦庶或有當。西方人因貴多數，多人所是即為是，多人所得即為得。時刻在求得中，此正當前西方民主社會乃有此，誠亦當前一史實。中國則重己重少數，孔子曰：「知吾者其天乎。」又曰：「人不知而不慍，不亦君子乎。」但孔子作《春秋》，當為中國史學之開山，則宜其難為今日國人之崇慕西化者言之。

今日國人讀中國史，亦必稍知中國之傳統文化為如何。希讀吾書者，其亦深思之。今試再易辭言之，中國人惟知愛重歷史，故能蔓延擴張，以有今日。西方人只為不愛重歷史，乃日趨分裂，亦直達於今。今日國人惟西方之是信是崇，乃亦分為兩國，一崇美，一崇蘇。明證當前，豈不與人以共鑒。儻使我當前之國人，仍能回頭一讀中國史，則此下宜分宜合，亦自當知所從事矣。余既為《中國史學發微》一書作序，意有未盡，再草此篇。

中華民國七十六年二月錢穆識於素書樓

中國史學發微

目次

上篇

下篇

續記

一、國史漫話

此稿成於雲南宜良，在余《國史大綱》成書之後，繼《史綱・引論》發表於昆明之某報，張君起鈞剪存之。攜赴重慶，又轉恩施，並挾之以赴北平。嗣又攜此稿來臺。輾轉數萬里，歷時三十載。張君檢以示余。余久忘之，重獲展讀，深感張君鄭重此稿之美意。張君重欲將此稿刊布於《自由報》，特附識此一因緣以告讀者。（民國五十七年七月）

(一)國史規模的宏偉

去年五月中旬，始草《國史大綱》（以下簡稱《史綱》），迄今年六月成書。《史綱》辭尚簡要，意有未盡，偶為〈漫話〉。

草《史綱》既竟，特標四信念於端，曰，凡讀吾書，請先具下列四信念：

一、當信任何一國之國民，尤其是自稱知識在水平線以上之國民，對其本國已往歷史，應該略有所知。否則最多只算一有知識的人，不能算一有知識的國民。

二、所謂對其本國已往歷史略有所知，尤必附隨有一種溫情與敬意。否則等於只知道了一些外國史，不得云對本國史有知。

三、所謂有一種溫情與敬意者，至少不會對本國已往歷史抱一種偏激的虛無主義。即視本國已往歷史，無一點價值，亦無一處可以使彼滿意。亦至少不會感到現在我們是站在已往歷史最高之頂點，此乃一種淺薄而狂妄的進化觀。而將我們當前種種罪惡與弱點，一切諉卸於古人，此乃一種似是而非之文化自譴。

四、當信每一國家，必待其國民備具上列諸條件者比數漸多，其國家乃再有向前發展之希望。否則其所改進，等於一個被征服國或次殖民地之改進，此乃表示其國家民族文化之墮退與消失，並非表示其國家民族文化之發皇與向前。

右列四信念，標之今日，似為突兀。然靜待時間之經過，此四信念，終將為我國人所首肯而接受。否則，久而久之，竊恐所謂中國史，亦將追隨於埃及、巴比倫之後，為世界熱心考古之士，提供以一種所謂「東方學」之資料而已。既根本無所謂國史，則自談不到上舉之所謂信念。懷不能已，復標舉之於吾〈漫話〉之首。義取共鳴，無煩詳說。

治國史有一首先應當注意之點，即國史之「大」。所謂大，並非故自誇大。乃有客觀事實，可以數字明確指陳者。要言之，一則我國史所包疆域之廣，一則我國史所含人口之多。中國為一廣土眾民之國家，自古迄今皆然。此實使我國家民族能翹然特立於斯世。若不注意於此，則對我國史已往之精神與意義，將索解無從。

西人治史，多盛推羅馬。又以羅馬建國，與我秦漢略同時，故論中西史，每喜以羅馬與秦漢相擬。其實羅馬立國規模與秦漢大異（《史綱・引論》中已及之），即就大小一端論，便見兩者之迴乎不侔。羅馬初創，版圖不過四百方哩。以孟子公侯百里，伯七十里，子男五十里之說相繩，則略相當於我春秋時期一子男之國，如鄭、許之類。

羅馬之擴大，始於腓尼基戰役開端之後，第一次腓尼基之戰，羅馬圍攻阿格立真坦(Agrigentum)，陣亡及病死者不下三萬人。第二次腓尼基之戰，康納(Cannae)之役，羅馬大發祿為漢尼拔所敗，羅馬軍隊之陣亡者可五萬人，俘虜亦萬人。量其情形，約略相當於我國初期梁惠王稱霸前後之列國兵爭。就時間上橫切面言之，則第一次腓尼基之戰，正當於中國史有名的秦趙長平之戰，秦將白起坑趙降卒四十萬於長平。此年即羅馬海軍邁利之戰，對迦太基獲第一次勝利之年。第二次腓尼基之戰，則當在我東方豪傑革命亡秦，楚漢相爭之時代。就鴻門宴一時言之，項王兵四十萬，而沛公兵十萬。漢尼拔撤馬(Zama)之敗，戰於迦太基之附近，則正值項王垓下之圍之年。兵卒之眾，殺人之多，殊不足為其民族國家歷史之榮耀。然場面之闊大，牽動之繁複，亦不失為估量當時才力意氣之一種標準。楚子玉治軍，不能踰三百乘。而韓信自許，將兵多多益善。此正可見雙方軍隊組織力之強弱。

抑且羅馬與迦太基，為兩異民族之鬪爭，為羅馬歷史之向外發展。而戰國史上之秦趙相爭，以及秦漢之際之楚漢相爭，則為中國史上之內部變動。惟其向外發展，故經三次腓尼基之戰，而迦太基歸於毀滅。惟其為內部變動，故秦趙相爭之後，繼之者為東西凝合，而造成中國之統一。並非秦民族或秦國打倒或毀滅了趙民族或趙國。至於項王與沛公之爭，則如龐培之與凱撒而已。

若再繙閱地圖，試將羅馬與迦太基三次戰爭牽涉之地域，約略以紅筆劃一圓圈，再就戰國史秦并六國，乃至漢代創建之地理，亦約略以紅線劃一圓圈，對照比觀，即可知我所指當時雙方大小不侔之真相。即以羅馬極盛時代而論，雖地跨亞、歐、非三洲，然亦限於地中海四圍之附近。東不越幼發拉底河，北不越萊茵、多瑙河，截長補短，仍不能與秦漢疆境相擬。(手邊無書，不能為詳細之估計。)

歷史上某一民族，某一國家，疆境之擴大，固亦並不足以即指為其歷史之光榮。然論者謂羅馬自三次腓尼基戰爭以後，不僅迦太基從此毀滅，而羅馬人自己之自由，亦從此摧毀。自是以往，羅馬人兵力所達益遠，羅馬內部政治則黑暗益甚。是羅馬既以武力毀滅他人，更復以武力破壞自已。故名為四百年莊嚴燦爛之羅馬史，及其覆滅，徒貽後代以一段長時期之黑暗，與夫黑暗中對於神聖凱撒之一片想像而已。

論羅馬之立國，本為一種希臘城邦式的貴族共和國模型。及其力征經營，擴土益大，成一外表莊嚴燦爛之大帝國，而實未嘗予此大帝國以相符之內容。與我秦漢大一統政府之政制相較，則秦漢政制，實為有一日之長。

自羅馬覆亡以後，西洋史重返於破碎。直至最近，中國之廣土眾民，猶足為世界之冠。然則如何凝成此一和平統一的大局面，而使之綿延不壞，其間自有種種苦心，種種特點，用以造成我國史獨有之風格。固當首先指出，為治國史者所注意。

(二)善變日新的中國

通覽國史，我民族實乃一善變之民族。而我國之所以歷久不弊，亦唯我民族善變適應故。輓近國人，每疑自己為一頑固守舊不喜改進之民族。此固由於清季海通以來，國人求變心切。至於最近我們何以急切不能變出成績來，則當另論。而另一原因，則由於輓近國人不悅學之風氣，對本國以往歷史實少研尋。

國人每謂我立國於東亞之大平原，環而處者皆蠻夷，其文化力量遠不逮我，遂以養成我固步自封，自尊自傲的態度，而永不變進。其實任何一民族，一國家，其政治文化，並無歷數百年而不弊之理。若待其民族國家內部之文化政制等已臻腐敗，則如果熟魚爛，並不要外面再有他力，其自身生命即趨毀滅。

當希臘人戰敗波斯之侵略以後，亦未嘗遇到外面有文化更高之力量。然而一馬其頓，即足以吞併希臘而有餘。當羅馬人戰敗迦太基之勁敵以後，其外面亦何嘗有文化力量更高之民族。然而北方蠻族，即足以蹂躪羅馬而有餘。何以故？由於當時希臘、羅馬內部文化力量早已腐敗衰息故。且希臘為馬其頓所併，羅馬為蠻族所破，此後即難再起。何以故？亦由其內部文化力量早已腐敗衰息故。

希臘略當於我春秋時期，當時所謂「南蠻北狄，中國之不絕如線」，「微管仲，我其披髮左衽矣」。當時中原諸邦雖遭外患，而猶能保全自己文化維持於不弊。及秦漢之際之匈奴，更為中國當時一大敵。試問萬里長城之國防工作，較之羅馬之驅逐高盧人於波河與阿爾卑斯山之外者，其艱鉅之相異為何如？

阿提拉之統率匈奴人以縱橫馳驟於歐洲大陸者，其先則由漢人逼而西遷。可見中國之所以得保存其文化，維持其國家，歷久而不弊，並非四圍無強敵，乃在其自身內部之別有原因。此原因為何？即其文化力量之不至於腐敗衰退。何以希臘羅馬之文化力量，經過一相當時期，即歸於腐敗衰息，而中國獨不然？則以中國民族較為善變故。請再具體詳言之。

希臘之有雅典與斯巴達，可謂其城邦文化發展之極致。然城邦文化發展至相當時期，即發展至相當程度之後，此種文化即難再繼。雅典、斯巴達人不能再從城邦文化變進，而終自束縛於其故套中，則宜乎其卒歸於毀滅。

中國春秋時代，中原諸侯之立國規模，亦與希臘之所謂城國者相等。此層《史綱》已言及。後經戎狄侵淩，而諸夏大結合以為抵抗，於是有齊桓、晉文之霸業，此則如希臘諸城邦之有伯羅奔尼撒聯盟，及後來亞該亞聯盟及挨陀利亞聯盟。然春秋諸夏之聯盟，為由城邦轉進於新軍國之一種過渡。此層《史綱》已言之。而希臘諸邦之聯盟，則卒無成就。是春秋時期中國民族之善變，而希臘人之不善變也可知。故希臘文化，始終狹窄在各一城圈之內。雅典為其最大之一城，其居民最盛時，殆不過三十萬。其他則鮮有過五萬者。其中半數或大半數為奴隸與客民，平民中三分之二又為婦女及兒童。

中國西周時代，本為一和平統一的大局面。春秋初期，中原諸侯其國家規模亦復與希臘相類似，此層《史綱》亦略言及，然至戰國則大不然。即就臨淄一城言，已達七萬戶。戶三男子，勝兵者二十一萬人，此皆平等之公民。而齊之為國，共有七十餘城。中央之與地方，亦異於征服者之與其領土。試讀蘇張策士之文，其估量各國之疆土財力與武備，可見其時新國家之外貌與內容，固已煥然與春秋時代不同。惟其經此一變，遂使當時中國民族之文化益得發皇滋長，而無淪亡於蠻族之懼。今人讀希臘、雅典、斯巴達之記載，輒驚異歎賞其文化之高。其時中國春秋時期之諸侯，魯、衛、齊、晉、宋、鄭諸邦，亦復各有其獨特面貌。此層《史綱》亦略言及。惟較希臘諸邦為善變，故能調和融通，以開後來之新局。

蘇格拉底、柏拉圖在雅典之講學，亦為治西史者所豔稱。然以與臨淄齊威、宣之時稷下先生講學情形相較，則規模之大小，亦迥不相侔矣。此專就外面事態言，並未涉及其所講之內容。重在證明當時中國人意態之開展。關於稷下講學詳況，拙著《先秦諸子繫年》有所考訂，茲不贅述。總之，希臘人未能超出自己城邦之範圍，故其演進不得不告一段落。中國則自春秋城邦躍進而為戰國時代之新國家，而其前為西周，其後為秦漢，皆屬大一統局面。一善變，一不變，其相異有如此。故中國文化猶得綿延。此即兩民族善變與不善變之客觀事實。

再就羅馬論，羅馬其先亦希臘式之一城邦，後乃力征經營而成一大帝國。然馬上得之，不容馬上治之。昔人之所以告漢祖者，而惜乎羅馬人不之知。羅馬政制，此篇不詳論。姑就其軍隊一端言，羅馬軍隊本由農民武裝而成，軍罷則解甲歸田，無所謂傭兵。逮第二次腓尼基戰後，而始有特別長期雇養之兵。自有此種軍隊，而漸有所謂軍閥出現。後則軍人即成富人，而軍閥則為皇帝。皇帝常為軍人所擁戴，而富厚之騎兵，即以軍閥而兼財閥，掠奪各方之貨寶，盛養奴隸，以事生產。所謂君以此始，亦以此終。羅馬之驕奢淫佚終趨於滅亡者，大要在此。

反觀中國，秦人雖稱以兵力滅六國，然秦政府之卿相大臣所與謀國事者，如呂不韋、李斯之類，皆東方游士。秦政府乃東方文化與西方武力合組而成之政府。此層《史綱》已言之。此已與羅馬社會付希臘奴民以教育之權者，意態遠別。秦不久而亡，此不詳論。漢興，軍人世襲封侯，與宗室外戚分握政權，而社會上則商賈遊俠，變相之富人，各摻一部分之勢力。然武帝世，漢興未百年，政治社會上下形勢俱已大變。在上則宗室、外戚、功臣即軍人，皆已消失其特殊地位，在下則商賈、遊俠，亦復消聲匿跡。蓋漢廷已確立一種嶄新的文治政府。此在《史綱》已詳言之。內部之問題既解消，乃得轉移其精神與力量以對外。此猶羅馬貴族、平民之爭得解決，乃得展擴其國力向外與迦太基爭衡。惟羅馬尚是城邦形態，而漢武帝時已為一統一國家之全盛期，此其異。武帝一面出師討伐匈奴，而一面則獎興文治，裁抑商人，晚年並下〈輪臺之詔〉。昭、宣承之，雖漢之武力仍不斷有向外發展之可能，而漢廷之文治派，則已力求節制。如宣帝時，廷臣對陳湯、甘延壽之意見可見。

其後對於過分之富力與武力，不斷有所裁抑。如王莽之新政，與光武之拒絕西域來朝，則為其極端之例。羅馬亡於富人政治，而漢則不爾，能求社會上各方面合理之進展。西史家因疑漢代只在以物易物之時代，並無貨幣之發明。西人並不明中國史，固無足怪。還視漢初，非宗室不得王，非有功（專指武功）不得侯，又諸王侯操政治與財富之權，如賈誼、晁錯之所痛哭流涕太息而道者。若一直如此做下，則不僅漢代政治終走不上文治之境，而我民族整個文化是否終將為北方匈奴人所蹂躪而毀滅，亦遭羅馬同樣之命運，實在不可知之數。

故中國文化得繼續保持，乃復發揚光大而不至於澌滅消散者，就秦漢一段歷史言，即可證明中國民族之善變，此又一至顯之例。要言之，羅馬政治上之成功，仍不脫希臘式城邦共和制之成功，而又加之以一種武力侵略之成功。繼此以往，則軍事與政治皆未有一種新成功以與其新環境相應，此即其不善變。

而中國則自春秋戰國，以迄秦漢，一千年之時期，其內部自身實不斷有一種努力，不斷有一種革新，以與外面，亦可說即是內面環境相適應。故得從無數小城邦，逐次轉變而凝成一個和平的大一統的民族國家，以直至於今，而生機猶健旺。

《史綱》謂秦漢統一與文治的政府之創建，為中國史上一奇蹟。若以希臘羅馬對比，知其言之非虛。就羅馬情形與中國相擬，與其謂與漢代相似，勿寧謂其有一部分較近似於唐代。如羅馬政治破壞於武力之過分向外，與大量之雇兵與軍閥，即其近似唐代之一端。漢人絕無此病。然唐代藩鎮之禍，僅限於邊隅驕兵之擁立留後，而尚未能染指問鼎於中央之王位。直至五代之際，則所謂中央王位，始亦由軍人所擁出。而於是有契丹耶律德光之入汴京。然周世宗、宋太祖能繼續對驕兵加以裁制，而重新走上文治之運，中國文化終於復興。就中國史上真有所謂黑暗時期者，則只於五代之際之數十年中，庶乎近之。羅馬人生活之驕奢，亦似與唐人為近。然一至宋代，風格一變，正如鬱蒸之盛夏，轉而有寥亮之清秋。

西洋史必待走到極端後，由其他一種力量來為之改變。如羅馬生活後，繼以基督教之修道院生活。而中國則始終在其民族文化之內部自身自變。昧者不察，遂謂中國為一頑固不肯變的民族。其實若照唐時之武力與生活奢侈之兩形態，繼續不變，走到盡頭，則即成羅馬之末日。此與中國之大亦有關。自一方面言之，大則不易變，小則易變。但自另一方面言，小而不能變，易趨滅亡。大則一部分不能變者滅亡，而尚可希望其新生機之從別一部分中萌茁。細讀中國史，自可知之。

(三)悠久與自然

中國史之悠久，每易為人所忽。如言古代，則往往以秦漢與羅馬相擬。言及近代，亦常以中國與英、法、德、日諸國相擬。中國史之變，亦易為人所忽。常覺中國老是那樣不變。其實所講中國之不變，乃其民族文化生機之與時俱新，歷久不弊。外面若不變，非真不變。

今言中國史之悠久，則一經提醒，似乎盡人俱曉。古代文明故國，至今多已滅亡無存。而今之新興國家，又多無源遠流長之觀。獨中國為不然，至少擁有四千年以上綿延不斷之歷史，此則盡人皆知，無煩詳論。然有一點當加申說者，國人每謂國史綿延雖久，而歷代文物留傳至今者則頗少，此又為文化自貶主義者所喜。

竊嘗思之，若論留傳迄今之古代文物，偉大膾炙人口，應莫逾於埃及之金字塔。然金字塔何足貴，供後世之關切與好奇憑弔則可。若埃及遺民，見此等怪物，則當知埃及古代文化，正為此等怪物所吞滅，正葬送於此等怪物之腹中。埃及所謂「金字塔時代」，自西元前三千年至二千五百年間，已有五百年時間。而自始有金字塔以至止不復造，則應有千年之久。古埃及人似乎以金字塔之偉大自喜，不惜繼續耗巨量之人力財力以從事於此。然金字塔不僅為古埃及帝王之墳墓，實可謂是古埃及文化之墳墓。

人類心理，莫不要求其生命與事業之傳後與可久。埃及人陵寢之講究，以及木乃伊之製造，可謂代表此項心理一極端。而中國人則此心理，乃似乎寄放於別一端。「不孝有三，無後為大。」中國人乃最希冀有後，所謂「後」，乃不屬其肉體身，而屬於其子孫。季札之葬其子，大為孔子所稱賞。以為人死則歸於土，而魂氣無不至。故對於遺骸及墳墓，乃加忽視。司馬桓欲為石椁，孔子則謂死不如速朽。古代墓祭，乃視為野人無文化者之行為。墨子明鬼，亦言薄葬。耶穌以天國大義詔告其弟子，近人頗謂與墨子相似。然耶穌死後，其弟子門徒深信耶穌之將復活，因此巴基斯坦之聖墓，不絕招致後世基督教徒之瞻拜敬禮，竟由此而引起長期之十字軍戰爭。至於墨子身後一坯黃土，則絕不見有人能稱說其何在者。此非墨子門徒之忘其師，乃由中西雙方觀念之不同。即如曲阜孔林迄今猶存，然中國士人尊信孔子者，頗不以躬赴曲阜瞻禮膜拜為重。所重者，轉在曲阜孔氏衍聖公之家世，緜延七十餘代，至今未絕。此真可表示中國人之意境。

然則中國人之所希望傳後與可久者，乃不在死的如墳墓與屍體之類，而乃在活的如子孫後嗣之類。曲阜孔家之嬗衍勿絕，此非孔子私人之要求，乃中國民族一種共同要求之表現。耶路撒冷之成聖地，亦非耶穌私人之要求，此亦歐洲民族一種共同心理要求之表現。商、周鐘鼎彝器，其流傳迄今者多矣。工藝製造之精美則有之，然非以言貴重。此指當時製造所費之財力與物質上之價值言。其款識必曰「世世子孫永寶用」。然則此等器物，在當時既求傳之子孫，又必求子孫之能實際利用。超過於實際利用外，人造的偉大與永久，似不為中國所重視。因此中國古人言三不朽，乃於子孫家世傳衍不絕之上，而有所謂立德立言立功。不屬私家，乃屬社會。而仍重在活的用的方面。

秦人統一，開國史未有之局面，秦人頗以此自詡。其阿房宮驪山墓之建築，乃超過於中國人心理要求之上。咸陽三月火，付之一炬。在當時人或不甚顧惜。然秦代大一統政府之一切規模章程，固已為漢人所承襲。漢代諸帝墳墓，乃絕不再有如驪山墓之偉大。其陵寢移民，乃借帝王陵墓修建為政治上活的應用。

秦始皇偉大工程之為後世所承襲而不廢者，厥惟萬里長城。繼秦始皇之後，開第二次中國大一統之盛運，而一時誇揚為過分之興建者有隋煬帝。然隋末之亂，亦一切破毀無遺。江都迷宮之類，僅見之於傳說記載。然隋煬帝偉大工程之為後世所承襲而不廢者，厥有汴渠之運道。此可見中國人之意態。

羅馬有圓劇場，亦為言羅馬建築藝術及羅馬文化者所稱道。然至於劇場中以活人與猛獸相搏鬪，乃至於數百千角鬪士表演節目，相互屠殺，斷肢決胸之慘象，為當時羅馬貴族一賞心樂事，則並不能與其用堅固石料所建造之劇場同樣保存留傳，以迄於今。中國當戰國時，王國宮廷亦有劍士比武之游藝，如《莊子．說劍篇》所載。漢代亦有猛獸之囿，如漢文帝之入虎圈。亦有因犯罪而使人格鬪之罰，如竇太后使轅固生入圈刺彘。然此不為中國人所喜，因此並不能繼續進展，而有羅馬劇場之偉大創建。且秦漢定都長安，終南山咫尺在望，堅固精緻的石料，所謂南山之石，並不缺乏。然中國當時似乎絕少以此等石料為建築之用。

中國人的藝術觀，似乎重於沒入自然與自然相暗合，所謂得自然之天趣。乃使中國趨向於愛生動逼真，樸素有靈氣，不見斧鑿痕等等。而堅剛耐久，歷劫不磨，以及偉大雄壯，可割席而宣告獨立之創作，中國人乃不喜為之。

中國人觀念，似謂最偉大而最可久者，莫如自然。因此不僅建築不愛用堅久之石料，乃至如希臘人之人像雕刻藝術，將人類活姿態，深深琢上石塊，以求其永久保留之觀念，中國似亦無之。漢代亦有石刻，然不能與希臘雕像相擬。中國人之傳神阿堵，乃好施於絹素。以絹素之繪事與精石之琢工相比，自見更富於自然之天趣，若更不見人力之生造。其實石塊乃自然物，而絹素乃人工精製品。可見中國人之希望可久與傳後者，乃並不在此等處著想。

秦始皇始有刻石頌功德之舉，然漢人並不熱心為之。下逮東漢，碑墓之風一時盛行，然其著重點在碑文不在碑石。即謂可久者，乃文字非石塊。往嘗讀漢魏人詩，想見北邙山為一時王公貴人琢墓所聚，意想其地必崇山深谷，葱葱鬱鬱。而遊洛陽，乃知北邙山特一帶迤邐之陂陀。今自東漢以至北朝，在洛陽附近出土之碑碣何限，亦多長方一二尺，厚不及五六寸之小石版。以視雲岡龍門之石佛，明屬兩種意境。雲岡龍門，在中國藝術史上，要不失有一種新鮮異樣之感。隋唐財富物力，遠勝北朝，崇佛亦未見驟衰，然雲岡龍門之盛事，當時已倦為之。至於墓中之碑碣，其風依然勿輟。可見雲岡龍門造像，非合於中國藝術進展之正宗。佛教藝術中如塔的建造，乃頗合於中國人之意味，故石窟造像之風中途既歇，而塔之建造則至今未斷。然如北平西山之碧雲寺，乃至北海白塔之類，則非其例。

今從興造方面言之，則中國人對物質上之營造，似乎自始即不含有一種堅久長存之想。而自承襲方面言之，則中國人對已往物質營造之陳迹，亦自然並不十分熱心謀為保存，此乃一種心理之兩面，無足怪。此並不為董卓、黃巢之徒，對洛陽、長安、漢、唐文物破壞之罪狀作開渡。惟遊洛陽、長安者，往往易於聯想及埃及金字塔、羅馬圓劇場西方種種遺迹，而深怪中國人對古物古迹不知愛護。同時又罵中國人篤於好古，不知創新。以致疑及中國文化傳統悠久之一特點。

則我請為進一解。蓋由中國文化所理想為傳後可久者，並不在金字塔、圓劇場同樣相類之一種事物。然則中國文化新理想為傳後可久者，其物何在？曰：在投入自然，與自然相訢合，在能世世子孫永寶用。在此點言之，中國宋以下磁器之精美發展，正可與商、周之青銅器鐘鼎相媲美。具體言之，則此林林總總之四萬萬五千萬所謂「黃帝子孫」，正我先民所謂最可傳後經久之一種活古董。此非戲論，讀者若細細參透上文陳說，自可知之。若使此輩活古董常得食息生養於天壤之間，而繼續發皇舒暢，則亦何必有金字塔之死堆，圓劇場之殘骸，為後來別人憑弔之資乎？在洛陽長安擺上幾個金字塔、圓劇場，換卻四萬萬五千萬眼前之活古董，試問值得不值得？

又其次，我汗牛充棟，架牀疊屋，舉世莫京之文學史記，如上舉鐘鼎款識以及碑碣文字皆其類。此皆古人先民所謂最可傳後經久之物。今國人方深鄙本國之文學與歷史，以為無足深究，而又致憾於少一些金字塔、圓劇場之類為點綴，豈不可嘆？游長安者，若能熟誦杜甫數首詩，亦能遊神於盛唐之勝境。所謂「詩卷長留天地間」，此誠一種傳後經久之寶物。若國人不讀杜詩而習沙士比亞，乃致憾於長安無伊利薩伯時代之建築，則徒奈之何。

又其次則為制度文物。此所謂物，乃指日常人生活用的物，與金字塔、圓劇場一類物不同。一切文化傳統，此亦我先民所創造，期其為傳後可久者。如漢官威儀，北朝君臣遷都洛陽者承襲之。唐六典制度，宋人移居汴梁者仍因之。此如長川水流，後水非前水，而逝者如斯，不捨晝夜。此又我先民所想像為最可傳後經久之境界。

國人苟明夫此理，則自可深切瞭解中國史之悠久之一特性，而不以中國之無金字塔、圓劇場之類為憾。

以上所論，似乎有意比長絜短，又近似揚己抑人，而其實則在說明一個民族一個國家之文化歷史，各自有其個性與特點。燕瘦環肥，鶴長鴨短，然鴨不自續其腳以效鶴，環不自削其肉以慕燕。言之不莊，恐觸國人崇拜歐化者之怒。因竊自比於東方朔之滑稽，要不失為一種忠告。

(四)分裂與一統

治國史者，必始自唐、虞、夏、商、周，迄於秦漢，以至今茲。我國家一線相承。其間如春秋戰國，五胡之紛擾，十國之割據，乃其一時之變態。轉治西史，則見其頭緒紛繁，錯綜複雜，分合無常。蓋我以一統為主，以分裂為變。彼則以分裂為主，以一統為變。故一統亦中國史一特點。

希臘以小城邦分土角立，未能凝成一國，以迄滅亡。說者每謂此由希臘地形使然。然而希臘固已統一於馬其頓之掘起，又復統一於羅馬之東侵，又復統一於突厥之統治。及其力抗突厥而獨立，血戰六載，終脫羈韁。今日之希臘，固明明一統一國家，而希臘之地形如故。希臘可以統一於後，烏在其必不能統一於先。然則古希臘之不能臻於統一，非僅地形所限制，必別有其原因。

羅馬帝國雖晃燿一時，然羅馬版圖之統一，其性質乃與中國秦漢大相異。此層《史綱・引論》已詳。故羅馬帝國僅如曇花一現。說者每以羅馬分東西，猶如兩漢之後，繼之有南北朝。不知兩漢以後，雖有王朝更迭，而中國精神已確立。故漢室亡，而中國則不亡。羅馬覆滅，則非王朝之更迭，而屬帝國之瓦解。東方之拜占庭帝國，稍後之神聖羅馬帝國，謂其竊借羅馬帝國之名號則可，謂是羅馬帝國之依然存在，則大不可。

以中國史與西洋史相擬，則中國史乃一國統治相承之歷史，秦漢興亡，乃其王朝更迭之一幕。西洋史則為許多國家交錯複雜之歷史，羅馬興亡，亦只其列國興亡之一形態。

何以歐洲列國並立，不能如中國之一統？說者亦每以地形之破碎，民族之複雜諸端說之。然以地形言，多瑙、萊茵河之長短闊狹，較之長江、黃河、淮水、漢水、遼河、珠江諸水為何如？比里牛斯、阿爾卑斯山之高低大小，較之陰山、太行、熊耳、桐柏、五嶺諸山為何如？試披歐洲地圖，其列國疆域之變動，倏起倏滅，忽彼忽此，烏嘗見有一自然必分不可合之界線。荷蘭與比利時可分，江蘇、浙江何嘗不可分。德、法可分，山西、河北何嘗不可分。故謂歐洲以地形關係，遂使列國分立，實未見其必然。

以民族言，中國何嘗非諸族所凝合，歐洲何嘗非出於一源。論其語言，則同源於雅利安。論其歷史，必同溯於希臘、羅馬。論其宗教，又同為信奉一耶穌。論其社會習慣、美術、科學，亦何莫不彼此相同。今歐洲任何一國，固不能擯斥他國人之成績而獨自寫一科學發達史，或藝術演變史。彼中常謂羅馬帝國之不能凝合，由於其時印刷術未發明，鐵路交通未創起。然中國秦漢，又何嘗不爾。大陸交通，未見較海上為便。中國之語言文字，未見較拉丁為易。羅馬帝國卒不能凝成一堅固之國家，而中國能之，則又何故使然？

以今日言，歐洲文字之傳播，交通之貫徹，較之羅馬時代，所勝何啻千百倍。然歐洲立國之分疆角立則如故。中國自秦以下，至於清之中葉，其文字之傳播固為稍便，交通之進展則未見大異於往者，然中國之凝合為一亦如故。其間有人事，研究歷史者當加考究，固不得專從地形民族等外面的條件說之。

所謂人事，亦可中西兩方比較推論。竊謂西方民族，亦未嘗不時時有一種要求合一之趨向與努力。其見諸史乘者，大較有二。一曰羅馬帝國之政治，二曰耶穌之教義。此二者，皆可為使西方合而不分之一種力量。然而其力量皆不夠，於是其歷史乃常分而不合，至今猶然。

所謂羅馬帝國之政治，其實乃希臘型一城邦勢力之伸展，而征服別一城邦，又加以摧殘與朘削，壓倒與跨駕。此亦馬其頓已為其先導。自亞力山大至於凱撒，逮查里曼、拿破崙為之後繼。以後其他氣魄力量皆不如此兩人。明白言之，羅馬帝國之統治，即近代歐洲帝國之前身。羅馬政治，乃一種城邦政治而加之以向外的武力侵略。其先希臘大哲柏拉圖，創為「理想國」，以為一完美國家之民權，應在一千人之限。其後別為一書，乃增其數為五千。亞里斯多德嘗謂：「人乃政治的動物。」然亞氏之《政治學》書中，亦謂求為司法正當及權力分配起見，公民人口不宜太多。其亞氏並主世上有天然為奴隸之人。則亞氏之政治意見，其想像與理解，並未超於柏拉圖之上。其心中之所有，亦仍是當時一城邦而已。

古希臘最高哲人如柏拉圖、亞里斯多德，其對人類政治之想像與理解，不能超過城邦形式之上，則無怪古希臘之終於自限在城邦共和，以自絕其文化之傳衍。羅馬武力亦培養於希臘式之城邦共和，然羅馬仗其武力而有超希臘之版圖。羅馬並不能相應於其武力，而有超希臘之政治智慧。故羅馬有踰越城邦之帝國，而並未有踰越城邦之政治。徒見羅馬軍隊源源四出，征服外圍，而外圍富力則源源集中，運輸達於羅馬。羅馬更以四圍之財富增強其盛大之雇兵。此輩雇兵則繼續外出，朘吸四圍之財富，以益增羅馬生活之奢侈。大隊之俘虜，多量之奴隸，來自四圍，為羅馬人作生產之工作，而供其享樂。至於希臘之學人，亦復以奴隸資格而來為羅馬貴族之家庭教師。要之，羅馬帝國之精神，仍不過希臘城邦制之變相，特在希臘城邦制之上，塗之以腐化與惡化之幾種色彩而已。而羅馬帝國之命運，亦終於在此武力向外，財富向內，腐化惡化之形態下消滅。

北方日耳曼蠻族之嶄然崛起，顯露其頭角，則亦惟承受希臘羅馬之遺產。在上者不斷希冀為羅馬大帝凱撒神王之光榮，在下者則不斷想望於希臘市民之自由與共和。歐洲中古時期以來之政治形態，則不外此兩種趨向、兩種需求之交互起復，互為消長。凡有志於效羅馬大帝凱撒神王之光榮者，充其極，不過為歐洲史加了多少紛擾與創傷，其力量不足凝合西方諸城市為一大國之理由，固不煩深論而可得。繼羅馬帝國之後，足以刺激歐洲人之內心，使西方有凝合為一之可能者，惟耶穌教。耶穌宣傳其天國上帝之教訓，使人人有博愛之心，知人類之平等，但不能知如何具體貢獻其一己於大羣。而耶教勢力之影響於西方文化之深廣，殆於不可估量。

蓋耶穌之教訓，終於為一種帶有出世意味之宗教。其於人類地上之政治教訓，非其所重。其對人類之觀點，眼光固遠超於希臘大哲柏拉圖、亞里斯多德之上，但其對於人類政治之理論，則並希臘城邦之規模而無之。欲求將耶穌教旨轉移運用於人類政治方面，其間尚有重重障隔，須待打通。

歐洲中古時期之教皇，以宗教領袖而兼顧塵世權益，結果則惟見其有損於宗教之精神，而非能有所長進。羅馬教皇與神聖羅馬帝國之皇帝，相互關係，遂佔歐洲中古時期歷史一段重要篇幅。然理論上，羅馬教皇縱可有加冕羅馬皇帝之權，固不能捨棄宣揚天國教義之重任，終不同於地上之皇帝，親身預聞塵世帝國之事務。然則耶穌天國之福音，如何滲透羅馬皇帝之良心，以遍布於帝國之境內？中國古訓所謂「徒善不足以為政」。於羅馬帝國之上，加一「神聖」之名號，亦僅止於一名號而已。故耶教之在西方，其於凝合人類為一體之任務，亦終未達成。

至於自文藝復興以還，希臘古籍逐漸光昌，不僅神聖帝國終於解體，即耶教亦有逐步沒落之勢。於時則個人主義扶搖直上，城市新興即古希臘城邦之復活。現代新國家絡續成立，雖其規模較希臘古城邦遠為恢宏，然此特文字傳播交通貫徹之效。其國家內部，莫不以公民參政權為之主腦，此即希臘城邦共和之擴大。其對外則莫不以發展殖民地為其國內營養之資。以經商從事剝削，此即羅馬帝國之姿態。羅馬帝國之核心為希臘之城邦，希臘城邦之主腦，為各個自由之市民。今歐洲新國家精神所寄，仍不越此兩型。所由與羅馬異者，羅馬帝國一時無兩，今則多效羅馬同時並起。又藉科學工具發明新式侵略，可以不再畏蠻族蹂躪。又非、澳、美、亞諸洲之廣土，可以任其吞噬，一時遂若海闊天空橫逆無前，可以暢行而無阻。然四洲肥美，轉瞬且盡，而一九一四年之大戰遂以開始，雖創鉅痛深之已極，今距一九一八大戰休止未三十年，而第二次大戰之禍又迫在眉睫。（按：此文發表於民國二十八年間，其時二次世界大戰尚未正式揭幕。）又各國內部貧富界線距離日遠，勞苦民眾之騷動，日與月盛，使其國家不務於向外之奪取，即必從事於向內之彈壓。兩途之間，必擇其一。此雖光怪陸離，錯綜複雜，而剝去外皮，窺其內髓，實不外古希臘羅馬之兩傳統：一曰個人自由，一曰武力向外財富向內之二端是已。惟其多效羅馬同時並起，故古羅馬一統之希望遂絕。德前皇威廉第二及今執政希特勒，則皆有志為打倒許多新羅馬再造一個古羅馬之豪傑。惟其個人權力財富之自由野心甚熾，故對於耶穌天國博愛人類平等之教義漠然淡然。

至於近代西方科學方面之突飛猛進，此亦導源於古希臘亞里斯多德等之所研求，然於人類之凝合與分立無預。汽船、鐵路、電報、飛機種種交通工具之進步，並不能促進人類之凝合。化學、聲光、熱力之學之應用，徒資個人主義攫奪財富之便利。兩者相並，更使人類關係日趨緊張，戰爭需要益形逼迫。而人類相互屠殺，則益趨殘酷。今試於西方歷史中，掩去耶穌教義及其連帶發生之影響。僅從希臘古城邦個人方面之自由，科學與藝術，再加以羅馬帝國政治方面之軍隊與統治，奴隸與財富，試一設想，今日之西方社會，將為一何等之社會？

今再分析而綜言之，西方社會對外物資方面之勝利，則由其科學之成功。其人事方面之錯綜複雜，則有二大潮流交灌互注：一曰希臘城邦之個人自由，加之以羅馬帝國之武力外向與財富內向之政治。一曰耶教之天國博愛與人類平等之教義。

既明西方社會之真相，返而視我中國，有恍然易辨者。春秋時代之諸侯，固與希臘古城邦相似，此層已於〈漫話〉第三則論之。然其內部，卿、大夫、士、民相凝合以共戴一君主，而祭其境內之名山大川。諸侯代表全境為一整體而主祭，卿、大夫、士、民各不得自由私祭。故各諸侯雖各為一城邦，而城邦之上有共主，自與希臘城邦之各自獨立者不同。各諸侯既相互聯繫共戴天子以成一整體，故當時對整體之概念為一大羣，而非個人。此與希臘城邦以市民自由為基本者亦不同。春秋時代之各諸侯，其意義早自與希臘城邦不同，故得凝合而仍成為一整體，乃為秦漢之統一。

就其政制言，全國民眾負擔同額之租稅，服同等之勞役。漢高祖五年即帝位，是年即下詔解兵卒歸田畝，中央政府之衛兵即南北軍，每年由各地方輪番上值，亦不過數萬兵額。又各地方各得選派其優秀之青年，以上受國家之教育，而服務於政府。此即博士弟子補郎補吏之制度，即平民參政權之公開成立。至東漢，明定二十萬戶察舉一孝廉，其詳均見於《史綱》，此與羅馬立國乃迴乎不同一要點。

羅馬國境，以其兵力之所到為界線。漢之國境，則並不在兵力所到，乃以能納同額租稅，能服同等勞役，能受同樣教育與有同樣之參政權而定。故兩漢國土之西境，止於玉門關而已。新疆三十六國，乃至於葱嶺以西，雖為兩漢聲威所及，雖漢庭亦派官吏，遣戍卒，然漢人乃目之為化外，終不認為我國家之一部分。羅馬觀念，凡我兵力之所及，可以朘削其財富以自利，而彼不能抗，此即我國家之屬地。此如今日英人之於印度，法人之於安南，莫不皆然。印度、安南何嘗與英、法人民受同等之待遇，然而英法人民必指印度、安南同樣為其國土之一部。此等意態，淵源於羅馬，亦如古希臘之有天然的奴隸。惟美國政制差為似我。美國各聯邦在其國內各有同等之地位，聯邦以外並無領土。其偶有例外，不許加入為聯邦之一員者，則必許之以自治，如菲律賓。此略如中國之對朝貢國。

我之立國，可以不藉兵力壓制，而廣土眾民，融為一體，以長治久安者，其道在此。此等立國規模之終於完成，則由於一輩哲人學者之盡力倡導，而尤著者則為儒家。孔子在春秋末際，有「久矣，不復夢見周公」之歎。夢見周公，即夢想統一。其周遊列國，即超脫狹義之城邦觀。曰：「天下有道，丘不與易。」即欲聯城邦為統一。既不得志，歸而著《春秋》。《春秋》大一統，故曰：「王正月。」其事則齊桓晉文，即為聯合城邦以重返統一之領導人。此《史綱》已言之。孔子政治理論之哲學根據，亦詳《史綱》，此不著。

孟子繼之曰：「保民而王，莫之能禦。」王天下即大一統，保民而王則與羅馬帝國主義迥別。凡縱橫、兵、農、刑、法諸家，皆為孟子所深斥。此諸家則以武力與外交陰謀為兼并，即羅馬式之力征經營。而楊朱、墨翟，乃更為孟子所反對。以楊、墨之道，近似真理，而走不上人類之大凝合。較之縱橫、兵、農、刑、法諸家，更為難辨，故孟子更力斥之。

楊朱為我，拔一毛而利天下不為，提倡一種極端之個人自由，為孟子所反對宜矣。墨子兼愛，摩頂放踵利天下為之，其精神意趣，頗似耶穌教義之平等與博愛。至於其異點，《史綱》已辨之，此不詳。何以孟子亦加反對？蓋儒家之理論與趨嚮乃求修身、齊家、治國、平天下，面面俱到，而又一以貫之。〈大學〉篇雖晚出，然為儒家理論無疑。墨家思想，未免與此背馳。孟子斥墨子以無父，即指其破壞家庭。許行亦墨徒，孟子力辨其政治思想之不通。則推行墨子思想，亦將無以治國。墨子之道蓋求徑以個人直接天下，亦頗與耶教相似。惟耶教無力凝合西方之社會，成效可覩，已如前論。

若以孔孟之政治理想與希臘古哲柏拉圖、亞里斯多德相比，即知希臘之何以終於為城邦之散立，而中國之何以終於凝成一統之局面。至先秦其他諸家思想，有助成中國此後一統之功者尚多，此於《史綱》已詳之。秦漢政制本於晚周之學術，此層《史綱》亦言之。則宜其立國規模與羅馬相判殊。

自此以往，中國士民莫不信守儒家之教義。故政治雖有搖動，王朝雖有更迭，而中國立國之大本大原，終於持守勿失。此中國史之所以長成其為一種凝合統一之趨勢。

故羅馬立國，其實即希臘古哲所理想之一種城邦政制，不過其外面又加之以多少之塗附而已。中國秦漢、隋唐之盛況，亦即中國古哲所理想的一種平天下之境界，不過其外面尚留有些許之未盡，此乃由古代交通未發展時之情況。今則五洲棣通，世界形勢驟變，然不必執今日之見解以笑古人。儒家思想實兼羅馬人高掌遠蹠之氣魄，與夫耶教平等博愛之心胸，包舉並融，會而通之。我國家數千年來緜延不斷大一統之光輝，固非偶然。

惟上之所述，僅就中西政府組織之沿革，及其背後之理想，而略為比較。至於政治理想之高下，與夫對外力量之強弱，固不必即為一事。力量原於組織，而城邦之向外發展，有時以組織緊密而有力。平天下之理想，有時以組織鬆散而失敗。且為平天下之努力者，亦不復有用力對外之想。此層在〈引論〉中已具。

輓近中西相遇，我乃敗衄披靡，一再而不可止。則尤有一至要之異點，即雙方科學程度之不相等。此中理由，尚待更端論列。乃國人以躁急之心理，為汗漫之破壞。其先以孔子為教主，而尊奉之。其次則以孔教為宗教，而排斥之。一時慕尚歐化，襲取淺薄之個人主義，憑權利自由之新理論，為強暴奢侈之比賽。擲國家大量之金錢，競買軍火相屠殺，各擁兵力逞淫歡。國家破裂，各地割據，一時城邦四起，儼若有多數羅馬貴族之湧現。乃曰，我國家固是數千年來一封建社會之國家。於是而又激起階級鬥爭之仇恨，屠殺復屠殺，肝腦膏草野，骨肉為淵邱，猶曰，我民族乃困於數千年專制黑暗之下，為封建社會之奴隸，乃不能奮起從事於革命。在若是之景況下，而求科學之發展，固不可得。故又謂非毀滅我一切已往不為功。此三十年來之實事，我明明目擊而身當之。然而持此義，遍國中求一解者，而奈何其不可遇。天乎！天乎！誠良堪慨嘆矣。

（民國二十八年寫於昆明刊某報，五十七年重載臺北《自由報》）

二、中國史學之精神

諸位先生：今天所講的題目是「中國史學之精神」，本人對此問題之研究，本很淺薄，現就粗淺所知，和各位談談。

人類的知識對象，大別可分為「自然」和「人文」兩界，前者即成為自然科學，後者則成為人文科學。對自然界之研究，均從其量方面著手，故自然科學以數學為基礎。對人文界之研究，須從人類的生活過程著手，故人文科學以歷史為基礎。中華文化，在今天整個世界的學術界裏，能佔一席地位，並對於人類文化有極大貢獻者，正為中華之歷史。為什麼說中國歷史是世界各國中最輝煌的呢？其理由有三：

㈠中國把史學完成為一種專門學問之時間最早。

㈡中國人對史學興趣比較其他國家民族為濃厚。

㈢就分量言，中國人的歷史記載最稱完備周詳。

我們可以相信，當人文科學有較高的發展，而對人類生活過程要作深一步的研究時，只有在中國的史冊中，才可以找到更滿意的資料。它不獨很完備地詳載著人類悠久的史實，並包含有廣大的地區和眾多的人口為其對象。因此，這份寶貴的史料，我們必須為人類好好保留著。特別是我們中國人，更應該給予這份歷史以廣大與深厚之愛護和珍惜。

歷史是記載人類過去生活史實的。雖然記載像是省力，但在記載以前，對史實的觀察，卻是吃力的。我們寫歷史，必須先經過一番主觀的觀察，即對此史實的看法，直到對此史實之意義有所瞭解以後，才能寫成歷史，故世界上絕無有純客觀的歷史。因我們決不能把過去史實全部記載下來，不能不經過主觀的觀察和瞭解而去寫歷史。若僅有觀察而無瞭解，還是不能寫歷史。我們必須對史實之背景意義有所瞭解，並有了某種價值觀，才能拿這一觀點來寫史。故從來的歷史，必然得寓褒貶，別是非，絕不能做得所謂純客觀的記載。

歷史不能和時間脫離，時間有過去、現在和未來。一位理想的史學家，由其所觀察而記載下來的歷史，不獨要與史實符合，且須與其所記載之一段歷史之過去、未來相貫通。若不能與過去未來相貫通，此項記載亦絕不能稱為歷史，而且也不能有此項之記載。若寫史者觀察錯了，瞭解錯了，因而記載的也錯了，此將成為假歷史，不能盡真歷史之責任。寫史有史法與史義，如何觀察記載是法，如何瞭解歷史之意義與價值為義。如何獲得史義，則須有史心、史德、史識。惟其有史家之心智，才能洞觀史實，而史心須與史德相配合，那樣才能得到史識。

中國人向來所講的史法和史義是怎樣的呢？現在我們先講幾位中國歷史上有名的史家，來做說明。第一我們講到孔子。也許各位會奇怪，怎樣孔子是中國的史家呢？其實，孔子自謂：「我非生而知之者，好古敏以求之者也。」他就是由於研究古史之經緯，而集成一家之學問的。《論語》云：「夏禮吾能言之，杞不足徵也。殷禮吾能言之，宋不足徵也。文獻不足故也，足則吾能徵之矣。」又云：「子張問：『十世可知也。』子曰：『殷因於夏禮，所損益可知也。周因於殷禮，所損益可知也。其或繼周者，雖百世可知也。』」可見孔子歷史眼光之深厚遠大。孔子作《春秋》，「其文則史，其事則齊桓晉文，其義則丘竊取之矣」。孔子為魯人，而他作《春秋》，已能著重兼寫齊、晉等國之歷史，可見他早已從國別寫史之範疇躍進，而以整個國際的眼光來寫世界史了。這不是人類歷史上一番驚天動地的偉大創作嗎？孔子以一列國諸侯間平民的身份，僭越他當時天子之事而來作《春秋》，他自謂：「知我者其惟《春秋》乎？罪我者其惟《春秋》乎？」其心底之所隱藏亦明矣。直到西漢司馬遷，自承其寫史乃學自孔子，又謂《春秋》：「是非二百四十二年之中，以為天下儀表。貶天子，退諸侯，討大夫，以達王事而已矣。撥亂世反之正，莫近於《春秋》。」孔子《春秋》是非二百四十餘年，雖天子亦有貶，諸侯有退，大夫有討，不問其上下尊卑，據義直書，為的是要達王道。《春秋》之義，司馬遷此處說得極明白，故中國人作史之大義，實肇始於孔子。其後史遷作《史記》，不以孔子為「列傳」，而特為「世家」以表尊異，是亦據史遷一家之史義而致之。

其次，如何才能寫得客觀之歷史，這便是關於史法的問題。要得客觀之歷史，必須有客觀之分析。此不獨研究歷史如是，即研究自然科學亦如是。中國史家對寫史有編年、紀事、傳人三體。《史記》分十二本紀、十表、八書、三十世家、七十列傳。「書」體原自《尚書》，「表」和「本紀」學自《春秋》，「世家」、「列傳」則為史遷所創。史遷自謂：「究天人之際，通古今之變，成一家之言。」而他自己的史學修養，確能達到這三項目標。今天寫史而能通古今之變，即已了不得。中國人理想中的寫史，不僅要說明歷史如何變，更要分析著年代、事蹟、人物而客觀地苦心孤詣來寫。所謂究天人之際，通古今之變，這已不僅是歷史範疇，而已超入哲學的範疇了。

今人寫史多效西洋寫法，又多藐視中國二十四史，謂是帝王之家譜，此話實在太不確當了。因本紀只以皇帝來作紀年，所紀之事，則乃國家之事，非皇帝一身之事。凡有特別表現之人物，均有寫一列傳之可能。又如《史記》八書中所載河渠之事，封禪之事等，難道也只是皇帝家譜嗎？班固著《漢書》，於八書外更加上了〈地理志〉和〈藝文志〉。〈地理志〉是講地理的，〈藝文志〉是講文藝的。把其時和以往的著作纂成目錄，分類寫出，說源流，明得失，難道這也是皇帝家譜嗎？其後更有《通典》、《通志》、《通考》等。杜佑《通典》分〈食貨〉、〈選舉〉、〈職官〉、〈禮〉、〈樂〉、〈兵刑〉、〈州郡〉、〈邊防〉八門，實為一研究政治制度之完備史冊。鄭樵《通志》有二十略，即〈氏族〉、〈六書〉、〈七音〉、〈天文〉、〈地理〉、〈都邑〉、〈禮〉、〈謚〉、〈器服〉、〈樂〉、〈職官〉、〈選舉〉、〈刑法〉、〈食貨〉、〈藝文〉、〈校讎〉、〈圖譜〉、〈金石〉、〈災祥〉、〈草木昆蟲〉。鄭氏平生精力在此書中，有許多創見，其史識之卓越，即其所標舉之二十略而可見，此誠世界僅有之偉大鉅獻。

近代西洋人寫史，知從自然開始，先天文、地理、生物，然後再研究到人類之語言文化等。我們中華則一反其道，如鄭樵《通志》，其所序列先依人生本身為中心，故首為〈氏族〉，而〈六書〉、〈七音〉，再及〈天文〉、〈地理〉、〈都邑〉。此則見中西史識觀念之不同。我們史學發展，越後越盛。宋代人寫史者最多。但明代人已很少能寫史。清初人轉而為考史。迄清代盛時，更轉而講經學。僅有章學誠寫了一部《文史通義》，其中心思想為「善言天人性命，未有不切於人事者。人事之外，別無義理」（引〈浙東學術〉篇），故謂「六經皆史」。章氏又謂：「史學所以經世，六經同出於孔子，先儒以為其功莫大於《春秋》，正以切合當時人事耳。」此語亦可見中國之史學精神，在能經世明道，固非僅託空言。孔子謂：「未知生，焉知死。」治史即知生之學，能明史，自明天人之際，與古今之變矣。

（民國三十九年冬香港新亞文化講座講演，載《新亞生活》三卷九期）

三、史學導言

引端語

諸位先生，諸位同學：

這次我來作四番講演，本是要專對歷史系一年級同學講，沒有想到聽講的人這麼多，羅校長告訴我，他希望改作公開講演，不專為學校或歷史系一年級同學講話，可是人一多，講話就難。我這一次來，本因成功大學第一年開辦歷史系，因此我的講題，仍然要專講歷史，只把範圍放寬，只講實學，不作空論。

當前我們的學術界，空論太多，諸位初進大學，即應懂得空論與實學之辨。學問一定要實在，始對社會有貢獻。

成功大學一向對於理工科占著一個很高地位，有很好的成績。現在新成立文學院，歷史系更是今年纔成立，羅校長希望將來文學院也能像理工方面，有同等地位和成績，這是一個好理想。我們不要認為只是理工對社會有貢獻，文史之學對社會同樣有貢獻，只要它也是實學。不過學理工的易於明白如何走上所謂實學的路，而文史科則不然，易於講空話，發高論，儘是很多思想與理論。並不是說我們不要思想理論，但思想理論都該從實學上立基礎，空話高論要不得。我希望諸位來學文史，先學一本領，少講話。不要講自己不懂的話，不要講好聽的話。講話要小心，不是怕得罪人，乃是要講的是實學。現在我們正犯著講話太多，而且理論又太高。如說「科學救國」，難道文學、史學便不能救國嗎？還是我們的社會，可以是一個純科學的社會？我們的學術，可以是一個純科學的學術嗎？我們要提倡科學精神，但要不要有史學精神？凡所講話的背後，應有一套實學，真知灼見，不講我所不知道的，這是做學問人的第一戒條，亦是第一本領。我今天的講題，本是專為歷史系一年級新同學而講，但或許可對今天在座聽眾都有一點貢獻。

剛才吳主任提到我舊著《國史大綱》這部書。我在書前有一篇〈序〉，曾說今天我們中國人，最不懂得歷史，而又最喜歡講歷史。從前在大陸，大家一開口便說，中國社會是一個封建社會。封建社會該打倒，這我也同意，但不知究該如何般去打。這且不論，但我們又何從知道中國兩千年來是一個封建社會呢？

又說，中國兩千年來是一個專制政治，此「專制」二字究作怎麼講？中國史上的政府組織及其一切制度，究竟是不是專制？皇帝有沒有權限？一切法令又如何般建立？這些都是歷史。不能只罵它是封建，是專制，那是一句空話。正為大家不懂歷史，而好談歷史，把以往歷史一口罵盡，纔使中共在大陸得意狂行。我在大陸教書幾十年，眼見很多優秀學生都信共產主義。他們有志向，有熱情，要為國家社會開出一條路，但滿口滿腦都是空論，纔演變出今天的情形來。

我此刻所定講題是「史學導言」，要為有志史學的人引導一條路。此下所講，還是在史學門外的話，僅準備好上路。但諸位要知，任何一項學問，上路便該跑一輩子。如講中國史學，三四千年，我們年壽有限，自須要一輩子。若諸位只預備在大學四年，最多進研究院讀碩士博士，也不過加上五年八年。在學校總是要畢業，而學問則無法畢業，我們要能跑一條長路，預備一輩子獻身於此。若說職業，從來那一個學者無職業，但職業之外仍該有學業。今天諸位要走上這條學業的路，我得告訴諸位一些準備工作。故我稱此四次所講為導言。諸位卻不要認我所講也是空言，或是高論，我開始即說明我自己絕不希望來講空言高論，我所講，或許我自己有做不到的，但至少是我想要做的。或許諸位又要說我只是些老生常談，那我卻承認。儘有許多話，前人早說過，只由我口中重述，亦算是我所學到的一點，在我認為絕非空言高論，乃僅是我的一知半解，此層請諸位原諒。

第一講　學問的三方面

講到學問，應有個大範圍，如我們坐在此禮堂，每人只占一坐位，只在此禮堂中的一把椅子上。學問應有大的天地，或學工，或學商，或學理科，或文科，一人也只占一個坐位。但外面大的天地，我們不得不先知道一些。我下面所講，已經把此大天地縮小範圍，只講今天大學中文學院方面的。從前中國古人講學問，把來分成為三個部門。一稱義理之學，一稱考據之學，一稱辭章之學。今天文學院裏文、史、哲三科，正與此三部門相應。這個分法，並不包括自然科學在內。提出此學問三分法的，乃在清代乾隆時，有兩位可說是當時的大學者，一是戴震東原，一是姚鼐姬傳。戴震是經學家，姚鼐是古文學家。他們同時都說學問應有此三方面，即「義理」、「考據」、「辭章」。因那時清代學者，自名他們所講是漢學，來反對宋代的理學。漢學重考據，理學重義理。我們也可說，在西方學問沒有到中國來以前，中國近一千年來的學術上，有此宋學與漢學的兩大分野，一是義理之學，一是考據之學，而同時又另有文章之學，學問就如此分成了三部門。

但姚、戴兩人又有同樣一個意見，說此三者不可偏廢。如講義理之學，不能廢了考據、辭章之學。講考據之學，也不能廢了義理、辭章之學。但此是否即是戴、姚兩人的意見，此層還得分說。我想三者不可偏廢，應可有兩個講法。一是說學問之類別，如說此人喜講義理之學，此人喜講考據之學，又有人專講文學。如諸位進文學院，分選文學、史學、哲學三系，學問正可分此三大類。不能專有此一類而偏廢了其他的兩類。此是從學問類別上講。但亦可從學問之成分上講，任何一項學問中，定涵有義理、考據、辭章三個主要的成分。此三者，合則成美，偏則成病。如治文學，不能沒有義理，詩文寫得儘好，不合義理總不成。同時也不能無考據，一字字都該有來歷，這亦即是考據。如講史學，當然要考據，講歷史上每一事，都該有考有據，但亦不能講來無義理。又該講得清楚明白，有條理，有分寸，這即是辭章之學。所以任何一項學問，只要成其為學問，則必包括此三成分。

照理講，義理之學似乎所占地位最高。我此處所講「義理」，並不即如我們今天講「思想」。義理當然要思想，但思想並不即成為義理。義理也不即如西方人所講的「哲學」，雙方也有些不同，今天不能在此細講。

中國人講義理之學，主要都推尊孔孟。孔子一生夢寐以求者，有一個周公。孔子說：「甚矣我衰也，久矣我不復夢見周公。」年齡老了，精力衰了，晚上不再夢到周公了，可見他對周公是一輩子心嚮往之的，那不要一番考據工夫嗎？孟子說：「乃我所願，則學孔子。」孟子距孔子，已三代一百年，不也要一番考據來瞭解孔子的所言所行嗎？其實老子、莊子、墨子、先秦各位大思想家，都有他們一套考據。他們的思想言論，也各有來歷，各有根據，都不是憑空而來。那亦即是考據。

至於所謂「辭章」，諸位當知，一番義理，即是一番思想，思想即如一番不開口的講話。中國古人說：「有德必有言。」「言」就該是辭章。試舉一很易瞭解的往事。在民國十七、八年時，我家住來一個小學生，這小學生此刻亦在臺北。四十年前，他姊姊帶他到我住的那城市來讀書，即住在我的家。這小學生下了課，姊姊督促他用功，督促甚緊。那小學生有些不開心，或說是生氣了，在他筆記本上連寫「打倒」、「打倒」幾行字。姊姊看見了，不斷啜泣，乃至大哭。我問她為何哭泣，她把事情告訴我。我說你不能瞭解你弟弟，他心裏有些不開心，何必過分計較。她說不開心儘可，不該要打倒我。我說這因他在學校裏所學得的文字不夠用。他心裏不開心，只能用「打倒」二字來表達。你看外邊滿街滿巷貼的標語，不都用「打倒」二字嗎？他心裏不開心，或許有些討厭你，不懂得該怎麼說，就說了這「打倒」二字。在你看來很嚴重，在他到處見此二字，不覺得嚴重，這是你誤會了他。經我此番解釋，他姊姊還是好好地督教他弟弟，後來他弟弟進了大學，又到美國去留學。直到兩年前我來臺北，他特地來看我，問我還記得有他嗎？這是一個很簡單的例。可是這「打倒」二字，在當時已成為學術界一口頭禪，成為當時中國社會上一番大而真的流行思想，發生了絕大影響，絕大作用。直到今天，還有許多人心中丟不掉此兩字，甚且在無意中每易見之於事實。

諸位當知思想亦都從文字說話來。一個人的文章和說話，慢慢到另一個人腦子裏，會變成為思想。所以我們用一個字，講一句話，總該有分寸，有界限。稱讚人，不要稱讚得過了分。批評人，也不要批評得過了分。這是講話作文的義理。有人主張文化自譴，但自譴得過了分，也成一大病。到此刻，卻很難救藥。

中國一向自稱為是一個文教之邦。文亦有教，「言之無文，行之不遠」。全世界各民族講話，能行得最遠的，只有中國。中國人講一句話，論其幅員之廣，則像一個歐洲。遠如黑龍江、雲南、福建、新疆，都行得到。若論年代，自周公、孔子傳至如今，已越三千年。若從古就流行著「打倒」二字，你要打倒我，我要打倒你，那能有今天的中國？中國古人早懂得講話要有義理，也可說講話要有藝術。寫文章當然更如此，不能拿起筆來隨便寫。寫白話文，當然是可以，但白話也得成文，也得有藝術，有義理。講話又要有本有據，那是考據之學。講話要恰到分寸上，即是辭章之學。說中國是個封建社會，要設法改進，此亦是一說。若逕呼「打倒」，則竟不知將如何般去打。又如說孔孟儒家思想有些不合時宜，此當逐項提出，研究討論，卻不該便說要打倒。何況說「打倒孔家店」，究嫌輕薄了。又說「隻手獨打」，此便看事太易。又說「隻手獨打孔家店的老英雄」，此似施耐庵《水滸傳》中語。學問思想，究貴嚴肅細密，與說部中的英雄行徑不同。《水滸傳》是元、明以來說部中第一流作品，但元、明、清三代治文學的，終不以《水滸傳》與李、杜詩、韓、柳文相提並論。此中亦自有一番義理，自有一番分別。今人卻又要說打倒舊文學，打倒死文學，於是又進而說要打倒舊文化。「打倒」二字掛在嘴邊，但到底還是打不倒，然而影響卻大。那些影響，又卻不是我們所希望的。

我此刻講辭章之學，「修辭立其誠」，正是一主要項目。諸位莫認為口裏講的，寫出便可是文學。老子說：「直而不肆。」說話要直，固不錯，但不該肆。肆則無忌憚，《中庸》稱之為小人。所以我說講義理之學，應該同時要有考據有辭章。至於史學，自要考據。即如今天報上一條新聞，也該有考據，不能憑空捏造。史學主要在一個「是非」，有事實上之是非，有評判上之是非。要是非不謬，那都有關於義理。不辨是非，如何來講歷史。歷史又很複雜，小說上說一枝筆不能同時寫兩件事，多方面的史事，能一條線講下，此處便要辭章之學。

文學辭章之內容，主要在人之情感。今人喜歡說「純文學」，但純文學正也不能缺了情感。情感上有哀有樂，一天內有哀有樂，一生中有哀有樂。情感有真無偽，樂須是真樂，哀須是真哀，否則成為無情感的冷血動物。無情感，還講什麼文學、史學，乃至於理學？即學自然科學，也要有情感，只把情感寄放在實驗室裏。文學情感則表現在人羣社會中。但情感也不可以偏而不正。情感過了分，也是要不得。故中國古人說：「樂而不淫，哀而不傷。」快樂過了分，便稱淫。悲哀過了分，便稱傷。不僅傷了自己，也會傷了別人。所以情感該有分寸。把情感表達在文字上，文字也該有分寸。如「哀而不傷」這四字，用白話來說，便有些麻煩。因白話把「哀」、「傷」兩字連用，便辨不出其間之分寸。此刻我們大家使用白話文，也該有人來把運用白話的方法仔細下工夫，好指導人一條可遵循的路。當知辭章之學之背後，便有個更高的義理。沒有義理，不成文學。而文字混淆，則義理亦混淆。說話亦得有一番義理，說話中所用字，亦該有考究。如我上舉那小學生用「打倒」二字，實非他內心情感上之真意義。誤用文字，會使人失其本心，誤入歧途。中國人一向所講的「文教」與「名教」，確曾在此方面下了不少工夫。

至於辭章之學何以亦要考據？此層亦得稍加闡說。中國文學源自《詩經》，《詩經》中有賦、比、興三個表達方式。賦是直書其事，比、興較難講。詩人不肯坦率直書其事，乃用比、興。如一個十七八歲年輕女孩要出嫁，詩人不肯直說，卻要把另一事來作比，來作一領頭，來興起那年輕女孩出嫁之事。不肯直率說，你正是一恰好要出嫁的年齡呀！如此說來，不適合文學情感，因其太直率。於是用一個比仿說，你看這樹桃花開得多好呀！「桃之夭夭，其葉蓁蓁」，如此般一接下來，才說到「之子于歸，宜其家人」。這不是一種巧言飾說，乃是詩人心中一番溫柔敦厚真情感之表達。花儘多，但可把來比一個十七八歲女孩的，卻須挑選。梅花、菊花只可比高士，不合適來比一年輕女孩子。中國古詩人，單把桃花來比年輕女孩，卻是恰切有情。又如兩人分別，把什麼情景來穿插？中國詩人愛用楊柳，決不用松柏楓樹等。詩人胸襟寬大，眼光活潑，自然界一切事物景色，都在他腦裏，而且懂得很深很透，很富情趣。遇到作詩，隨手運用，宇宙人生，一拍即合。孔子說，學《詩》可以「多識鳥獸草木之名」。凡所接觸，不論動植物，它的姿態性情，生活狀況，一切在胸中，那是文學家的修養。他的天地大了，生活情趣活潑豐富。心情出吐屬，吐屬見心情。否則便覺得枯燥單薄。詩人比、興，也正是一種考據。「考據」二字該活看，不該死看。所以我很佩服戴、姚兩人提出這個「義理」、「考據」、「辭章」學問三成分的說法。

後來，曾國藩滌生又在三者外，再加進一項「經濟」。此屬廣義的，要有經國濟世之用才叫做經濟。諸位學史學，要知得學了不能經國濟世，此則終非所學之最高境界，不免仍成空論，非實學。這樣的學問，只是死學問，空學問。又要在死的空的學問上輕易發高論，那真要不得。又何況無學問而發高論，那就更要不得。

諸位當知，學問必有「體」有「用」。如這個桌子、茶杯，便是各有各的體，同時桌子、茶杯亦必各有各的用。更如我人有此身，便是體，但必該有身之用。眼睛便有眼睛之用。諸位說眼睛用來看，但要問看些什麼？若儘用兩個眼睛來看麻將牌，此有何用？諸位不要太不看重自己這兩個眼睛。人生必有一番精神，也如兩目兩耳，不要不得其用，或未盡其用。該用得的當，用得到家，不該浪費。不要拿人生浪費了，更不要把我們青年這個最重要最有用的時期浪費了。諸位今天來從事學問，不是來浪費人生，消遣人生。今天的社會，卻到處只見個消遣。

諸位學一項學問，要有體有用，這才叫做經濟之學。若只把學問作謀職業之準備，用得太小，那亦是浪費。曾文正在戴、姚兩人學問三部門之外，再加進經濟一項，這意義很緊要。但我想，這也不是在學問中再加一類別，或再加一成分。只要真懂得義理、考據、辭章，則自然有經濟之用。倘使三者缺一，甚或缺二，則將不成為一項學問，不僅沒有用，而且還可以有很多的反作用。

中國人講人，便要完成一個人。講一套學問，便要完成一套學問。等於做一張桌子，定要完成一張桌子。造一所房屋，要完成一所房屋。此事明白易知。做人做學問，則其事不易知。不是一生下來便可說我已成了一個人，學校畢業便說我已完成了學問。當知學問並不即是學校中的課程。課程可以畢業，學問不易畢業。我希望諸位能把一輩子興趣放在你所研究的這一項學問上，要求完成，則定是義理、考據、辭章三者兼備。如此為學，乃始不是浪費。自然便成為一種經濟之學。

從前中國古人，又把學問分成經、史、子、集四大類。史學應重考據，若說中國歷史兩千年來是個專制政治，是個封建社會，但翻盡「二十五史」、「十通」，卻無此「專制政治」、「封建社會」八個字。若說此是新思想，但思想究不是歷史。馬克思所講的是西方社會，他還懂得謹慎，他不清楚東方社會是如何，他並未認為中國社會和西方相同。講歷史該有考據，不能僅憑思想。子學屬思想，不論孔、孟、莊、老，諸子百家講思想，都該歸於義理。我們只認孔子義理講得高，老子講得比較差，或說低一點，可是他們所講都是義理。今天卻只重思想，不重義理。固然義理必出於思想，但思想亦必歸宿到義理。義理有一目標，必歸宿到實際人生上。孔孟思想之可貴正在此。其次講到集部，即辭章之學。詩也好，文也好，一切也仍歸宿到人生上。所以子、史、集三部門學問，皆以人生為本。

但中國人講學，首先必重經學。經學之可貴，不為它是最古的，而為它是會通著子、史、集三部的。文學必先推到《詩經》，它是中國文學的老祖宗。但《詩》三百首是經學，若只稱它為文學，則易使人由此以下《楚辭》漢賦一路只限在文學上。必稱它為經學，則治《詩》自然會旁及於《書》，那就由文通史。中國古人教人學文學，兼要懂一點歷史，如孔孟教人，必兼重《詩》、《書》。後人不稱此為文史之學，而必稱之曰經學。因說到經學，則《詩》、《書》之外又有《易》、《春秋》。《春秋》還是史學，《易》則轉入哲學。《詩》、《書》、《易》、《春秋》外又有《三禮》，則可歸入今所稱之社會學方面去。所以中國有經學，並不是要我們都來用功古代的六經，乃是要我們做學問有一會通大體。學文學，不能不通史學。學文史之學，又不能不通義理哲學，乃及社會禮學方面去。要把學問上這幾個成分都包括在內，而完成一大體。有此一大體，自可用來經國濟世，對大羣人生有實用。漢儒所謂「通經致用」，其大意只如此。而亦有歷史事實可證，並不是一句空話或高論。

先秦有墨家，也講經學，但沒有像孔子般講得通。莊老道家則要廢去一切舊傳統，自然不再講經學。他們的見解，因此究竟也淺了些。在中國學術史上，治孔孟的無不兼通莊老，因莊老站在孔孟之反面，自成一套，正可用來補偏救弊。大體講來，中國人講學，所以重經學，而占踞了一切學問之首座，其意義只如此。今天諸位來學史學，將來定要讀到《尚書》、《春秋》，也會注意到《詩》、《易》、《三禮》，因其同歸在經學一類中。中國的經書，在類別上，則包括了義理、考據、辭章。在成分上，每一經又各自兼此三部門。所以中國後來學問發展，雖已超過了五經，而仍必推尊五經以為是學問本原所在。今天我們做學問，則都要做專家。但照中國人舊傳統，做一專家，仍有此共同本原。離開了此共同本原而只成一專家，此專家亦不足貴。

如西漢揚雄子雲，年輕時只佩服司馬相如。司馬相如乃漢代一辭賦家，揚子雲所作辭賦，幾可與司馬相如媲美。但到晚年他自悔了，他說孔門若用辭賦，「賈生升堂，相如入室矣，如其不用何」，這三句話，卻可說明從來中國人做學問一番共同意見。為學必遵孔子，正為要義理、考據、辭章三者兼備。辭賦家則究是太專又太偏了，因此也並不能認為是辭章學之正宗。

剛才說過，做一切學問，都該通辭章，辭章之學至少能因辭達意。使用文字，也該如使用金錢般能經濟。諸位不要嫌錢少，當要養成習慣，一文錢有一文錢之用，如此則不致常嫌錢少。若說一文錢不當一文錢用，則錢絕不會有多。這是一個很簡單的道理。資本主義社會最懂得用錢，他們錢雖多，都用得最節省，能把錢用在分寸上。中國向來是個文教之邦，卻最懂得使用文字。從小孩起，便訓練他一字字，一句句底讀，每字每句都有其意義與價值，都有用。現在我們變了，把文字生吞活剝。今天諸位進大學，我怕諸位讀書，也不會一字一句地讀，因此也不會一心一意讀，不會正襟危坐凝神靜氣讀。如此則只會讀報章小說，讀報章也只喜讀小新聞，不會讀大新聞。如此則如何能讀文讀史，乃至讀一切真有價值的書？

諸位進文學院，第一本領要訓練自己能讀書，要能一字字一句句地讀。如上引揚雄所說「賈生升堂，相如入室」這八個字，表裏精粗，實不易讀。當細讀《文選》所收賈、馬兩人各賦，纔知為何一個只跑上堂，一個卻跑進室？揚子雲這一批評，草草讀過，那能領略？今天儘講大眾化，但學問有時不能大眾化。如大學，豈能開著大門讓大家進？所以揚子雲又說，著書要使知者知，不能使大家都知。一個大學教授畢生獻身學問，他所著書乃及講話，豈能定要大家懂？如今提倡科學，科學也不能全叫大家懂。還是科學易見標準，可有不及格，文學院標準不易見，但總不能主張大眾化，以易讀為佳。此「賈生升堂，相如入室」八字，實不易讀。又云「如其不用何」，此五字更難讀。孔子門下亦有文學，但如漢代辭賦，必遭孔子排斥。若使孔子生在漢代，絕不會學司馬相如作辭賦。揚子雲這番話實是講得對。但辭賦為何無大價值，至少在它裏面不能加進許多義理情感。賈誼辭賦不如司馬相如，正為他辭賦裏還是有義理思想情感，不如司馬相如的辭賦是純淨化了。揚子雲懂得這道理，但後來自悔所學，回頭來要學孔子。學《論語》作《法言》，學《易經》作《太玄》。他說司馬相如那一套，等於雕蟲小技，大丈夫所不為。他那番話，實表現出中國人講學問一極高境界，但揚子雲的儒學，實亦尚未到家。

今問：為什麼一部《文選》裏許多詩人，最被後人重視的是一個阮嗣宗，一個陶淵明？又如陶、謝並稱，何以謝靈運終不能比陶淵明？一部《全唐詩》，作者何限，何以後人只推李白、杜甫？而兩人相比，李白地位終是差一點。所以說，杜甫詩之聖，李白詩之仙。不能叫大家學仙人，聖人則大家可學，所以仙不如聖，但此非今人大眾化之謂。韓愈、柳宗元以古文齊稱，但柳終比不上韓。《西廂記》、《水滸傳》未嘗不是很高級的文學作品，然而不列為文學之正宗。這裏有中國學術史上講文學的共通意見。今日又說要重新評定一切價值，但不知將由何標準來評定。苟無實學，則一切皆成空論。空論過高，流弊更大。

我們此刻再來講中國以往學術，應知它自有一套特有精神。生為一中國人，在中國社會中，應該懂得從前人那一番道理，否則為學做人，試問如何入門？諸位學史學，二十五史、十通，乃及其他一切史書，如何學起，還不是應該先懂得中國史學已往那一套基本大道理所在。史學的基本大道理，仍不能離開上面所舉每一項學問中之四個成分：義理、辭章、考據、經濟。文學也一樣。

中國古代又有「小學」、「大學」之分。小學亦稱「幼學」，大學則是「大人之學」。諸位今天年齡在十八到二十這一階段，正已進入了大學，應該是要學大人之學。但我先請諸位要做一番補修小學的工夫。外國人的教育理想，似乎主張一段一段切開，小學一套，中學一套，大學又一套。中國從前教育，主張一貫下來。也可說，外國人把小孩當做小孩看，中國人看小孩早當一個大人看。這裏是非得失暫不講，但總該有一標準。不該把標準儘降低來遷就，老怕小孩不懂，無興趣，降低標準，變成無標準。如說中國文字難學，要創簡體字。但若小孩對簡體字仍無興趣，豈能創出一套無字教育來？如一切運動，便是無字教育，但籃球、棒球等，亦各有標準。標準定得高，定得難，反而能激發興趣，增長智慧。當前我們的優秀青年只愛學理科，正為理科可以顯聰明，見才智，也非定為將來出路問題。文科日求低淺，將成為愚人之學。今天要提倡文科，莫如學理科般，只教人去遷就標準，不許毀了標準來遷就人。若要把今天大學文科標準提高，則自見小學文科教育不夠。進入大學學文科的，義理之學且勿論，辭章之學也談不上。只能聽講，不能自讀書。中國人一向只稱求學為讀書，不聞求學只是聽講。此刻中小學文科教育該如何改進，此是一件事，但諸位已進入了大學，而小學階段基本準備工夫實嫌不夠，首先應該培養自己義理觀念。事有是非，人有高下，此層不可不知，否則如何來研究歷史？第二應先培養自己讀書能力。若不能自讀書，只在講堂聽講，將永走不上學問之路。

義理教我們德行，辭章培養我們情感，考據增進我們之知識。須德行、情感、知識三方皆備，纔得稱為一成人。學問皆由人做，人品高，學問境界亦會隨而高。人品低，不能期望其學問境界之高。如一無德行、無情感之人，一意來求歷史知識，究其所得，實也決不足稱為是歷史知識。一切知識，並非全擺在書本上，主要乃在學者本人之自身自心上。一切知識，應以德行、情感為基本。一切考據之學，應以義理、辭章為基本。一言一行不苟且，此是義理學開始。一字一句不苟且，此是辭章學開始。預備了這兩項條件，才能來讀歷史治史學。此是我卑之毋甚高論來說實話，務期諸位勿忽略。先把基礎放實放穩，纔能從事一切學問，史學亦不例外。諸位且先求得史學入門，莫遽想為史學專家。今天只講到此，語有未盡，留待下面繼續。

第二講　治史學所必備之一番心情

諸位，我在第一講說明了每一項學問，必須包括義理、辭章、考據三成分。因此學者須先廓開心胸，廣築基礎，然後可以深入學問之堂奧，獲得學問之實用。此在經、史、子、集四部皆然。此講將單講史學方面。

首先我們且問什麼叫做歷史？歷史究是怎麼一種學問？簡單地講，歷史只是記載人事，人事記載就稱為歷史，所以史學只是一種人事之學。所謂「人事」，乃指一切人為之事，與「自然」相別。學史學，首先該懂得人，其次該懂得事。此刻且把中國文化和西方文化粗粗作一比較。我們可以說，西方文化在今天，比我們長的在自然科學。此方面，我們實是遠不如他們。但說到人文學，不能不承認我們實比他們強得多。我們不能因為近代西方在自然科學方面勝過了我們，遂連我們自己所長的人文學方面也不自信。丟掉自己長處，去學人家短處，這一事，怕是我們今天學術界一個大錯誤。我們都知，自然科學基本在數學，人文學基本則在史學。即在今天，我們可以說，中國人的史學成績，在世界各民族中最為傑出，無與倫比。再沒有別一個國家民族在史學方面能超過了中國。這事深處很難說，此刻暫不講。但從淺而易見處，則一指便明。扼要說來，中國歷史最悠久，其他民族國家的歷史，有的只有一百兩百年，有的還不到，最長也不過一千年。許多古代的，則早已中斷，早已消散，不復存在。只有中國，最少該有四五千年長時期的歷史演進，而且都詳細地記載下來。所以中國是一個歷史學上的先進國家，其他民族國家，在歷史演進上皆屬後起，史學也同樣是後起。自然科學西方是先進，但也不過早了我們兩三百年的短時期。而中國史學則較西方先進了一兩千年。

其次要說到中國歷史範圍之廣大。論中國幅員之大，人口之眾，一部中國史，論其內容，實已超過了一部歐洲史。現代歐洲各國，如英如法，擬之中國，皆是小國寡民，只相當於中國一省區。中國史如春秋戰國到秦代一統，所轄版圖和後代已經差不多。那時的人口，也已有兩千萬以上。試問在如此廣大的版圖，眾多的人口上，來記載其一切人事，這一部歷史之內容，該是何等複雜，何等繁賾？這不僅是現代各民族所不能比，即論古代，如埃及、巴比倫，亦都是小國寡民，縱有歷史，亦極簡單，斷不能和中國相比。因此在中國，歷史記載應該是最難的一件事，而中國史卻又記載得極詳備，極精密，極有條理，而又極富客觀可信之價值。除上古傳說部分，經後人追記者不論，近代地下發掘如商代甲骨文等，僅可當作史料者亦不論。中國歷史之真實記載，當上溯西周初年之《尚書》，這已在今三千年之前。《尚書》分虞、夏、商、周四部分。〈虞〉、〈夏書〉多出後人追記，〈商書〉如〈盤庚〉篇等雖係當時傳下，但嚴格言之，亦只可當作史料看。但〈西周書〉，則無論如何已具史書雛形，可謂是中國有正式史書之第一部。〈西周書〉之主要創始人應屬周公，周公是中國古代一大聖人。以後有《春秋》，可謂是中國有正式史書之第二部。此書距今亦已兩千五百年，乃孔子所作。孔子是繼周公以後中國第一大聖人。可見中國史學，其先乃出聖人之手。亦可說中國史學，本是一種聖人之學。中國古人，很早已知史學之重要。此下遞傳不絕，又迭有演進。中國文化所以成為一種最富人文精神之文化，其事決非偶然。

中國歷史最有價值處，在其記載方法之周密而完備，因此中國史書有許多各不同之體裁。舉其大者，應分四體：一記言，二記事，三記年，四記人。〈西周書〉主要在記言，但都屬有關政治方面者。此後記言一體分別演進，有子部、集部，都已越出史書之外。《春秋》記事，同時乃一

「編年體」。《左傳》又把〈西周書〉和《春秋》記言記事合為一體，在中國史書中成為編年體之起始。此下兩千年中國歷史，一天天記載下，沒有斷，沒有缺，成為世界人類歷史記載一奇迹。而且此等編年記載，並非在後追記，乃是逐年逐季按月按日地記下。若非中國人把極大精神放在這上面，那會有這樣的成績。

記人一體，更為中國史書主要精神所寄。此體稱為「列傳體」，創始於西漢司馬遷之《史記》，此亦距今有兩千年。此下歷代相傳，此體稱為「正史」，到今共積有二十五史。我上講提到今天的中國人，最不懂中國史，而卻最喜歡講中國史。如實言之，不是講，乃是罵。大家喜歡罵中國史，成為一時風氣。如說中國二十五史乃是一部帝王家譜，稍讀歷史，便可知其不然。二十五史所載人物，千千萬萬，如何說它是帝王家譜？而且中國史書，既因人以見事，亦因事而傳人。所載之事，如每一代之典章制度，禮樂文物，學術藝文，風尚習俗，凡屬人生利病，政事因革，莫不提綱挈領，旁見雜出，豈可目為是帝王之家譜？

惟有中國史書，其中具有一番大義理，寓有一番最廣大而極高明之人文精神，不從一觀點出發，不由一條線敍述。極多人和事，不僅與帝王無關，抑且與政治無涉。驟看真是千頭萬緒，細究則既具體，又切實，該算是記下了每一時代之大體相，可憑以推究每一時代升降轉變之大關鍵所在。若把中國史書四體並述，記言溢出史書範圍已甚廣。分篇記事，自〈虞〉、〈夏書〉以降，有歷代之紀事本末。又有九通、十通，專載典章制度。列傳體除記人外，並包括編年、記言、記事三體。其他如名人年譜，各姓家譜，各省區各府縣之地方志等，林林總總，包羅萬象。

近代中國人嬾於讀書，更嬾於讀史，而又驕慢成風，遂把中國史一口罵盡。不說中國二千年來是一「專制政治」，便說中國二千年來是一「封建社會」，又要說一部二十五史只是「帝王家譜」，如此便可自掩其不學。興言及此，實堪嗟嘆。要雪此恥，正有待於此下史學之新興。

自然科學最大本領，首在觀察，次在記錄。中國古人對「人」與「事」方面之觀察與記錄，其精密審細，較之近代西方之運用在自然物方面者，可謂有過無不及。將來若有人要從頭研究人類生活文化演進，求獲一番新知識，則惟中國有此一番記錄，可供參考。因惟有中國史備有一種科學精神，把人類往迹，分年分事分人記下，像是錯綜，不免重複，實最細密，可獲真象。而且中國的史書，又備有一種民主精神，從不把一件事都歸在一個人的帳上，從不認為一個人可以幹出一件事，而沒有別人參加。而且一事歸一事，如政治學術，各自分開，從不把一事來抹殺另一事，因此也決不把某一色人來淹沒了另外一色人。今人卻又說，中國史只重政治，不重社會。其實政治即可反映社會，社會也可反映政治。讀史應能觀其「通」，觀其「大」。若從細小處作分別觀，中國史書中所收材料，已如一無盡藏，儘堪供我們詳密稽鉤。即如要考究社會經濟，如杜佑《通典》書中〈食貨〉一門，記載自唐以前有關於此者，共十二卷，分列十八項目，不為不詳。

即讀此一書，已可窺見唐代以前中國社會經濟一大概。試問其他各國，在一千年前，曾有此等條理詳密之記載否。又如杜佑《通典》有關「禮」之一門，共有一百卷。其中關於家庭制度之一部分，尤其有關於自東漢以下中國社會上大門第制度之存在與維持，當知此等主要皆屬於禮，不屬於法。苟非有禮，此等大門第何能存在維持迄於近千年之久。近人無此精力來作探討，卻把「封建」二字來一口罵盡，又把「宗法」二字來輕輕略過。但又怪中國史不詳社會事。古人已死，那能爬出墳墓來作答辯？

又有一事值得一提。歷史必有文字記載，而中國文字也三千年無大變化。今天一個大學生，只要對中國文字稍有基礎，便可直接讀三千年以前的歷史如《尚書》，兩千五百年以前的歷史如《春秋》，兩千年以前的歷史如司馬遷《史記》。一西方人要通拉丁、希臘文，始能上究羅馬、希臘史。但若把中國史書成績來作衡量，羅馬、希臘竟可謂無史可讀。只有中國人，可以直接讀三千年以前之歷史，而此項歷史又已分年分事分人逐一詳細地記載下。我們生為一中國人，為一中國知識分子，為一中國學人，卻不詳究中國歷史，這亦尚可原諒。不讀而開口罵，輕肆批評，實不應該。今天在座，有學歷史的，有不學歷史的，我希望諸位不要輕肆批評，儘說中國四千年來要不得。何處要不得，該有憑有據，有理有義地批評。批評又該有分寸，有節制。不該批評得太尖太薄，又過了界限。

其實中國古人批評歷史的也儘多。有的在批評前代，有的在批評當代。批評也是一事實，也都記載下成為歷史之一部分。中國史中所載批評儘多，即如杜佑《通典》所載各部門，都夾雜一類議論文字，都收些批評。那些批評都是切合事實，有情有理。作史者把它記下，在當時則言者無罪，在後世則可作參考。今人卻又要罵中國古人只是奴性，好像在政治上絕無發言自由，一惟帝王在上專制。試看歷代從政者，對於當時政治上之大意見，大理論，乃及各項具體措施之各種精密籌劃，以至相反意見，不僅明白記在史書，又都存在於各人之文集，又匯集在《歷代名臣奏議》等書中。在中國政治史上，噤口無言的時期，絕難找到。至於批評歷史往迹，更是觸處可見。只沒有像近人般，把中國自己已往歷史批評得那麼嚴酷而已。

因為罵歷史過了分，於是對歷史多生懷疑。但以往中國史，多是按年按月乃至按日的記下，並不待一事完了再記。事完再記，容有不可靠處。一天天的記，今天不曉得明天的變化。一年年的記，今年不曉得明年的變化。即是帝王一朝，也不待此帝王死了，此一朝換了纔有記。官史之外又有野史，中國人一向對史學之鄭重，那裏如近人所想像。偽造史迹，並不是件容易事。縱有偽造，前人皆曾有辨別。近人儘從疑古辨偽上來治史，所以終難摸到歷史大動脈之真痛癢。此刻罵史疑史之風逐漸衰了，但卻變成為治史無目的，無意義，一堆堆材料，隨意考察，治史只成一告朔之餼羊。

中國史主要所在，還是在人物。上面說過，歷史只是記載人事，但究是人在做事，並不是事在做人。平心而論，當然人為主，事為副。中國歷史最重要的在講人。講到漢初開國，決不是漢高一人之事。我們必然會想到蕭何、韓信、張良一輩人物。講到唐初開國，又自然有房玄齡、杜如晦、李靖、李勣這一輩人。中國歷史記載，斷沒有一種英雄主義之表現。漢祖唐宗，只是一人，同時還有其他文武一大批，幾十百人集為一大羣，各人有各人所長，各人有各人之貢獻。他們的事業貢獻，也決非僅是攀龍附鳳而來，於是各人有各人之家世，各人有各人之性能。帝王本紀，著筆最簡。謀謨功烈，盡歸臣下。而且失敗一方亦同樣有人。成在那裏，敗在那裏，各有其所以然。至少中國歷史告訴了我們一個最高最大的真理。即是說，一切事不能由一人做。而且每一件事，也非一成不敗，也非命定的有敗無成或有成無敗。大而至於國家興亡，乃是許多人共業所成。因此在中國歷史上，每人各有篇幅，而其所占篇幅又各有限。

於是又招來近代中國人批評，說中國沒有像外國般的傳記文學，多麼偉大，一個人寫成一大部書，洋洋灑灑，累千萬言。於是我們又來學做如秦始皇傳、漢武帝傳、唐太宗傳等。把一切事都歸入一人身上。若我們依照歷史真理，根據歷史實況，究竟那一方更合理，更算得是進步？人生該各有建樹，也不專為別人來裝門面，湊熱鬧，跑龍套。但若要各自傑出，各自獨立，試問三四千年偌大一部歷史，又何從而來？

而且歷史上有許多偉大人物，偏偏又寫不上歷史。這是說用一條線來寫下的歷史，或是專寫浮現在社會上層的歷史。如照《左傳》體裁，把孔子寫進去，也只得少許，決不能比鄭子產、晉叔向，而又像是並不重要。顏淵便一字也寫不進。所以中國史在編年體、紀事本末體之外，必然要有列傳體，而又必然要奉列傳體為正史，其理由即在此。

但如此則為難了讀史者，讀了《史記》好幾十篇列傳，才知得漢高祖與項王相爭始末。但有很多仍不盡詳在史傳內。如宋代新舊黨爭，只讀《宋史》王荊公、司馬溫公以及其他各人列傳仍不夠，還須繙讀王荊公、司馬溫公全集，乃至其他各家集居今可見者。又有許多當時的野史筆記仍當讀。在中國，有關歷史材料方面，實在寫下得多，保留得多。從前人說，一部十七史從何說起，此刻已有二十五史，也只是中國歷史一個大概。其他汗牛充棟，浩如煙海，有關史學的書，那裏讀得盡。然此正是中國史學發展到極高明處，人文學總匯在此，所以可貴。今人高談自然科學，卻不看重人文學，又在靜待西方人對人文學方面也有進展，俾可補偏救弊，卻對中國人已往成績，抹殺不理。心嫌其難，反又怪中國史書太瑣碎，不科學。不知科學正在不怕瑣碎。中國古人，已把人事往迹存之心見之事的，都盡量記錄，盡量保存。後人若果有意探究人事真理，中國現存史料，也可說已是取之無盡用之不竭了。

但儘如此說，豈不為諸位有志史學者先出了一難題？其實史學也實是難，因其為一切人文學基本所在，而人文學也實是難過了自然學。此刻要為諸位有志史學者先提一個簡單扼要的方法，好使有志者能得一入門。此刻諸位講研究學問，總喜歡講方法。今我要為諸位提出一套史學方法來，但方法也非一句話可盡。我想儘先提出第一項八個字。此八個字，不僅學中國歷史須如此，在我想，學西洋歷史也該如此。但我又怕諸位要疑心我頑固守舊，是三家村學究，不懂現代思潮。或此等話未經西方人道過，終是要不得。但我感得非說不可。我認為治史只有八個字最重要，一曰「世運興衰」，一曰「人物賢奸」。治史必該從此八字著眼，從此八字入門，亦在此八字歸宿。

諸位且莫認為世界總是在進步，就歷史言，這世界有進也有退。不僅中國如此，西方也如此。我幼時喜歡看《三國演義》，在小學中，有一位體操先生，知我喜歡看此書，卻對我說，這等書最好不看，它開頭便講錯了，說什麼天下一治一亂，這是中國歷史走錯了路，才會治亂相尋。現代西方如英國法國，他們便治了不再亂，和中國不同。我當時深受此影響，也可說，我有志治史，卻從那先生這番話引起。但到今隔了六十年，試看今天的英國、法國又如何。但我們又會說英法固是衰了，美國人興起，該不會再衰，所以有人要無條件一心學美國。照歷史往例言，中國人說出「世運」二字，實不能說它無道理。世事常在運轉中，興了會衰，衰了又會興。一興一衰，其間卻有個大道理。諸位治史，先須知有興衰，再在興衰中求它道理。我到過美國，曾說：幸而有一個蘇維埃大敵在前，美國社會尚可維持。苟無蘇維埃，怕美國社會會出毛病。此是十年前話，不謂言而不中。此刻美國社會種種問題層見疊出。但有人說不要緊，美國人自會有辦法。由我想來，明白得歷史上興衰之理，自可有辦法。若不然，只據目前，認為興了便不會衰，不去研究歷史上一番興衰之理，則終會靠不住。

說到人物賢奸，人總是有好有壞，此層不得不先承認。但人的好壞究竟分別在那裏？不能說富而強的便是好，貧而弱的便是壞。又不能說只要目前有辦法有出路便是好，目前無辦法無出路便是壞。中國近人常說，孔孟大聖大賢，為何不能救春秋戰國之亂？程朱理學大儒，為何不能救北宋之衰、南宋之亡？如此論人論學，實無是處。春秋戰國何以有了孔孟還不能救？兩宋何以有了程朱也不能救？此項問題，正須治史者來解答。但治史學，那能不懂得人有好壞。壞人總是幹不出好事來，所以好事不能交與壞人手去幹。有好人來做事，此事自會漸漸轉好。羼進了壞人，此事便會漸漸轉壞。歷史上無驟興，也無驟衰，其興衰必以漸，而主要關捩則在人。不識得人有好壞，便也不識得事有得失，如此又何從來講歷史。

諸位今天有志要學歷史，又當知治史必以國家民族當前事變為出發點。莫謂此等和我不相干，我只為自己求知識謀出路。如此心情，斷不能求得真學問，更何況是史學。史學是大羣人長時期事，不是各私人之眼前事。諸位如無關心民族國家的一番心情而來治史學，則正如無雄之卵，孵不出小鷄來。

但話再說回來，如諸位治史，能懂得注意世運興衰人物賢奸，積久感染，也自能培養出一番對民族國家之愛心，自能於民族國家當前處境知關切。諸位當知治史學，要有一種史學家之心情，與史學家之抱負。若不關心國家民族，不關心大羣人長時期演變，如此來學歷史，如一人不愛鳥獸草木而學生物，不愛數字圖形而學幾何與算學。如此來學歷史，最多只能談掌故，說舊事，更無史學精神可言。

諸位又當知，歷史乃是一種生命之學。有生命，必有精神。生命藏在裏，精神表露在外。由生命表露出精神，也可分兩面說。一是其性格，一是其力量。個人如此，民族亦然。此民族具有此民族之性格與力量，纔能開創出此民族之歷史。各國家民族，性格不同，力量也不同。舉一眼前實例，如中國對日八年抗戰，此一過程之後面，便充分表露出了中國人乃及日本人雙方的性格與力量。由此雙方之性格與力量，纔來決定此一戰爭之種種經過及其最後勝敗。

又如今天的共產黨，有中共、俄共之異，但共產黨卻有一套共同性格，他們有偽而無誠，知有進而不知有退。他們如何獲得一時勝利，此當兼論到其他方面。但他們之必然會失敗，則即在共產黨本身內部此兩性格上，不煩再討論到其他。故治史學，須能見其大，見其會通。古今中外人類歷史一切興衰成敗有大關鍵，有大道理，誰也逃不掉，誰也跳不出。

我們學歷史，好像只看古人事，但今人古人同是人，知道了古人，也就知道得今人。歷史像如一條長蛇，但是條活蛇，不是條死蛇。拉他尾巴，他頭會動。拉他頭，他尾巴會動。拉他任何一部分，他全個身子都會動。人類整部歷史，是一部活歷史，非是一部死歷史。知古可以知今，知今也可以知古。知我可以知彼，知彼也可以知我。必得如此，乃始成為一種有體有用之史學。如講數學，豈不是古今中外到處一律？

但史學則通中仍有別。今天我們講史學，自與漢唐人時該有不同，又和日本人美國人來講中國史學不同。只因我們近代的中國人輕蔑自己，崇拜他人太過了分，如講鴉片戰爭，不僅要采用英國材料，又要采用英國人意見，如此始稱為有世界眼光。以前某大學歷史系某主任，他曾向人說，他不請不懂西洋史的人來講中國史。如此說來，從前中國古人壓根兒不知有西洋，宜乎他們寫下歷史，全無是處。又如中國八年抗戰，打勝了日本，我在後方親聽人說，中國人那能勝日本，一切都是美國人幫了忙。試問如此心理，如此言論，中國人那能有份長此立國於天地之間？

今天我們不能講自己以往歷史，並連現代史也不能講。如中國如何打勝了日本，又如何從大陸逃避到這裏，此等眼前大事總該講。但我們自己不願講，也不能講，卻在外國有一輩「中國通」代我們來講。我們只為了眼前切身利害，也知外國人講法要不得。但該拿出自己一套講法來，這是當前中國史學家責任。當知得意事易講，失意事難講。中國現代一百年來，正在失意時代，更該自己有一個講法，纔能從失意中再爬起，不要讓我們老如此長自失意。

我二十年前從大陸逃亡到香港，那時在大陸有一位我的前輩，他不贊成我離大陸。但那老人頗亦懂得中國古文學，我對他說：「你看毛澤東文章，像有一番開國氣象嗎？」他為我此一問，默不出聲。但他終於留在大陸，到後被清算為右派分子。

又如在抗戰前，中國東北出現了一個滿洲國。外國人那時，也懂得講民族自決，卻說既有滿洲民族，便該有滿洲國。到今天，又有人在講臺灣獨立，他們認為臺灣人不是中國人。他們也在講歷史，可惜對中國史實是一無所知。這也不足責備。可恥可嘆的，是中國人不懂中國史，不講中國史。目前正有不少優秀中國青年去到美國日本學中國史，那就值得我們之警惕。

但話又說回來，埃及、巴比倫亡了，不再有當年之埃及、巴比倫。希臘、羅馬亡了，不再有當年之希臘與羅馬。只有中國，屢蹶屢起，屹立了四千年。此刻的中國人，還有人肯信中國會復興。此是一部中國史有大意義大價值之真憑實據所在，雖經此一百年來中國人自己盡情自譴自責，但到底沒有完全失掉此一份信心。有信心自會有希望。當前的史學家，正該在此契機上把穩舵，向前駛進。一時風狂浪惡，也自不足患。西方人有一套較發達的自然科學，還能自驕自傲。中國人有此一套極精美的人文學，為何不自奮自發？諸位當知，自然科學是世界性的，我們落後了，可以向外求。歷史則是各別自我的，中國歷史只有中國人來發掘闡尋，不能也把此事來讓別人做。因此諸位學史學，必要養成一番廣大的心胸，乃及一番遠大的眼光，來看此歷史之變化。更貴能識得歷史大趨，一切世運興衰，背後決定全在人。決定人的，不在眼前的物質條件，乃在長久的精神條件。須知我們大家負有此時代責任，須能把我們自己國家民族以往在長時期中之一切興衰得失，作為我求知的對象。如此般的知識，可謂之是「史識」。歷史上有過不少為民族為國家為大羣體長時期前程而立志操心的大人物，他們此種心情，可謂之是「史心」。培養史心，來求取史識，這一種學問，乃謂之史學。史學必以國家民族大羣體長時期上下古今直及將來，為其學問之對象。由此培養出一番見識與心智，其自身始得成為一歷史正面人物，便是能參加此民族國家歷史大趨之人物。其所表現，則在此人物之當身，在此人物之現代，在其當身現代所幹之事業。此即是一歷史事業，不限於其當身與現代。

此等人物之出現，與此等學問之被重視，卻又多在衰世更過於盛世，至少在中國史上是如此。因在衰世易於感覺此需要，亦正為如此，乃使衰世又轉成為興世。興之久，盛之極，把此需要漸漸淡忘，於是又由盛轉衰，此是歷史大軌轍。中國今天的大毛病，在以己之衰而學人之盛。如貧人學富人生活，富人不計較的，貧人也不計較，勢必益增其貧。又如一久病人，強要學健康人之飲食操作，在一健康人的飲食操作，無害其健康，而且還有益，但一久病人學之，則適以增病。

學歷史不能不知時代。我們今天的時代，不似漢唐，也不似明清之全盛時。我們只在積衰積病中，如何起衰補病，應該另有一套。今天美國富強，已達顛峯狀態，那裏是我們今天所該學？

我們今天發揮史學，正該發揮出一套當前輔衰起病之方。識時務者為俊傑，史學可以教人識時務。史學復興，則中國必然有一個由衰轉興之機運。

現在我再奉勸諸位，諸位若將來處身外國社會中，先莫回頭來罵中國社會。我們此刻正處在歷史上之衰世中，也莫回頭來罵中國盛世，罵盡中國全部歷史。在中國全部歷史中，也曾有過不少時期的光昌盛世，與夫不少色樣的光昌社會。在當前，我們能對歷史多研究，少批評，更所力戒的是謾罵。即此一小小轉變，總不失為是當前學術思想界一件大好事。

第三講　歷史上之時間與事件

我上面兩講，第一講要先為學問築廣大基礎，義理、考據、辭章皆備。第二講要有史學心情，關心國家民族當前處境。此下預定還有兩講，若要具體講述如何研究歷史，時間短促，恐講不了什麼。十年前，我曾有八次講演，專講「中國歷史研究法」，記錄稿已彙印成書，臺灣也有發行。歷史系同學及其他對史學有興趣的，都可買來一閱。今天想避開具體問題，提出有關學歷史應該具有的幾點新觀點，好對歷史易有新瞭解，仍為諸位作入門準備。

上次提及，歷史上時間、事件、人物三要項。由第一項，才有編年史。由第二項，才有紀事本末體。由第三項，才有列傳體。中國史書即分成此記載年代、事情、人物的三大類。此下我擬講學歷史的對於這「時」與「事」與「人」之三項新看法。

我們常說，時間有過去、現在、未來。過去的過去了，未來的還沒有來，現在則像在過去未來的一條夾縫中，等於幾何學上兩個面交切所成的一條線，並無廣袤可言。而又是變動不居。我口裏說到現在，此現在即成過去。甚至我心裏想到現在，此現在也即成過去，永不停留。今我要問，過去的已經過去，未來的還沒有來，又沒有一個真實的現在，如此則人生與歷史究將在那裏安放？諸位當知，如此說時間，只是一種數學上的時間，或說是一種自然科學上的時間。其實自然科學上的時間也不如此，這只是一個抽象的時間，好像時間可以脫離事物而獨立。實際上，一個真實的時間，並不能脫離一切事物而獨立。如說一天二十四小時，此乃依附於地球環繞著太陽轉動這一事件而說。又如我們手上戴一隻錶，不斷轉動，六十秒成一分，六十分成一點鐘，一秒一分地在那裏轉，其實是依附在一件機器上而見其如此，並不是真時間。真時間則不如我們所想像，過去的過去了，未來的沒有來，而現在又永遠不現在，當知天地間並沒有這會事。

我們此刻來講一個歷史時間，歷史時間亦必附屬在一件歷史的事情上。如此刻我在此講演，這是一件事，這講演則以兩點鐘為一單位。這兩點鐘的時間，則附屬在此講演上，亦即表現在此講演上。現我已開始講了五分鐘，但此五分鐘卻並沒有過去。倘使這五分鐘過去了，諸位將聽不懂我下一句所講。正因這五分鐘所聽還在諸位腦子裏，所以得繼續聽下。若使現在再跑來一個人，他不知我上面講些什麼，他將感到摸不著頭腦。所以說，過去的並未過去。若論未來，我告訴諸位，它早來了。我此講演，共要兩個鐘頭，不會下一分鐘便停止，除非有出乎意外的極大事變，否則諸位必會安安頓頓地聽我再講一點五十五分鐘。那是無可懷疑的。而且我所講內容，也早就決定。諸位雖還不知，但我則早已知。好像今天有人臺北家裏來信，此人在此聽講，尚未接到，但此信在臺北早已發出，或早已到了此人家裏或宿舍內，此事則早已來了。

我說過去者未過去，未來者早已來，此是第一點。再深進一層講，此刻諸位在此聽講，一堂兩三百人，我所講是同樣的一番話，而諸位所聽，則可成為兩三百番話，絕不一樣。接受不同，反應不同，人人相異。此因諸位並不是專把現在這一時間來聽講，乃是帶了諸位一應的過去來聽講。各人所聽不同，正為各人過去有不同。諸位不能把各自腦子裏過去所存一切洗掉來聽講。所以說過去的並沒有過去。至於我此所講，進到諸位腦子裏，有的可以保留三天或三個月，或三年，乃至一輩子。諸位聽我說，對諸位必有一番影響，反應深淺不同，影響久暫亦不同。諸位不要認為今天聽完這一堂講，跑出去，這件事便成過去，那是不會過去的。這番話進到諸位腦子裏，會發生影響，各生變化。影響不同，變化不同，不僅由於諸位的過去不同，而諸位的未來也將因此不同。所以說，諸位此刻在此聽講，諸位的過去並未過去，而未來卻早已來了。

若說到現在，剛才所講的現在，只是一個假現在。此刻諸位在此聽講，這個現在，乃是個真現在。此一真現在，卻有一個很寬的面，亦是一個大現在。我們的一生，更是一個真現在或說大現在。如我活八十年或一百年，此八十年與一百年成為我生命的一單位，所以說是我的一生。若我今年二十歲，說以前二十年都過去了，下面八十年還未來，我都不知道。此種人生，則是虛偽的假人生，決非真人生。試問如此，叫我們怎樣做人，又怎樣做學問？人生既是如此，又怎樣會積成為歷史。諸位學歷史，主要在學知人事，學知人生。一切人事，各有一時間單位。各個人生，亦有一時間單位。此項時間，不應把來一秒一分一小時那麼分割。諸位要一口氣把握有兩小時時間，才能聽完我此一講。諸位要一口氣把握有幾十年時間，才能完成此一生。我們中國民族，則已一口氣把握住了四五千年以上的長時間，才能完成此一部中國史。

諸位要知得，時間各有單位不同，一切過去，都該能保留在未來中，不要認為過去的已過去了，當知過去可以永遠保留。未來的可以早侵入到過去，過去的也可早控制著未來。如諸位來此讀書，便都有一個未來侵入。諸位必先有期望，才來此讀書。那都是心中先有了未來，才會有今天的現在。但諸位若沒有過去小學中學一番學業經過，又何得有今天的現在。故說未來已侵入到現在，過去亦仍保留在現在。

我們的過去並未過去，而且要一路進入未來。否則諸位對各自的人生，都可以不負責任，隨意消遣。睡一晚，一切過去了，清晨起牀，便有一新的未來降臨。試問那裏有這會事。

所以一個小孩新生，最好就該有胎教。沒有生下來，便在母親肚子裏教養他。當他孩提無知，他父母已為他定下一個五年十年計劃。待他稍有知識，便該懂得立志，有他的一生計劃。不能如喫甘蔗，喫了一段再一段。不管將來，只管今天。如此便成瞎碰，碰運氣。諸位當知，歷史和人生，並不是在碰運氣。諸位讀歷史，應懂得放長眼光，一看就是五十、一百年，一看就是兩百一千年，纔知得此中意義。若對自己一生，不懂得有一個長距離的時間之存在，怎能來主張自己的一生？人之一生，有其孩提時代，青年時代，壯年、老年時代。實際上，此四個時代成就了他的一生。生命不能各自切斷。從孩提時代轉進到青年、壯年、晚年，並不是在各時代中無變化，但到底則只是他一生。整部歷史也如此。只有我們中國古人，很早就有這一套長時間觀念，故能早作久計。中國文化緜延迄今，斷非偶然。即如中國的家庭和社會，都如此。早有許多聖賢遠見，為它作了長久之計。我們的人生理想乃至教育方針，亦無不如此。

《孟子》書裏有兩句話說：「所過者化，所存者神。」此可把來講人生，也可把來講歷史。尤其可用來講中國史。一面是「積存」，一面是「變化」。一切過去都積存著。如諸位今年二十歲，這二十年的生命全沒有過去，只是積存著。人類生命，是一架任何自然科學所不能創造的最奇妙的機器。二十年生命，一點都不會丟，都積存著。只是一天天新生命加入，便一天天在積存中發生出變化。永遠積存，永遠變化。先是小變化，慢慢成大變化。諸位起先都是一小孩，此刻都進了大學。大學四年畢業，又就各有變化。有的像樣，有的不像樣，變化可能各不同。真有一好老師，應會告訴你，這樣便將來有希望，這樣將來便不會好。好老師好父母，應能看你五十年、八十年。

讓我再作一淺譬。一杯開水，調進兩匙咖啡，咖啡就在水裏發生了變化，但水還是在那裏，咖啡也還是在那裏。再加進一些牛奶和糖，又變了。但這杯水和咖啡、牛奶、糖，也還都在那裏，這樣你便可以把來喝。這是一路積存，一路變化。一路變化，同時也一路積存。「所過者化」，不是過去了，乃是變化了。「所存者神」，這更奇妙。諸位要知這杯咖啡怎麼成地，或許諸位喝慣了不注意。它便是一個「存」，同時又是一個「神」。你喝它，它會在你身內起變化，那不是神嗎？一人從小孩成大人，天天在變化。加進這樣，加進那樣，比一杯水加進咖啡、牛奶和糖複雜得多了。今天是一個二十歲的大學生，這二十年生命便是「所過者化」。但要知，還有一個「所存者神」。你此刻還是個青年，將來不曉得你又怎樣地變化，奇奇怪怪各種花樣都會有。所以此刻要有教育，要自己立志，要有你的理想和抱負。當知一杯咖啡，尚會有刺激興奮，在人身內發生作用。在你身心上，加進了些什麼，會對社會有何作用，那是何等地重要。

《莊子》書裏也說：「臭腐復化為神奇，神奇復化為臭腐。」糟粕可以化精英，精英又化為糟粕。人到老死，不是變成了糟粕臭腐了嗎？然而從這糟粕臭腐裏面又可變化出神奇精英來。古人都成糟粕，但變化出了今天的我們，不神奇嗎？我們也可說，中國五千年歷史文化，變化出今天的我們，它實是許多糟粕，而且又臭腐了。此刻剩下的只是我們，現在看來，我們也實不行。但當知，全部歷史只是所過者化，同時又是所存者神。我們豈不也還可以化，還可重新又化出神奇來？古代一切精華，都要變成糟粕，都會臭腐。但若沒有古，沒有你父母祖宗，便不得有你。沒有中國自古唐、虞、夏、商、周、秦、漢、魏、晉、南北朝、隋、唐、五代、宋、元、明、清那一連串，會有今天嗎？我們這個今天，是一部大歷史從頭變下來的。變到今天，那一個具體事實擺在前面，我們覺得平常，其實是所存者神，並不平常。

孩子生下，都當是個寶貝，每個父母，都看這小孩是寶貝。現在諸位考進大學，回看小孩時代，都成糟粕。大學畢業，謀得職業，又把大學時代看成了糟粕。這些全在我們如何去看。我告訴諸位，人生就有兩方面。神奇糟粕，糟粕神奇。形而下的都是糟粕，都要臭腐。形而上的都是神奇，都是精英。主要在其能變化。不能變化，便一切真成了糟粕。我們今天且勿罵我們的古人，說他們變出了我們這一代。我們這一代不像樣，卻罵我們四千年古人，要打倒孔家店，打倒舊文學，打倒舊文化，認為這些都是糟粕腐臭。我們此刻，一意要學外國人。但當知，我們自身有病，不是我們祖宗不好。外國、中國各有一番歷史，四千年、三千年、一千年以上的歷史，中國並不比外國差。差了的，只是近三百年、近兩百年來的事。但歷史並不即此便止。外國歷史也有變，此刻英法諸國，諸位又看不起，大家只看上了美國，這些只是一種近在眼前的功利觀。今天大家又說，我們該變。但當知有變化，尚有積存。化只是化其所存，沒有存，何來有化？化則正是我們的責任。古人已往，何關他們事。我們要推翻一切的舊，卻不知怎麼地推得翻。你若看別個同學比你強，你不該回去罵你父母，說怎麼生了如我這般，要你父母重來重新生一個你，那是不可能。人生究不如一杯咖啡，可以全杯倒了，重來一杯。

今天講歷史，似乎都講錯了。說歷史已過去，不必講。講中國史，便說他守舊。諸位縱說要重新做人，也仍是從你舊我來做成一新我。沒有舊，那有新。又如諸位生了病，去請醫生看，醫生便會問到你過去，昨天怎樣，前天怎樣。問你的以前，正要幫你的以後。你若說我們今天中國不好，我得問你不好在那裏，嚴格說來，你該拿一部二十五史來同我講。你若說中國有了一個孔子所以不好，但此事卻無法改，已成了歷史。歷史有病，還得從歷史上去講。如你身體不好，便該為你方脈，為你檢查，才能看出你身上的病來。此身非不好，只是身上有病始不好。中國目前有不好，但我們不能不要這部歷史。這部歷史就已放在我們大家身上，我們同是一個中國人，那能搖身一變，變成為外國人。儘多中國人去到外國，三十年、五十年，還是一個中國人。又且中國有七億人，不能全到外國去。全都到了外國，卻把外國變成了中國，那豈不更糟糕。法國人還是法國人，英國人還是英國人，印度人還是印度人，日本人還是日本人，只有中國人野心太大又太猛，要把中國一口氣變成為外國。

又有人說歷史不講未來，還有人說歷史不會重演，其實歷史怎麼不重演。吃飯也是一件事，但吃了得再吃。每吃一頓，必有積有化。諸位又莫說講歷史就不講變化，我們講中國四千年歷史，便是要講此四千年中的變化。但要懂得「化」之內還有「存」。要講變化，不是一種虛無主義。縱說要搖身一變，亦要有此身，纔能把此身來搖。孫行者七十二變，到底還是個孫行者。我們講歷史，決不是講死歷史，一切已經過去。我們該換一個眼光來講，全部歷史都活在這裏。一部中國史，便活在今天我們中國人身上，中國人心裏。諸位如此來學歷史，才懂得歷史意義，才懂得歷史價值。歷史是一個大現在，上包過去，下包未來，是一個真實不動的大地盤，我們即憑此地盤而活動。

我今天在此講演兩點鐘，成為一時間單位。諸位到大學求學，至少四年，是一個時間單位。若諸位要學歷史，則不應四年便止，該把你一輩子作一時間單位。不僅學歷史，一切學問都如此。諸位說：我畢業後不要謀一職業嗎？那如一杯咖啡加進牛奶加進糖。從來做學問人，都不是無職業的。不能說做人一輩子只要謀職業，只能說做人一輩子只是要做人。我們的一輩子，則要做一中國人。如此講來，則我此番演講，對諸位總還有用。用在那裏，則為此刻的電腦所算不出。任何一分鐘，丟進到生命過程中，有積有存，此皆為電腦所不能算。變化之大，則只有把長時間來衡量。中國古人早講這一套學問，而且講得很高明。我此刻說，提出在人生和歷史上對於時間的一項新觀念，其實只是中國古人的舊觀念。諸位此後多讀中國書，多研究中國學問，將會時時碰到此觀念。以上是我講歷史上的時間觀念，到此為止。

其次再講到歷史事件。諸位讀史，自見有一件一件事接續而來，即如諸位早起以至夜睡，一天都是一件一件事接續著。今年二十歲，也是一件一件事接續了二十年。但我們對於事，也不能這麼簡單地看。若定要認真分著一件一件事簡單看，那麼我來此講演是一件事，在講演前講演後，好像沒有事。如此看法，我們每一人將覺有事時少，沒事時多，大好生命豈不是虛度了大部分。今天我們中國人，正苦無事。太太們打牌，年輕一些的看電影，總要在這生命時間裏充進一些東西來消磨。但諸位當知，天下沒有無事時，此層極重要，但我將留著慢慢講。

先說事情有大有小。一件大事之內，可包括許多小事。許多小事，會合成一件大事。如讀史，漢高祖、楚霸王相爭，此是件大事。鴻門之宴，垓下之圍，都是其間的小事。但小事中還可分出小事。如鴻門宴中有項莊舞劍，垓下圍中有虞姬自刎。而此諸小事中仍可分出幾多小事來。如此分析下去，在一件事中，不曉得有幾多小事可說。其實楚漢相爭，在歷史上也只是件小事。只要我們講歷史的換上一個題目，如講「西漢開國」，那麼楚漢相爭也僅是一小事。又若再換一題目，講「兩漢興亡」，則西漢開國也變成一小事。諸位當知，一切事，要活看，不能死看。不要硬認為當真有這麼一件一件事。只因我們在歷史過程中定下幾個題目，遂若真有這麼一件一件事可以分開。真的歷史則並不然，把來分作一件一件事的，只是人為的工作。所以歷史事件可分也可合。如說「秦漢統一」，此乃由古代的封建政府轉成為此下的郡縣政府，這在中國歷史上是一件大事。若如此看法，便又把秦代開國和漢代開國兩事合成了一事。我們若把夏、商、周三代認為是「封建的統一」，秦漢以下稱為是「郡縣的統一」，如此來講中國歷史，豈不把四千年歷史只分成了兩節，只有由分而合由小而大一件事。此一件事中便可包括一切變化一切事。

如此看法，可知民國初年北洋軍閥割據，只是歷史大流中一小波瀾。今天中共竊據大陸也一樣，也只是大流中一小波瀾。中國則只是個中國，民族摶成與國家創建，這是中國歷史一條大趨向。也可說全部中國史，惟有這一件事，即國家與民族之創成與擴展。如像三國分峙，南北朝對立，這些只是一時變態。等於人照例一天三餐，今天偶而吃不下，少了一餐，或是多吃了一餐，都是一時之變。不為常，不可久。外國人不懂中國史，中國不像希臘般，沒有統一成為一國家。也不像羅馬般，成為一個帝國，占地雖廣，但真個羅馬國，則只是一羅馬城，最多也只能說是一意大利半島。不能把凡所侵略的，都認作羅馬般，共成為一國。正如今天英國、法國般，他們以前所侵略的，今天都已吐出，豈能說英國、法國此刻分裂了。實則只是他們的帝國崩潰了。

至於中國史，四千年來只是一個民族摶成與國家創建。外國人不懂也罷，中國人自己不懂，學著外國人口吻，說中國二千年只是專制與封建，二千年前則更存而不論，那真要不得。

諸位當知，全部歐洲史，便沒有統一過。直到今天，帝國體制，各自崩潰，而又大敵在前，還是照樣四分五裂。他們不學羅馬，便學希臘，最近要來一個商業上的共同市場，也幾經搖兀，不能擴大，也不能安定。他們以己度人，如何能懂得中國史？不僅不懂，還要存心破壞，來毀滅中國，搞滿洲國獨立，搞臺灣獨立，他們卻說是民族自決，更是笑話，但還有人在後面鼓吹慫恿。此刻的中國人，則崇洋媚外過了分，只要外國人說的，總該有理。外國人只說封建與專制，中國人也爭說封建與專制。外國人說帝國，中國人也說有秦帝國、漢帝國。中國歷史惟一大事，乃是民族摶成與國家創建，形成一個民族國家大統一之局面。但外國人不說這些，因此我們也不說。外國人說現代國家，中國人便說要趕上也成一現代國家。但現代國家之最高理想，豈不應該是一個大一統的民族國家？這是中國史上久已完成之一件事，惟有由此基礎，始可走上世界大同。中國人說修身、齊家、治國、平天下，到此時，國治了而後天下平，始是世界大同。現在我們則要學外國人，爭談個人自由，要一夫一婦的小家庭制，要學別人家對內用法律，對外用軍事的所謂「現代國家」，試問如此般的現代國家，又如何走上世界大同之路？

既不瞭解中國史，自也不能瞭解中國人理想。但反過來說，不瞭解中國人理想，也將不瞭解中國史。現代的中國人，全看不起中國人的自己理想，也看不起自己歷史，只想把中國以往歷史一筆勾消，一刀兩斷，攔腰橫斬，好從頭學外國。但如我上面所講歷史時間，恐怕要切也切不斷。譬如抽刀割水水還流，歷史自有一大趨勢，此謂之「歷史大流」。拿刀切水，水不抵抗，可是流則依然。此數十年來，打倒孔家店，打倒舊文化，也已無所不用其極，只沒有叫出「打倒中國人」那一句口號。但能做一個外國人，總覺得榮耀像樣。做中國人，好像沒有面子，大家失掉了自信。只有一部中國歷史，卻四千年緜延到今，不像西方希臘、羅馬、中古時期，乃至現代國家興起，以至今天的歐洲，忽斷忽續，波浪滔天，但其大流則只是一分裂。但我們又會說，科學是現代一大流，科學應世界化，這話自是不錯。現代科學已自西歐泛濫到美國，泛濫到蘇俄，自然也可泛濫到中國。但自然科學究與人文歷史該有一分別，不該把這件事逕當作那件事。若我們要論人事，仍該重視歷史。科學可以共同一流，歷史顯是彼我異趨。不能只知有科學，卻不認有歷史。

上之所述，崇洋媚外，其實也即是現代中國史上一大事。其始由何起，已無法推溯。此後於何止，亦難預料。要之，已是經歷了七八十年以上。其事愈衍愈大，愈進愈深。其影響力量，更難估計。共產思想之披猖狂決，不得不謂乃受此影響。但言近代史者，每不易認出此為一大事。實則耳所聞，目所見，生於其心，害於其政。發於一二人之心嚮，而已成為社會風氣，時代特徵，斷然有此事之存在。而且我們自身，即都參加在此事中。試設為淺譬，如人飲食，知為一事，呼吸則忘其為一事，而呼吸之事實更重於飲食。葉落知秋，履霜堅冰至，一葉之落，一夜之霜，其事易見。秋來冬到，像若無可見，實則即見在葉落霜降那些事件上。上面說許多小事合成一大事，此亦一例。此一大事，隱藏在許多事後面，又滲透進許多事內裏，故有事若無事，其事不易見。

讀史者該能見到每一時代之社會風氣，人心特徵，而其事則甚難。如諸位來此求學，各人有各人之心嚮，一校有一校之風氣，此事極端重要，但每易根本不認為有這一事。但此事實有一真的存在，這是許多事件之根本，卻叫我們認不出。在歷史上，又每每不把那些事獨自記載，於是學歷史的人，分開一件一件事死看，便認不得歷史真相與歷史精神。

即如秦始皇焚書坑儒，在當時是兩件事。那一年焚書，那一年坑儒，歷史上分別記載得很清楚。此兩事，只是秦始皇許多事件中之兩件。始皇把封建變成為郡縣，此是一大事。而歷史上反不曾大書特書，明白指出。在當時，有很多博士官，在某一天的大酒會上，公開發表言論，反對秦始皇作為，主張復封建。秦始皇因問宰相李斯，李斯不主張再封建，因此把許多博士官罷黜了，大加澄清一番，又把那些被罷黜的博士官所掌書籍燒了。在當時，似乎只認焚書是件小事，郡縣封建的爭論卻是件大事。後來事過境遷，卻把當時那番爭論看成了小事，把焚書看成了大事，又和另一年的坑儒連作一事看，說秦始皇「焚書坑儒」。直傳到現在，只說到秦始皇，便會想到他焚書坑儒。舉此一例，可見歷史上各項事件極難看。小事可化為大事，大事可化為小事。一事可分為兩事，兩事又合為一事。歷史事件如此般的變動不居，某些事件已過，但到後世，此等已過事件，仍會變動不居。只要後人看法不同，前代歷史事件也隨著變動。

諸位又當知，並非是許多事積成了歷史，乃是由歷史演出許多事。正如人之生命，並非由許多次的呼吸飲食等積成此生命，乃是由此生命演出了無窮無限的呼吸與飲食。此層難於細講，今且再設一淺譬。這個房子雨漏須補，風吹須修。那裏壞了，我們便該注意到那裏，但不該把這所房子一併打垮。縱使打垮了這所，另造一所，還是同這所差不多，還是同一個樣子。若要畫新圖樣，只要學過建築學，便知一切圖樣還是差不多，只加上了些少變化，而無極端徹底的不同。此刻我們要學外國建築，至少應在圖樣之外得懂建築之原理。同樣道理，要學外國史，便該知道些中外歷史之異同。

中國歷史背後有一大圖樣，才成此大建築。其實是有一番大生命存在，這即是中華民族五千年來的一番大生命。此番生命，還該無窮無限地繼續。犯了病，只如屋子遇到風吹雨漏須加修補，卻不能把整個生命來徹底改造。當知一切生命，在原理上還是差不多。此項生命大原理，固然可在歷史中尋求，但歷史上卻又往往不能把來明白寫下，此處便是學歷史者之大難題所在。

很多大事，往往不在普通歷史上寫。如孔子講學設教，此是中國歷史上大生命、大精神所寄，但諸位讀《左傳》則不見，讀《史記》又嫌略。孔子講學，卻描畫出此下中國歷史一大圖樣。要學歷史，須能把全部歷史在大心胸、大智慧下融通一體，見其大又能見其通，此須我們學歷史者之聰明與學力。我們要看得一部歷史只是一件大事，中華民族此五千年來也只是一件大事，而分著為這件那件各別的小事寫上歷史了，而又有不寫上的。我問諸位，在諸位一生中，有沒有，或該不該有一件大事？豈只是零零碎碎，斷斷續續，亂七八糟地便過了這一輩子，這樣便活得有何意義？至少我們有一件大事，即是我該要活這一條命，而且要開心適意地活下去。這總不錯，這總是我一生惟一的一件大事。做這樣，做那樣，不過要活我一條命，不過要活得開心適意便好。一人如此，一羣人，一民族，乃至全世界人類都如此。我們學歷史，便要學到懂得歷史裏面只是一件事，等於我們人生只有一條命。父母生我下來，只這一條命，富貴窮達，一切須自己掙扎，自己奮鬪。想要向別人換條命，那怎能換得。中華民族已是四五千年來一條命，要丟也丟不掉。那條命，就記載在歷史上。我們要瞭解歷史，只是要瞭解自己這一個民族，這一條緜延著四五千年來的大生命。有此大生命，才有我們今天各自的小生命。只有中國古人最懂得此一種所謂生命之學，即是做人之學，因此能四五千年到今天，擁有七億人口的一個大生命，沒有任何民族任何國家能如此。

若說今天中國人不行，那只因今天我們是中國民族的不肖子孫，不能像我們的祖宗，不能如我們歷史上的中國人。萬不該翻過臉來罵祖宗，說中國人從來不長進，是頑固，是落後。試問如此如何會到現在，有這樣一個國家，擁有七億人口，造成這樣一條大生命，我們豈不該從歷史上來仔細研究其所以然？

我們各個人的生命，只是一自然物質生命。歷史所見，則是文化精神生命。今若撇開眼前自然物質生命暫不論，專論歷史文化生命，那麼中國仍是全世界人類中之第一位。今天的中國人，無論如何還是從一個悠久歷史高尚文化中產下。只有中國人，早已為世界人類歷史描繪出一套大圖樣，指示出一條大趨勢。今天的我們，若要做一個肖子肖孫，仍只有遵循我們祖宗所定下修身、齊家、治國、平天下那一條大路向，要能使世界人類都跑向中國歷史理想，如是才能有我們國歌中所唱「以進大同」那一句。諸位當知，只有在中國史裏，有這一套理想，而中國史也已走了一條很長的四五千年的路，成為今天世界上惟一獨有的一個大民族大社會。這件事並未過去，此刻還在我們身上，還要繼續到將來。

史學正要講將來。耶穌也講將來，說人類祖先犯了罪，由上帝罰到此世界上，將來此世界會有一個末日審判，上天堂的上天堂，下地獄的下地獄，此世界便沒有了。釋迦牟尼也講將來，他說一切生命現象是一輪迴苦海，俗世一切空，一切假，他教眾生擺脫輪迴，超入無餘涅槃，使此俗世終歸滅盡。只有自然科學家根本不講這些，不注意在人生，只注意在機器，注意在人的物質自然生命上。此刻人類又有了一光明面。人類一次兩次上了月球，此下還可無數次繼續。但也有一黑暗面，人類是否將有第三次世界大戰，即是毀滅人類的核子戰？但科學家似乎不大管到這些。

只有中國孔子，及此下儒家，講出一套修身、齊家、治國、平天下的大道理，期望著世界大同。中國歷史大趨，便是在跟著孔子之教而前進。因此到今天，中國在世界上，歷史最久，疆土最廣，民族最大，而又不是憑物質富強得來。我們讀中國史，應根據此一大事件，一大理想，而看其過程中之種種成敗得失，與夫順逆進退。要把研究歷史發展，當作人類社會一條大生命前進之一項圖樣，一種法則來看。不要把我們的智慧聰明和精力，只限定在歷史上一件一件事看，把歷史事件看得太死，只看見一件一件事，在事之背後，則無意義，無價值。把一切意義價值看得太狹太淺，太單純，太短促。學歷史須能觀其大，觀其通。諸位更不要認為歷史後面可以無義理，又不要認為歷史只講過去，不涉將來。諸位該把明天的中國明天的人類常放在腦裏，才能來研究昨天和今天的一切。那麼要那樣一個人才配做這種學問呢？我已說過，至少該肯化我自己一輩子生命專當一件事來用在此上面。中國古人稱此曰「立志」。諸位沒有這樣一個志，須該立。不立這個志，便也無此智慧，無此聰明。只見歷史上千頭萬緒，一事又一事，能記憶得一兩朝代三四百年事，也就了不得。那能把四千年歷史來總其成，會其通，說出一番道理來。

我今天所講，是歷史上的時間和歷史上的事件，下一次，我要和諸位講歷史上的人。其實我們便都是歷史上的人，講歷史上的人便如講我們自己。我講歷史時間，和歷史事件，再講歷史人物，這三項好像都是我自己的新觀念，其實都是中國古人的舊觀念。我想諸位能把這觀念去學歷史，應該能學到歷史學上一個最高境界。好了，餘待下次再講。

第四講　歷史上之人物

這個講演已講過三次，第一次講一切學問都要有一個廣大基礎。第二講治史學定要有關切國家民族的心情。第三、第四講有關歷史上三大項目，一是歷史時間，二是歷史事件，三是歷史上的人。時間與事件，上講已講過，今天接講歷史上的人。此三項，我都將加一些新的觀念來講。

我們當知，人應有兩個身分，也可說人是生活在兩個圈子之內。一圈小，一圈大。我們是一個「自然人」，同時又是一個「歷史人」，亦可稱為「文化人」。天地自然生此人，此是生在自然大圈之內，但也生在歷史裏面。如諸位或生在臺南，臺南至少就有三百年歷史。諸位進入成功大學，成功大學也有三十年歷史。我們的一切衣食住行，如身上穿的衣，至少有幾千年歷史。吃的住的，也都有長久歷史。道路交通，同樣如此。離開了歷史，我們只是一野人，一原始人，不會像今天我們這樣的人。

故說我們生在歷史裏面，也將死在歷史裏面。諸位說，死了不是完了嗎？其實不然。上面已講過，一切過去並未過去，一點小事情，也都積留在那裏。如此刻我們所在的這一個建築，已多少年到今天，這是一段歷史。我們正在這歷史裏面工作活動。當時許多建造這屋子的人，或已不在，但他們的工作則仍在。又如這屋子的材料，一磚一木，都有人做下來。這些人是過去了，而他們的工作，都積存為歷史，保留到現在。可知諸位不能不負責任。諸位的小人生，都要過去，但都會積存在此歷史的大生命裏面。

上一次亦講過，我們的所謂「歷史」，把文字記載下來的，只是一些狹義的歷史。我們的人生過程，我們人類大生命的過程，才是廣義的歷史。我們當然也是在此大過程中的一份，仍得長久保留存在。所以歷史的不朽，即是人生的不朽。這是從中國人的人文觀點來講我們的不朽。只要歷史不朽，我們的人生也就不朽。有它的意義，有它的價值。試看世界上很多各不同的民族，有些到今天根本沒有歷史，沒有了歷史這一內圈，他們則只在自然這一外圈之內生存。有的民族跑進了歷史，但又中斷了。先從自然跑進了歷史，又從歷史退回到自然。像古代的巴比倫、埃及、希臘、羅馬，它們都有一段很光明燦爛的歷史，而又慢慢地退出了。退出了歷史，還是一個人，可是只成了一個無歷史的自然人。他們的人生，多半只是仰賴著別人家的歷史來過活。只有中國民族，跑進了歷史圈，跑進了這個狹義的歷史，所謂有文字記載的歷史，至少已有三千年到今天，這是我們同別人家所不同的。

此刻有一問題，為什麼各民族歷史不同？有的有了歷史，重復退出。有的根本沒有跑進歷史。只有中國，跑進有文字記載的歷史已有三千年。無文字記載以前，尚有傳說追記，自三皇、伏羲、神農、黃帝、堯、舜一路下來遠在四五千年以上。正為是人生不同，才產生出歷史不同。人是歷史的創造者，又是歷史的表現者，同時亦是歷史的主宰者。因於人不同，而所創造、所表現、所主宰的歷史也不同。因此我們今天來研究中國史，最重要的便是要研究中國人。

歷史只是一件大事，即是我們人類的生命過程。但在世界各國各民族中間，懂得這個道理，說人能創造歷史，在歷史裏面表現，而歷史又是一切由我們主宰，懂得這道理最深最切的，似乎莫過於中國人。我們如把一部西洋人寫的歷史同中國人寫的歷史作比，他們似乎看重事更過於看重人。中國人寫歷史，則人比事更看重。人生總有事表現，而中國人則更看重在其事背後的這人，西方人則更看重在由此人所表現出來的事。這是一個很大的不同。

中國歷史有一個最偉大的地方，就是它能把人作中心。中國歷史裏所記載的人，很多很詳，然而我們真要從中國歷史裏面來研究中國人，這一個工作，即說是專指歷史上所記載的人吧，此事還是很不易。我在上面已講過，中國人記載歷史的方法最客觀，最有一種科學精神。試舉一點來講，中國歷史記人記事，僅是記載，不加批評，務求保持一種客觀的精神。一事之得失，一人之好壞，我所謂「人物賢奸」，要待讀者自己去衡量。而且每一件事必然分寫在各人身上，如是則每一人之事，也都分散在其他人身上去了。這裏卻有一重要大義理，應該知道。我們切莫認為一人可以單獨做一件事，至少這樣想是不科學的，或說是不民主的。每一件事必得有很多人合作，又且一人一輩子也不會只做了一件事。而且每一事之本身，並不是可以把來和另一事嚴格分開，常是這件事那件事糾纏在一起。所有歷史上的事，就其牽涉到人的方面講，則愈分愈細，每一事牽涉到許多人。就其事之本身講，則每一事又混合上許多事。這裏面卻見中國歷史有一種很高明很巧妙的，也可說是一種很合理的記載法。我此刻如此講，似嫌空洞，諸位也許聽著不清楚，摸不到具體意象。我試舉一個例。

我此刻是要來講人物賢奸，試舉一個大家都知道的歷史人物，一個很著名的人物，亦可說是歷史上一個大人物，此人即是三國時代的曹操。他是中國歷史上一個傑出的大人物，並不是有了一部羅貫中的《三國演義》，纔使人都知道有一個曹操。若看正史，曹操的各方面更是詳備。首先曹操是一個大政治家，此刻當然不能細講，可是曹操在政治上確有許多建樹。更要在制度方面，曹操在魏國確推行了許多好制度。如軍隊屯田，此事乃用棗祗、韓浩建議，而此兩人卻無傳，乃略見於他人傳中。如棗祗見〈任峻傳〉，韓浩附〈夏侯惇傳〉，而屯田之事，又詳見〈鄧艾傳〉。又若問屯田制度如何是當時一好制度，則必待讀了當時的田制演變和社會實情，以及郡縣官吏職權等種種狀況纔能知。此皆旁見側出，分散在其他篇章裏面去。由此可見中國史法之寫實性與客觀性。

又如九品中正制度，此是陳羣出的主意，而曹操聽了他話，但此事在〈陳羣傳〉亦不詳。若要問九品中正制度由何要創立？它的實際是如何？它對當時及此下影響又如何？則又分散到其他篇章中去，該要上面看《後漢書》，下面看《晉書》、《南北朝史》纔知道。要之，曹操是一個政治領袖，在他手裏建立了很多制度。有了屯田制，纔能打平吳蜀。有了九品中正制，為下代留下深遠影響，此制直到隋代纔結束。據此，我們知曹操實是一大政治家，在制度上富於種種創建性。但專看〈曹操傳〉則不易見。所以中國歷史難讀，而亦不能不說它極合理。它只是據事直敘，而又把諸事分別在各人身上，終不容作史者自憑己見。

曹操除了是一個大政治家以外，又是個極傑出的軍事家。當時削平羣雄，在他幕下，真所謂謀臣如雲，猛將如雨。曹操用兵，既分散在作戰的對方袁紹、袁術、公孫瓚、呂布等諸人傳上，又分散在其許多謀臣猛將的傳上。但謀略由其決定，將才由其指派。必須會合而觀，乃見曹操在軍事學上之了不起。曹操又有一部《孫子兵法註》，直傳到現代，這便要參讀到子部去。

同時曹操又是一個大文學家，在他同時一輩能文之士，都網羅在他幕下。曹操及其子曹丕、曹植父子三人皆擅文能詩，創造出一派新文學，後世稱之為「建安文學」。此在中國文學史上，有極高地位和極大價值。關於此一方面，又須讀到集部，如《文選》及各家文集始知。所以我們要讀中國史，一部二十五史稱為正史的已很難讀，但有很多材料並不在正史內，又不在史部內，而又為我們所不能不知。一面可見中國文化積累之博大深厚，一面又見中國史書既極豐富，亦極精練。不通中國史法，亦無從入手來探究中國史。

除上述政治、軍事、文學三者以外，曹操更能賞識人才，而又求賢若渴。固因曹魏在中原之地，得人最多，但亦因曹操求賢心切，故能招攬到許多人才。任何一方面，只要是一人才，他就想拉來用。這又是曹操得成為一大政治家之主要條件。但經曹操賞識之人，其事跡都分載在各人傳上，並不彙集在曹操一人傳上。中國史家，並不曾把全部三國史都放在曹操一人身上，此是中國歷史最偉大最特出之所在，然而使我們讀歷史的人則會感其不易讀。

現在讓我講幾件故事以見一斑。劉備曾從曹操在許州，操禮之極重，出則同輿，坐則同席。一日，曹操從容謂劉備曰：「今天下英雄，惟使君與操耳，袁本初之徒，不足數也。」時方食，劉備為之失匕箸。其時劉備敗衂流亡之餘，而曹操特具慧眼，識其高出羣雄。備則懼其圖己，故至驚失匕箸。又劉備手下大將關羽，為操所擒，操亦加厚禮，表封為漢壽亭侯，又疊加重賜。但羽盡封所賜，終於逃歸於備。操曰：「各為其主，可勿追。」此又見曹操之愛才，及能識大義。

又有一人徐庶，與諸葛亮友善。徐庶薦亮於劉備，曰：「諸葛孔明，臥龍也，將軍豈願見之乎？」備囑偕來。徐庶曰：「此人可就見，不可屈致。將軍宜枉駕過之。」遂有三顧草廬之事。後曹操軍南下追備，亮與庶並從，庶母為操所獲。庶辭備曰：「本欲與將軍共圖王霸之業，今失老母，方寸亂矣。」遂去詣操。此人實是三國時一人物，能識諸葛亮，是其一。能於老母被擒，即辭備歸操，是其二。然其歸操以後，更不見有所表現，必是內不直操之所為，故寧默默以終，是其三。此人在《三國志》正史上不為立傳，因其無多事可述，只附於〈諸葛亮傳〉，載其薦亮及歸操之兩節。然此人必是一人傑，曹操必先聞其名，故於亂軍中能生獲其母，而促使庶來歸己。然操能得庶之身，終不能得庶之心，亦無奈之何。徐庶在歷史上乃一神龍見首不見尾之人物，所見又只是隻鱗片爪，有貴於讀史者之心領神會。

曹操又賞識到司馬懿，要辟用他，但司馬懿不肯為操屈，託言風痺，不能起居。操使人往刺探，司馬懿整日夜堅臥不動，曹操也罷了。後來隔了幾年，曹操終於要他來，再派人去，說若他再不動身，便把他拘了來。司馬懿懼怕，終於來了。

以上只舉劉備、關羽、徐庶、司馬懿四人，實皆不肯為操所用。至於曹操手下多用人才，可不詳說。而曹操之善識人，能愛才，已由是可知。

如上所述，曹操兼能政治、軍事、文學，又能用人，備此諸能於一身，故為中國史上一稀有人物。但曹操終是一大奸。若操能開誠心，布公道，盡力扶持漢室，劉備不致定不與他合作。關羽自不必說，徐庶、司馬懿亦能共輔操業，豈不可使漢室一統重獲維持？此下六百年弒篡相承，使中國歷史陷入一段中衰時期，曹操不能辭其咎，此已成歷史定論。但史家照例不肯自下己見，也不必下己見，只羅列事實，操之為人，已昭朗無遁形。操嘗問許劭，我何如人。劭曰：「子治世之能臣，亂世之姦雄。」此十字後人引以為操之定評。然其語不見於《三國志》，而見於孫盛之書。范曄《後漢書‧許劭傳》則曰：「君清平之姦賊，亂世之英雄。」然後人評操之為人，終取孫盛，不取范曄。此中亦有一番大道理，待諸位此後自為辨別，此刻暫不深講。

又如劉備、關羽、徐庶、司馬懿四人，雖各不願為曹操所用，但此四人又是各具一性格，各自成為一人物。要之，不識人，則不能讀史，不能來討論歷史上的一切事。歷史以人為主，有人始有事，只有人來決定事，不能由事來決定人。讀史者對此，最該深切瞭解。

現在再說，曹操、司馬懿都是中國歷史上的大奸雄，換句話說，他們是歷史上的反面人物。單就個人論，操與懿各有才能，各有成就。魏晉兩朝，即由操懿兩人開業。但何以說他們是歷史上反面人物呢？因他們不能領導歷史向前，卻使歷史倒轉向後，違背了歷史的大趨嚮。他們既不能領導歷史，又不能追隨歷史，跟在歷史趨嚮後面追上去，而要來違犯歷史的大趨嚮。剛才講過，歷史是一種人生創造，亦是一種人生表現，怎的又說違反歷史呢？這因歷史自有一條大路，人人都該由此路向前。能指點領導此路的，始是歷史上的正面人物。孫中山先生說，他領導國民革命四十年，在求中國之自由平等，此乃是指導中國近代史的一條大路，亦即是中國近代史此下一大潮流大趨勢。袁世凱則只為個人，不為國家民族，違逆了此一趨嚮，所以他也只成為中國歷史上一反面人物。

若通觀中國全部歷史，中國人的歷史大趨嚮，早在曹操以前就決定了。至少遠自周公、孔子以來，我們中國歷史的大趨勢，可說已經走上了一條路。這話怎講，那要請諸位把中國二十五史詳細讀，自然懂得。要把我上面所講歷史上的時間和事件之新觀念詳細參味，自知得歷史只是一件大事，過去早已規定了未來。如此一條大路，有一段已走過，有一段還未走。我們生在這歷史過程中，卻不該走錯路。曹操、司馬懿縱是中國史上第一等大人物，但路走錯了。為何會走錯路？簡單一句話，他們各具一個私心，為己不為人，為家不為國。不論一切事，先論一個心。此番道理極簡單，但極重大。三國時代又有一人，後世推尊為當時第一大人物的是管寧。他先是逃避到遼東，曹操把他請回來了，又請他去朝廷，他不去，說有病。曹操派人去看，回來寫一報告，那一份調查報告，也保存在歷史上，曹操就不勉強他了。曹操用人，用不到管寧，卻用到了司馬懿。曹操畢生事業，就此可想而知。

我此刻告訴諸位，讀歷史，定要懂得人物賢奸，這是中國人一向極端重視的一番極重要的大道理，也可說是中國人在人文學上一番大發明。決不是只要不犯法，便是賢，不是奸。也不是信受了一項宗教，便是賢，不是奸。又不是有本領能做事，便是賢，不是奸。本領愈大，事業愈大，如曹操、司馬懿，更是一大奸。批評歷史人物，自有一標準。所以我們要學中國的史學，便不得不懂中國人的義理之學，那是比史學更大的學問。今天我們又只想要翻案，對於歷史也想要翻案，要打倒舊觀念，重新估定新價值。今天在共產黨裏面，也想為曹操翻案，那豈易翻過來。我們不要認為今天學到了一點外國皮毛，有了新知識，便可來批評中國歷史上一切，重新估定價值。打倒一標準，卻不易另建一標準。只把外國標準作標準，無奈我們又不能真照著做。沒有標準，儘去翻老帳，翻來有什麼用，而且又是翻不轉。曹操也曾想翻老帳，他要拔用不忠不孝之人來自便己事，但歷史往事擺在那裏，正可讓我們作參考。你今信了耶穌，不該罵你祖宗不曾信耶穌。你懂得了科學，不該罵你祖宗不曾懂科學。我們今天懂得崇拜外國，卻不能罵我們祖宗不懂得崇拜。至少此是忠厚存心，亦是一種道德。若我們認為舊道德要不得，也該有一番新道德，一切還待我們自己努力。

我們講了歷史上有正面人物與反面人物，現在再接講歷史上的人，有一種在上層，有一種在下層。有浮面的人，也有底層的人。浮面上層的人，如三國時代曹操、劉備、孫權、諸葛亮、司馬懿、魯肅、關羽等大家知道，寫在歷史上，他們是上層的人。可是還有下層的人。前已講過，任何一件事，不是一個人所能做。中國歷史寫得儘詳細，還都是些上層人物。可是還要有下層人物，歷史上根本沒有寫下。像我們，或許將來歷史上都沒有名字，可是我們確確實實活在這個歷史裏面。我們的生命，將來亦會永遠藏在這歷史裏面。有記載的歷史，亦有不記載的歷史。項羽率領江東八千子弟渡江而西，歷史上只寫一個項王，八千子弟姓甚名誰，歷史上不曾寫下。但若沒有這八千人，項王一人渡江有什麼用？所以我們講歷史，不是要專講歷史的上層，還要講歷史的下層。即如這學校，外面人只知道校長、院長、教授有姓名，不管許多學生。但得師生合作纔成一學校。政府有大官小官，亦有不做官不進政府的。但得大家合作，纔能有一好政府。

此刻我要告訴諸位，中國歷史上遇有問題，多在上層，少在下層。西方歷史上有問題，多在下層，少在上層。梁任公曾說，中國人不懂革命，只會造反。造反只是下層作亂，縱是推翻了上層，但一切改革，則仍在上不在下。西方歷史上像美國、法國大革命，此是由下層來改造上層。我想此或是梁氏說革命與造反之分別。但中國歷史上層有翻覆，下層還是安安頓頓，這可說是我們中國歷史基礎穩固。上層屋子破了可以修，掀了可以重蓋，若地基一搖動，就會變成了埃及、巴比倫、希臘與羅馬。

歷史的上層是政治，下層是民眾，但中國歷史上主要的，又有中間一層，即是知識分子學術界，中國人稱之曰「士」。中國社會由士、農、工、商四民合成，我特稱之曰「四民社會」。那士的一層爬上去就是做官，幹政治。留在下面，就從事教育，指導農、工、商，各盡己責。今天西方社會中層階級是商人，做生意，營財利，故稱「資本主義的社會」。

他們乃是各由個人來自由營謀，自由發展，故又稱之曰「自由資本主義的社會」。所謂自由，乃指個人而言。但此項社會亦有問題，並不即是十全十美。此種社會之反動，則為「共產主義的社會」，各走了兩極端。今天的中國人，一味要跟外國人走路，有人主張要走自由資本主義社會的路，亦有人主張要走共產主義社會的路，遂有今天中國的大翻動。但中國歷史上自有一條路，此一條路幾千年直維持到今天，則因有中層「士」之一階級，亦可稱為「學術階級」。逢到學術昌明，此輩人多往上到政府方面去，則天下治。政治不清明，天下亂了，此輩人回頭來只在鄉村小都市從事教育，以待後起。所以這個社會能獲一永遠穩固的基礎。諸位當知，這是歷史裏面一個大問題。歷史進退，不能全由上面少數人負責，該要社會全體負責。在中國，有此一個中間階層，可上可下，所以中國人一向看重讀書人。諸位該研究中國學術史，纔知中國歷史乃是掌握在中國的學術上。歷史決不是一部少數人的，也不是短時期的，乃是多數人經過長時期而形成的。但今天，中國學術中斷，下層也搖動了。我們社會的中堅學術界，究把什麼來教導我們後一輩的年輕人？明天的中國，究將是什麼一回事？我們把昨天的全忘了，明天的無根無據，只知崇拜外國，這事相當危險。特別在今天的大陸，不許有知識分子，不許有知識分子的自由。我們這裏呢，知識分子是有自由的，然而真在為國家民族前途著想的，似乎也不多。即如學歷史，先不問人物賢奸，又不問事情大小，更想攔腰切斷不問過去。若真能切斷，上面水不來，下面水乾了，那一條歷史大流也就沒有了。但問一個國家一個民族的悠長生命，怎麼可以一刀切斷？近代美國還是從英國來，近代歐洲還是從中古時期，從希臘羅馬逐步地變來。今天我們中國人，要想把五千年歷史切斷，來接上西方那條路，我不曉得是否能有這樣幾個偉大人物把此事做得成。一條電線，一根自來水管，可以切斷這裏，接上那裏。我們只說要迎合世界新潮流，但也不能忘了自己的本源。今天我們的想法似乎太簡單。儻使誠如我們所想，那麼今天大陸已化了二十年大力，也該有些成就。無奈歷史自有它一個客體的存在。只有孫中山先生提倡三民主義的新社會，仍從自己本源來迎合新潮流，下面開出社會的新型，但仍不違背中國以往歷史的正趨。這須我們大家發揮新的聰明與精力來參加進去，來實現此理想。

現在我再進一步講，人類歷史大體說來，可以分成兩型。一內向，一外向。「內向型」是把向外所得來充實內部。只要內部充實，有精力，有作用，自能常存而益進。「外向型」是把內在所有來擴展向外，但此擴展應有一限度。若因向外擴展而內部為之耗損，則擴展將不可久。歷史一本於人生，人生也有此兩向。一是內生活，一是外生活。「內生活」注重在生命本身與其內在德性之完成。「外生活」注重物質利用與其外面事業之放大。也可說一是偏向在「心生活」，一是偏向在「物生活」。剛才講過，人有「自然人」與「文化人」兩身分。開始是自然人身分多，定是向外。若不向外，不能在物質方面能利用、能駕馭，他將不能存在。而且除對付物質以外，還須對付敵人。在自然人時代，人與人之間都像是敵人。人類文化漸高，內心生活便日占重要，遂稱此種外生活為世俗的生活。人類文化大趨，乃是從自然生活世俗生活即外生活漸漸轉向內部，來進入更高一層的內向心生活。當知生命重要，內更勝過外，心更勝過身。因此人類文化演進，自會有宗教。宗教都在指導人的內生活。耶教講靈魂，講上帝，都只能由人從內心去體認。佛教更然，教我們離家出世，遠離物質與世俗，在深山僻靜處求取涅槃。這些都是側重在內生活。只有中國，周公孔子之教，要把內外調和。正心誠意，這是內生活。修身、齊家、治國、平天下，這是外生活。忠孝仁愛，內外合一，內外交向。從內向外，同時亦從外向內，把內外融成一體。世俗即是道義，道義即是世俗，這是中國文化的最特殊處。

講到其他民族如埃及，必然會聯想到他們的金字塔。金字塔豈不至今尚在，又是何等偉大，然而當時埃及人的聰明精力則都消耗在這上了。又如羅馬的鬬獸場，不僅在羅馬首都有，只要羅馬帝國勢力所到地多有。其建築之偉大可勿論，論其娛樂享受，何等緊張，何等刺激。猛獅噬人，不僅無動於衷，反而認為是樂事。這也是一種外生活。在中國古代，既無金字塔，又無鬬獸場，沒有這般的遺跡留下。只有幾個聖人的故事，長為後代傳述。那些故事，又不是什麼大功大業。堯為天子，他的兒子不好，把天下傳給了舜。舜亦本無大功大業，只為其能孝，給堯知道，便把天下傳給他。中國古文化傳下來的主要是這些，這些只是人生內心方面的德性。換言之，也可說，這些只是講的人。中國古人，則只把這些人，這些人的德性傳下了。

中國人理想，要有一個完整的人生，此項理想，表現在幾個理想人的身上。直從堯、舜、禹、湯到文王、周公、孔子、孟子，如是一路傳下。我們主要說：「人皆可以為堯舜。」此乃是說，此一文化遺產，人人能保守住，並能把來發揚光大。金字塔、鬪獸場等，不能永遠無限地建造擴展，所以埃及羅馬的歷史也終於中斷了。正因這些是向外物質進步，但物質進步不能永無限止。一方面是人的內在德性，卻可永遠繼續。

物質進步有限止，但同時又是無限止。如金字塔，縱是偉大，但人總還想有更偉大的出現。刺激人的，終於要成為不夠刺激。人之德性，並不刺激人，卻可使人自我滿足。今天人人都講要進步，但只講進步，將使人永不滿足，也就永不穩定。不滿足，不穩定，專來求進步，此事有危險，而且當下也就使人不快樂。滿足與快樂，須在人之心上求，穩定須從人之德性中來。今所求之進步，則只在外面物質上計較。從人類所有各項宗教講來，這些都是外面世俗生活，究是要不得。至少這決不是生活之究竟。

每一人生，總有兩方面。一方面是我們的生活，一方面是我們的事業。事業外在，生活則內在。內在生活滿足穩定，外在事業自可有進步。內在生活不滿足，不穩定，只在外面事業進步上來求我們內在生活之滿足與穩定，此事必會有危險。因此該看重生活更過於事業。諸位不要誤會我此所講的生活，也指向外，如看電影、打球、游泳等，中國古人無此生活，諸位便說現在我們進步了。諸位當看舜如何般生活，孔子如何般生活，這是內在德性方面的生活。此等生活，不能像我們今天般時時要進步，但此等生活，論其滿足與穩定，卻勝過了我們。

諸位又當知，中國人所講一切道理，大都盡是在歷史本身演進中覺悟得來。如漢代人有一句話，諸位聽了，或許會覺得很腐朽，或說太陳舊了。這句話說：「黃金滿籯，不如遺子一經。」是說家裏有滿筐黃金傳給兒子，不如只傳他一部經書。此一部經書中講的便是堯、舜、周、孔諸聖人的內在德性生活。從前中國的賢父母們，都懂得這道理。傳給他兒子一本經書，可教他懂做人的道理。做人便得在歷史大流中做，可得繼往開來。所以中國社會上不斷有孝子，他們便都在繼往開來，他們便都是歷史人物，又是歷史的正面人物。不斷有歷史正面人物，歷史自然不會斷，所以能五千年到今天。黃金滿籯，須要事業。傳子一經，則只注重在生活。諸位今天在學校求學，若是只為謀職業。把謀職業作為目的，一切知識技能都成為是手段，這種生活理想便都是向外，事業重過了生活。

諸位或許會說，今天的西方人，難道無內在生活嗎？中國古人講德性，難道能沒有職業不吃飯穿衣嗎？那自然是不錯。但人生內外無法明白分別，卻有個輕重主副之異。中西歷史在此上確是有不同。如中國衣服重舒適，西方衣服重工作方便。中國家庭制度，亦是為生活重於為事業。西方家庭制度，則是為事業重過了為生活。中國從古看重禮樂，亦是生活重於事業之一例。西方社會亦有禮樂，但大體皆從宗教來。中國禮樂則從政治來。換言之，一重出世，一重入世。大家說中國社會重人情，此是生活。西方社會重功利，此是事業。論到學術，姑舉文學一項言。中國文學偏重內向一型，文學中所表現，即以作者自己生活為主。西方文學偏近外向一型，其表現與完成，乃成為一番事業，在作家之身外，而不在其自身。今天人類登上月球，也是為事業心所策動，而非由於人類生活內在之要求。歸結言之，人類終是為了生活而要有事業的，不是為了事業而要有生活的。換言之，人生當以「身生活」來完成「心生活」，不當以「心生活」來完成「身生活」。人類漸從自然人生走進文化人生，此是一條大路。但文化人生仍必建基於自然人生之身上，不能如宗教家想法，要擺脫世俗生活。但應在世俗生活上有理想，不能即奉世俗生活為理想。只有中國人，創闢了此一歷史大趨。但我們今天，個人主義功利思想瀰漫日盛。中國四民社會中士的一階層，本要在世俗社會上建立歷史理想，把如何作人，即如何生活，奉為如何做事，即如何建功立業，作基礎，作準繩。德性道義生活更重要。但此刻則此一階層漸趨沒落。我們也將追隨西方，只重個人的外生活，重功利，重事業，新社會亦將以工商經濟為主要中心，一切聽命於此。此從中國傳統歷史講，乃是天翻地覆一絕大轉變。我們要把中國歷史大流堵塞，另開新流，此事艱鉅且不論，其是非得失，亦該有討論。

西方共產思想，即是自由資本主義社會一反動。此刻在西方自由資本主義社會中，嬉痞成風，也是個人功利主義一反動。他們中間，何嘗沒有人不想把生活轉放在事業之上，把德性轉放在功利之上。然而除卻宗教，實未有一套歷史積累可資憑藉。而今天西方的宗教力量，實已抵不過他們的世俗人生，所以有「上帝迷失」之歎。然而今天西方的個人功利主義、自由資本社會，亦有他們兩三百年的歷史演進，因之還是有許多在他們是對病下藥之安排。我們今天，要急速使社會資本化，人生個人功利化，效果未見，然而我們卻已是迷失了德性，迷失了道義，以此較之他們之迷失上帝，將更為可怕。我們的生活，亦急劇轉入不滿足，不穩定，如此則又何從希望能有事業。我們不能專把此一切歸過於物質條件經濟條件上。諸位只要稍一研究我們的現代史，試看中國此一百年來之經過，究竟毛病是出在物質條件經濟條件上，抑是出在人，即是出在我們不夠生出許多合理想的人物上。其中是非輕重，即易瞭解。

我們不要把人才問題轉換成經濟財力問題，又把「人品」問題忽略了。近代中國史上的人物，也不是無才，乃有些是無品。所以我要諸位讀史，能注意人物賢奸。先問其人之品，再論其人之事。事業上要才，但生活上則更要品。我們不登上歷史舞臺，無才也不要緊，但不能不生活。生活主要在先有品，我先所說之德性與道義，乃是分別人品之主要標準。歷史既不是個人的，也不是十年八年短時期的。不像此室中一盞電燈，只要有人來拿手一按此開關，便可滿屋子光明。在人生歷史上沒有這會事。所以我要勸我們每一個人都要懂得如何參加進此歷史大趨，來主宰此歷史。天下興亡，匹夫有責。今天在座諸位，並不是都要學歷史，但對於國家民族當前的大問題，都有我們一份責任，也都可有我們一份貢獻。諸位或說我是學自然科學的，但就中國歷史講，則人都該有品，都該有他一份德性生活與道義生活，然後纔能在此上來參加歷史，作一歷史上的正面人物。若是學歷史的，我此四番講演，雖沒有切實講到中國歷史上長時期中之許多人和許多事，但學歷史之主要著眼點則應在此。

總之，我們當知，至少我們全是歷史上一無名人物，誰也逃不掉。但我們全要做一歷史上的正面人物，不要做歷史上一反面人物。此一辨別最重要。我已講得太多，浪費諸位時間，我亦即此停止。

（臺南成功大學講演，民國五十九年三月刊載《中央日報・副刊》）

四、中國歷史精神

提要

個人有「習慣」，社會有「風氣」，一國家民族之整體，則有其已往之「歷史」，此皆其民族中個人與羣體生命之表現。

生命又當分內、外兩部分，外在部分屬物質，內在部分屬精神。內、外兩部分，又各有其相互融合會通處。故在每一生命中，又必可分「物質」與「精神」之兩部分。

今以歷史記載言，又可分四大部分。一曰政治組織，一曰國際形勢，一曰社會結構，一曰思想學術。前兩項乃其生命表現之粗大部分，而亦當分內外。中國史重在安內以攘外，故以政治組織較國際形勢為重。西洋史重攘外以安內，故其國際形勢尤重於政治組織。

中國自古乃一宗法社會，由「親親而尊尊」，乃有封建政治。故由社會大羣形成政府，而政府民眾上下可如一家。西方自古乃一工商社會，向外市場活動其重要性尤勝過於其向內之鄉土安居。故西方如古希臘，有城邦，無國家。羅馬則向外擴展成為一帝國，乃由政府來控制社會大羣，非由社會大羣來形成政府。故其上下間，有尊而無親。

親親尊尊，人貴能「尚賢」。中國古代，由宗法社會演進而成四民社會，「士」之一流品，高居農、工、商之上。又演進而為士人政府，則已由封建統一轉而為郡縣統一。除君位世襲外，宗法在政治上之地位已不重要，而社會中又漸有門第興起，此乃由士族宗法所形成。魏、晉下分為南北朝，南朝乃由士族門第來操縱政府。北朝政府則由胡族與中國之士族門第合力組成。直至隋、唐，推行考試制度，門第之勢力又漸衰。然士階層之勢力則更盛。

下至宋代，儒家張橫渠言：「為天地立心，為生民立命，為往聖繼絕學，為萬世開太平。」此見中國士人在歷史上之至高之地位與其至大之任務。元、清以異族入主，政府變於上，而社會則安於下。社會不變，斯政治傳統亦不能大變。社會則依然一四民社會，政府亦依然一士人政府。故清儒顧亭林言：「國家興亡，肉食者謀之。天下興亡，匹夫有責。」其所謂「國家」，即指政治組織言。其所謂「天下」，即指社會結構言。而中國士人之思想學術一項，遂更占重要之地位。惟其主要則仍重其人內在之德性，而非外在之權位。

故中國歷史，士人德性遠重於權位。「德性修養」為人品高下分別一最高標準。性道合一，事業縱敗於一時，而其傳統影響，則終大成於千古。德性列下品，則事業縱榮於一時，亦必貽身後以恥辱。事業成敗見於歷史之記載，而德性高下則屬個人內心之修養。中國古人言立德、立功、立言為三不朽，又其賢而有德者亦多必有言。故中國之士主在立德，次之在立言，而其立功不僅在己，又賴於外在之機會，惟其立德立言之功，則可長垂於歷史，永傳於後世。

中國歷史重人品，德性為上，才能為下。才能低，德性無缺，亦為完人。才能高，而德性有缺，則為奸為邪，為非人。其事業則為罪惡，財力權勢更所不計。一國之經濟武裝，皆一本於人道。平安和睦為人生一大理想，而富強則非所求，此始為中國之歷史精神。

一

中國歷史有一套「悠久」精神，又有一套「廣大」精神。一指時間，一指空間。中國歷史緜延五千年，疆土遼闊，只此兩者，乃為舉世其他民族所莫能比。

中國歷史更主要的，乃有他的一套一統精神與傳統精神。何謂「統」？須有頭緒，有組織，合成一體，謂之「體統」，亦稱「系統」。中國自古即精於絲織業，「統」字觀念由此來。大羣聚居一地，便該有頭緒、有組織，合成一體，此之謂「一統」。中國人稱「大一統」，乃說此合成一體之統，乃是人類生命事業中最有意義最有價值之最大者。故亦最偉大最可寶貴。而此一個統，則又貴其能世代相傳，永久存在，此則為傳統。中國史之悠久與廣大，則正在此能一能傳之「統」字上。

二

今再進而言中國歷史之內容，大體言之，可分三統。

一曰「血統」。父母子女各具一體，各為一人，但超此分別之上，則有一個生命之統。此統是無形的，但實會合此諸分別之體而成為一體，今稱之曰「血統」。

自然人生有男女之別，不僅人，飛禽有雌雄，走獸有牝牡。即植物，亦分陰陽。兩性配合，乃有新生命。人類由男女而結為夫婦，生育子女，始為父母。故夫婦為人倫之始。

何謂「倫」？如絲織有經綸。人生亦有倫，乃為人生之經常大道。故嚴格言之，孤男不得稱為一正常人，獨女亦不得稱為一正常人。必男女組合成倫，始成一正常人。得為正常人，始得真有人類之大生命，此之謂血統。

夫婦父母子女合成為一家。使無家，我之生命何由來？使無家，我之生命又何由傳？故人之一身，乃其小生命所寄。其一家，始是其大生命所寄。父母之上，更有父母。子女之下，更有子女。始是其生命之宏大而悠久。男有婚，女有嫁。女嫁向外，又成外家。每一家各有其外家，歷世皆然。於是外家之外又有外家，如是則始見其生命之廣大。而在此悠久而廣大之大生命中，則有一個統，此之謂血統。

中國人早認識了此血統之意義與價值，故在很早之古代，即已成為一氏族社會。依古人慣例，男稱氏，女稱姓。同姓不相婚。男性同居一地，同治一業，則稱「氏」。氏族在家庭之上，其實不啻即如一大家庭。戰國以下，男女姓氏漸不分，男亦稱姓。此即是重血統更重於職業之一證。此一情勢，直迄東漢晚期以下，乃有門第社會之興起。唐以下，門第漸衰，而氏族觀念則仍為中國人所重。宋初乃有《百家姓》，其書流傳，直迄於今。故中國社會傳統，特有看重姓別之一觀念。

每一姓，又必各有其家譜，詳記其一族一家之由來。每讀一家之家譜，由其本族，兼及外家，即可旁通於數千年來國史之大概。今稱「民族」，亦由家族、氏族之「族」字引伸而來。亦可謂一部中國史，即一部中華民族史，亦即可謂乃一部《百家姓》之共同家譜之最重要之綜合記載。中國歷史之寓有甚深血統之觀念與精神，亦由此見矣。

三

血統之上，又有「政統」。政治乃管理眾人之事。中國人重血統，親親而尊尊。凡所親，則當尊。一家之中，父母最親，亦最尊。一家之事，即由父母主管。一家之外，同居一地，同治一業，同一氏族，必有家以外之大眾公事，則須擇族中之賢者來管理。由是遂於血統上，漸建有政統。

中國每一氏族，必有一始祖。此始祖則必為一大賢大聖。如周氏族之始祖為后稷，乃姬姓。然后稷有母姜嫄，姬、姜兩氏族通婚，其來已久。后稷既有母，必當有父，即姜嫄之夫。但周氏族則造為神話，說姜嫄「履帝武敏歆」，說她在路上踏到了天帝的大腳印，而她腹中動了，遂受孕生后稷。這是說后稷乃由天生。但當時之姬姓，早有一部落、一社會，非只姜嫄夫婦之一家。〈大雅・生民〉之詩，備詳其事，茲不再述。但后稷教民稼穡，乃其族中一大賢大聖，故後世周氏族乃羣奉之為始祖。姜姓始祖，則為神農，其人尚在后稷前。但神農、后稷，同於農業有貢獻。后稷名棄，神農何名則不可考。故中國人於親親尊尊外，又有「賢賢」一義。賢賢即是尊其賢，尚其賢。每一氏族之始祖，則必為一賢人聖人。豈得謂於每一血統中，乃無賢無聖之可親可尊乎？惟尊此賢聖為一族之始祖，而此賢聖以前之父祖，乃可置之不論。此「尊賢」一義，則又為我中華民族所獨有，並世其他民族則無之。

今言陶唐氏，其氏族乃以從事陶業得名。堯則其氏族中之賢者，其後人亦遂奉為其氏族之始祖。但堯不僅管理陶唐一氏之政，亦兼管理其他氏族之政，而貴為天子。此即中國古代社會由血統進而有政統之一例。同時有舜，乃有虞氏。虞乃古代掌管山林禽獸之一業，世襲其職，遂成一氏族。堯之使舜攝政，又讓位，乃以天子之位，由此一氏族讓之他一氏族。至堯之子丹朱，則當仍可管理陶唐氏之事。舜又讓天子位於禹，然舜又封其弟象於有庳。舜之子商均，亦必有位有職，可以管理有虞氏之事。則中國人之於血統、政統兩者間，又有其共同相通處，中國社會上層之政統，乃由其社會下層之血統演進而來，而相與共成為一體。以其血統之悠久，遂成其政統之久。以其血統之廣大，遂成其政統之大。政統之久大，即以鞏固其血統之久大，此乃所謂「人文化成」，政治社會一體相通。雖有進步，並非改變。中國人謂「化家為國」、「化國為天下」，此非純屬一種哲學理想，實乃中國歷史演進之實際情況則然耳。

堯舜禪讓，湯武征誅，此乃歷史上偶發之事，非可視為先有此一必然之規律。至於自天子以下之職位世襲，無論在民間業務，或上層政治，莫不皆然。又必期求此世襲之制能永存而不變，於是在政治上乃有「封建制度」之成立。尤著者，則為西周初年周公之封建。不僅大封其姬姓同氏族者為列國之諸侯，又「興滅國，繼絕世」，凡屬中國歷史上有名之大聖大賢，其曾立有國，以代表其氏族者，今其國雖亡，世雖絕，乃重新建立，使之仍得為一列國之諸侯。則周代之一統，乃統其當時中國之凡百氏族，有聖有賢之參加於古代國史之過程中者，兼容並包，而成此一統之治。故西周之一統，不僅為當時政治上之一統，實可謂乃是我民族歷史文化上之一統。而中國歷史之悠久廣大精神，亦更由此而見矣。

秦以後中國政治由「封建制」改為「郡縣制」。其與前相異處，則全國只留一中央政府，其下更無列國諸侯之分封。其中外上下政府官員之任用，則一以「選賢與能」為標準。惟最高之君位，則仍由世襲。此因遠在兩千年前，中國已為一廣土眾民之大國，教育既未普及，交通又多不便，政治最高元首，難由民眾選舉。勉強定一選舉制度，徒易引啓爭端，亦未必能定得大賢人。故僅求於君權嚴加限制，為君者僅其長子得世襲君位外，其伯叔、兄弟、子姪輩，一家近親，乃均不得參預政事。即或間有封位，亦僅食祿，不許預問政事。古近「親親」之政，乃一轉而為此下之「尊賢」，此亦不得不謂乃中國政統上一大轉變，一大進步。

中國此一郡縣制之政統，上起秦漢，下迄清末，歷二千年之久而不變。其間亦有未能常保其一統之局者，則為亂世。於是乃又有正統偏統之爭。如東漢之末，魏、蜀、吳三國並列，陳壽編為《三國志》，即不專尊魏為正統。此下南北朝對立，亦各非正統。唐末五代十國並存，則五代亦非正統。北宋有遼、夏分峙，南宋有金與夏分峙，然南北宋則不失為當時之正統。正統與非正統之別，其間寓有深義。論政統，則又必兼及於「道統」。

四

今言中國之「道統」，上文已述及親親、尊尊、尚賢，此三者乃皆中國人所謂之「大道」，實即乃是一「人道」，乃人與人相交之道。人與人相交，不得不親其親，不得不尚其賢。而親親、尚賢，則必兼寓尊尊一義。故尊尊非人類之不平等，亦猶親親、尚賢之非為不平等。其親、其尊、其賢，則為人類之大多數而定。而能知此道，明此道，守此道，行此道者，則乃人類中之少數。故能由人類多數中產出此少數，又能由此少數來代表多數，領導多數。多數少數，融成一體，此始為人道之最高理想與最高境界。

唐虞禪讓，湯武征誅，征誅與禪讓，其事若相反，實則乃相通，相互結合而共成為一道統。君位變動，朝代更易，其意義皆重在多數民眾之利益，不在此君位一人之私。西周東遷，天子政令不行，乃有齊桓、晉文之霸，挾天子以令諸侯。然霸道非王道。孟子謂王道以德服人，霸道以力服人。中國歷史上之政統，重在其遵道義，不在其仗權力。秦漢以下，郡縣政治中之為君者，雖只其一人貴為天子，但亦有王道、霸道之分。故封建與郡縣在政治制度上則有變，而政統大道之貴王賤霸，貴德賤力，則一承而不變。此非細讀一部中國二十五史，此道義與權力之辨，亦不易知。因此一分辨，非屬中國人之空想，乃中國歷史實際情況大體乃由此分辨而演進。

五

綜合上述之血統、政統、道統三者而言，政統既高於血統，道統又高於政統，三者會通和合，融為一體，乃成為中國歷史上民族文化一大傳統。惟其有此一文化大傳統，乃使五千年來中國長為一中國，中國人則長為一中國人。歷久而不變，與時而彌新。古今新舊，則長融和在此一傳統中。此惟中國始有之，而並世其他民族之歷史則不能有。

今再言中國歷史，乃一人文精神，或文化精神之歷史。「人文」與「文化」二詞，皆近代語，譯自西方。然中國古書中有「人文化成」一語，譯詞即本之此。何謂人文？「文」猶俗言花樣。天亦有花樣，如陰、陽、寒、暑。地亦有花樣，如山、川、海、陸。萬物生其間，亦各有花樣。有生物如飛、潛、動、植，無生物如金、木、水、火、土皆是。人為萬物之靈，故其花樣亦最多，此之謂人文。

人文即人生花樣，必多變。隨時、隨地、隨人、隨事、隨物而有變。但中國人文則必一統之於「道」，道則雖亦時時在變，而終有一「常」不可變。故中國人言變，又言化。《易・繫辭》言：「化而裁之之謂變。」如人之一生，自嬰孩、幼童而成年、中年、老年，而至於死，其身隨時有變，然其內在生命先後相承，以成其為一己之生命者則終不變。中國人言此乃一體之化，或一氣之化，即生命之化。於此一「化」的過程中，而加以裁割分段，乃始謂之「變」。故萬變只在一「化」中，化則「常」而非變。一人如此，一家亦然。高、曾、祖、父迄於己，已五世，若在變，然其為一家生命之血統相傳，則終無變。一家如此，一國亦然。上自庖犧、神農、黃帝、堯、舜，下迄晚清之末，歷五千年之久，雖事變無窮，而民族大生命，文化大傳統，則相承不變。故五千年之中國，則終是一中國。中國人亦終是中國人。此五千年來之中國與中國人，乃由人文化成。而一部中國歷史，亦即由人文化成。世界其他民族之歷史，則全不能與此相比。

姑舉西洋史言，希臘之後有羅馬，但不得謂自希臘傳為羅馬，亦不得謂由希臘化成羅馬，只得謂希臘變而為羅馬。羅馬以後有中古封建社會，又有現代國家之興起，但亦皆是一種變，不得謂自羅馬傳來，或自羅馬化成。即如當前之美、蘇對立，又是西洋史上一大變，亦不得謂自西歐英、法等現代國家所傳來或化成。故中國古代之「人文化成」四字，在西方歷史上全用不上。西方人言「文化」，實與中國人觀念大相異。西方人知有「變」，不知有「道」。其變乃偏重在人生外面之物質上。故西方無史學，西方史學乃起於近代。西方史學家言人類社會，乃自石器時代變為鐵器時代，又變為銅器時代，又變而為近代之電氣時代，乃至核子時代電腦機器人時代等。其言變主要均在外面器物上，其他一切人文則追隨而變。中國人則稱古代有有巢氏、燧人氏、庖犧氏、神農氏，不稱穴居時代、巢居時代、熟食時代、或牧畜時代、耕稼時代等。此則因中國人重人文，由人文來發生出物變。西方人重物變，由物變來影響及人文。一以人為主，一以物為主，雙方觀念不同，而其言歷史演進亦隨之而不同。

六

但中國人文之化，亦非不看重外面物質世界。人生在天地萬物中，烏得脫離天地萬物而獨立以為生？故中國人言「天」，必連言「地」。「地」即萬物中之最大一物。余家在無錫城外四十里嘯傲涇上之七房橋，自十八世祖建宅卜居，明、清以來，已逾六七百年。余撰《八十憶雙親》一書偶及之，一美國人翻譯余文，特參考讀錢氏家譜以相證。美國立國兩百年，英國人最先移民北美亦僅四百年，而余之一家，則已具六百年以上之歷史，無怪此美國人見以為奇。離余家四五華里有一小丘，名鴻山。東漢梁鴻、孟光離洛陽，來此隱居，死而葬焉。則距今已一千七八百年。此山又名皇山，亦稱讓皇山，乃周初吳泰伯讓國來此，亦死而葬焉。則距今已三千二百年。又離余家十里左右有荊村、蠻村，乃吳泰伯來荊蠻，故相傳有此兩村之名。後人改蠻字為梅字，今稱梅村。有《泰伯梅里志》一書，列舉四圍一二十里內各地故事，已如讀一部歐西小國史。而中國歷史上之血統、政統、道統三大精神，亦胥可由此一小書中窺見。

又如無錫縣，早見於秦代，至今尚有錫山。並有梁溪，則從梁鴻得名。其他古蹟不勝舉。吳縣與無錫毗鄰，即蘇州，古蹟更多。如胥門，即以伍子胥名，其人其事乃在春秋時代之末。有虎丘，在城外，乃高僧竺道生在此講法「頑石點頭」處，則距今已一千五百年。其他不具述。姑舉城內之園亭言，則唐代有網師園，宋代有滄浪亭，元代有獅子林，明代有拙政園。除網師園較不著名外，其他三處，遊人羣集。古代規模，大體猶舊。則遊覽一蘇州城，豈不一部二十五史中幾多材料，幾多故事，依稀想像，大體猶在目前乎。則此蘇州一城，亦即所謂「人文化成」之一具體例證矣。

以上特就余一人早年所生所住地而言，其他全國各地莫不有名勝古蹟。如四川灌縣離堆，有二王廟，則自秦代李冰父子在此治水害，而兩千年來自灌縣至成都數十里內，各地區各時代之水利興修，乃均歷歷在目。如江西廬山，北麓有西林寺，乃自南朝高僧慧遠所創建，迄今亦已一千六百年。又如遊西湖，有白堤，乃唐代白樂天所築。蘇堤，乃宋代蘇東坡所築。自宋代林逋以下，名人古蹟，又何可勝舉。尤其如遊山東曲阜之孔林，此一墳墓，實只在平地上栽些樹木而已。然二千五百年來，長受國人保護瞻拜。果讀孔林中歷代碑碣，則必多有使國人不勝其痛悼追憶者。如金、如元、如清，異族政權所立碑碣又何限？即遊孔林，而讀其碑碣，一部二十五史中，兩千五百年來之治亂興亡，盛衰起伏，文化傳統之演變，亦幾乎可大體在目矣。其他如遊黃河，遊萬里長城，到處皆然。此不詳論。

中國一部二十五史，主要在列傳。人物傳記，乃為中國正史中一主要項目。惟自班固《漢書》以下，即各斷代為史。唐杜佑《通典》，宋鄭樵《通志》，元馬端臨《文獻通考》，後人稱之為「三通」，此下又有六通、九通、十通，乃始為中國斷代史以外之通史。西方人則以希臘史、羅馬史、中古時期史、以及現代歐洲列國史，互不通者，紛羅雜陳，謂之「通史」。中國則於歷代演變一線相通之外，特舉政治制度及其他人文諸要端，羣策、羣力、羣業所成，不出之於各個人之事業行為者，始謂之「通史」。即此一端，亦可見中西歷史精神絕大不同之所在矣。

抑中國歷史之所謂「通」，不僅通於人與人之間，更有通之於自然萬物者。故中國五千年來之歷史，並已融化在中國之大地上。全部中國疆土，可謂皆由中國歷史之人文化成，乃為中國之一部活歷史。每一中國人生在每一城市鄉里中，即不啻生在一部中國文化五千年之活歷史中，乃使其能在不知不覺中，而化成為一中國人。不僅如此，如家譜，如地方志，及其他如寺廟志等，亦各古今相通，可同目為通史。

七

中國人文不僅通於地，亦猶通於物。如絲綢、如陶瓷、如玉器銅器、如飲膳、如房屋建築、如橋樑，凡屬食衣住行，佩帶玩弄，人生日常所需諸品，雖亦歷代有變，而亦一氣相承，古今相通。即如書畫亦然，此為中國之最高藝術，亦有歷史演進。故每一中國人之有其家，有其鄉里，即不啻在其生命中，即各自占有了國史之一部分。而其在一客堂一書齋中，懸掛一書一畫，陳列一盆一瓶，一室之內，亦已涵有國史之一部分。又如中國之文房四寶，紙筆墨硯，考其淵源，究其流變，則不啻兩千幾百年來一部中國文化史，一部中國科學史與藝術史，亦已擷精挈要，羅列在一桌之上矣。故中國人又連稱「文物」，則人文中之有物變，亦已一以貫之。物變即以濟人文，人文乃以成物變。而一切則惟以人為主。全部中國史則亦惟此一語盡之矣。

故中國工業皆藝術化，皆與人類之內心生活性情深處密切相通，亦皆由人文化成。與西方工業之趨於科學機械化，商業財貨化，僅為人類向外謀生之一種手段者絕不同。故中國則物亦通於史，而西方則物與史別，抑且物為主，而史為副，此又其一異。

中國人既重歷史，故重時間觀，雖一文一物，必求其歷久相傳，一氣貫注，如一生命之存在，乃無古今新舊之隔閡。即如三千年來一泰伯墓，在吾家鄉村間，亦一氣相承，一體相融。鄉人只感其可敬，未覺其為遠古之與我相隔也。即如客堂書齋中一幅古字畫，亦可屬數百年、千年以上物，雖甚可貴，但與其他陳設亦一體相融，未覺其古今之相隔。即如《詩經》三百首，《論語》二十篇，使家中子弟誦之，亦可朗朗在口，默默在心，使吾心與三千年、兩千五百年前古人心融為一體。亦未見有古今彼我之相隔。故凡中國人心，苟受相當教育，具相當修養，則我心即史心，五千年中華民族之大生命，即融入吾此短暫狹窄之小生命中，而有何古今新舊之足辨。中國五千年歷史文化之一氣相承，亦即此之故。

西方則轉若以物變為主，人文為附。西方人亦非不尊古，不好舊。惟其所尊所好之古與舊，則多屬物，少屬人。希臘一古建築，英國人全部遷之倫敦。法國一古修道院，美國人全部遷之紐約。埃及之木乃伊，歐美諸國博物館無不各有珍藏。古羅馬諸建築，今其遺蹟，仍保留在羅馬一城之內外者亦不少。而如巴黎之凱旋門與凡爾賽宮，倫敦之西敏寺與白金漢宮，豈不皆為英、法兩國人所瞻仰崇敬，而兀然尚存，引為一國之光榮。中國人之尊古好舊，則異於此。秦始皇帝築阿房宮，項王付之一炬，後人不以為惜，特引以為戒。斯其人文精神之相異，豈不顯而易見。

余三十年前初來臺灣，乃於鄭成功外，又知有吳鳳。即於臺南瞻拜鄭王祠，又於嘉義瞻拜吳鳳廟。三十年來，臺灣經濟繁榮，物質建設，層出不窮。各公園各觀光區，後來居上，日新月異。甚至如臺北淡水之紅毛城，乃由外國人建築，亦同目為古蹟，鄭重修理。而吳鳳廟則已退居不足重視之列，為遊客所少至。此亦近代國人觀念轉變，重物不重人，亦慕效西化一要徵矣。果以阿里山比之美國西部之大峽谷，吳鳳之殺身成仁，捨生取義，不僅使高山族與平地居民長得和平相處，今已同化如一。中國人文化成之理想，即由吳鳳一人身上表現，豈非一具體史實乎？而美國人之西部開發，則印第安人之命運又如何？故美國西部僅有大峽谷可資遊覽，但無吳鳳其人可資崇拜。雙方歷史精神之不同，豈不亦由此可睹。而近人則並吳鳳而棄之不信，西化之程度有如此，亦良足深嘆矣。

八

今撇去人與物之問題不談，再談人與事。余二十年前在美國，曾論歷史乃人事記載，而事則由人，故中國歷史以人為主。一美國史學家詢余，人與事有輕重分別，斯固然矣。但其人苟不為一歷史人物，亦不得載入史籍中。余謂此正中西雙方歷史大不同處。西方人把歷史看成人事中之一項，故有歷史人物與非歷史人物之辨。中國人之史學，則會通全部人事，人生即歷史，歷史即人生，兩者二而實一，故無特殊之歷史人物可言。在中國史籍中，西方人所謂之非歷史人物，記載乃特多。此非細讀中國史不得詳知。今姑舉一例，平劇中有韓玉娘，此女姓名不傳，論其生平，自當非一歷史人物，而今已全國皆知，實不啻乃中國歷史上一特較顯著之人物。又如陶淵明卒在宋，而晉、宋兩史均加收載。嚴格言之，淵明不為五斗米折腰，乃一詩人，亦非一歷史人物。而在中國人之觀念中，非歷史人物之更見重於歷史人物，其事早起於遠古。

周武王伐紂，伯夷、叔齊叩馬而諫。西周得天下，伯夷、叔齊恥食周粟，採薇首陽之山，卒以餓死。此兩人這一節故事，對殷周興亡之歷史大變動，可謂並無作用與影響。亦竟可謂非當時一歷史人物。而八百年來之周人，乃盛稱之。及西漢司馬遷為《史記》，首創列傳體，伯夷、叔齊乃高居七十列傳之第一篇。中國文化重人，其人乃可無當時歷史事業可言，更不論其事業之大小與成敗。伯夷、叔齊之叩馬而諫，縱謂其事乃當時一大事，但並未成功，全歸失敗，全無影響。但三千年來中國人，對此二人，不絕稱頌。而其地位與影響，從另一角度講，則可謂更高更大於周武王。非明得此等故事，即不能讀通一部中國史，亦無以論中國文化之特質。

秦末楚漢相爭，田橫為齊王。韓信滅齊，田橫遁一海島上，從者五百人。高祖既定天下，召之曰，來則非王即侯，不來則加兵搜捕。田橫偕其客二人登陸。高祖時居洛陽，田橫行到洛陽前一驛，告其二客，漢帝召我，不過欲見吾一面。我死，持吾頭往，面尚未壞。乃自刎。二客持田橫頭見漢祖，漢祖大感動，立封二客。二客乃亦自殺。急派使赴海島，招其餘客。乃五百客聞訊，亦皆自殺，不赴招。此一故事，儻以放入西方小說中，豈不成為一文學上品？即如項王邯鄲渡水之一戰，鴻門之一宴，垓下圍中之一歌，烏江亭前之一番話，豈不亦皆文學之上品？但西方實際人生中不見此等事，乃由文學家來創作揑造。中國則即人生即文學。惟就當時歷史情況言，則邯鄲一戰，鴻門一宴，亦可謂對當時大局有關係，有影響。若如垓下圍中之一歌，烏江亭前之一番話，則局勢已定，多此一番花樣，似無意義價值可言。而田橫之一死更然。但中國人視此等事，則皆目之為人文中之絕大事項，既可稱之為文學，亦得列入歷史記載中。故中國歷史，乃一由人文化成，而非從人文大體中某些功利觀念，分別出一些特殊事項來認為是歷史。此則又是中國歷史一種特殊精神，為其他民族所少有。

進一步言之，歷史又必求其能影響於後人。故從悠久之歷史言，其所影響，則漢高祖亦或有不如項羽、田橫處，呂后亦或有不如虞姬處。中國人自秦漢之際兩千年來，幾乎無不知田橫與虞姬。其深入人心，影響之大，前之如有伯夷、叔齊，後之如有韓玉娘。惟其為歷史人物之分量少，而其為文學人物之分量多，而卒成為一中國的歷史人物。故其影響人生，乃較文學人物而更大。除文學人物外，尚有其他各項特殊人物之記載在中國歷史中者，茲不具詳。而中國歷史之真意義，真價值，乃與其他民族之歷史，亦無可倫比，無可衡量矣。故研究中國歷史，實首當以人物為主。

今日國人競尚西化，提倡新文學，必以小說為宗。於是人人知有林黛玉、薛寶釵，卻淡忘了韓玉娘，乃至如柳如是、李香君等。人人知有賈寶玉，乃或不知有程鵬舉。但不知中國自古亦有小說，如戰國時九流十家中之小說家言，實即稗官野史，仍與歷史相同。《春秋左氏傳》材料，即由此等小說來。而西方小說則多捏造，又與中國小說不同。而今日中國則崇洋自鄙，人心變，斯人生亦隨而變。此下中國一部新歷史，亦必與已往五千年舊歷史精神情節無可相擬矣。

九

中國人有人品觀，此亦中國文化一重大要項，主要特質。班固《漢書・古今人表》分人為上、中、下三品，每品又分上、中、下，共九品。自上古迄於漢，一應人物均分別填入表中。貴為天子，居全國政治最高領導地位，而其人列入下品，竟有列入下下品者，為數不少。其列入上上品者，自堯、舜、禹、湯、文、武、周公以下，惟孔子一人。其列入上品三品中者，多數非政治人物。亦有多數可謂非歷史人物。如孔子，或可謂之乃一政治人物。如伯夷、叔齊，列入上中品或可謂之乃一歷史人物。如顏淵，亦列入上中品，則顯非一政治人物，亦可謂非一歷史人物，並亦不得謂是一文學人物，而終亦當上了中國五千年歷史上一第一等第二品大人物。故非一讀班固《漢書．古今人表》，則不知中國古代人所抱有之人生觀，亦將無以知中國歷史與文化之特質所在。

今人好言平等，中國人之人品觀，則為一種人生內部之不平等。即從人生外部言，亦有其不平等。一是貧富不平等，一是貴賤不平等。希臘人爭求富，羅馬人爭求貴，此風直迄近代歐洲之資本主義帝國主義，皆在爭富爭貴，爭不平等。民主政治言貴賤平等，而民主政治下，終亦有貴賤。共產主義爭貧富平等，而共產制度下，終亦有貧富。故西方社會，在法律規定外，實無真平等真自由。中國人則於貧賤富貴一體視之，惟於人品上有不平等。孟子曰：「人皆可以為堯舜。」對此人生理想共同目標，人人可以各自努力向前，此則人人之自由與平等。

故中國歷史精神，在人必分賢奸，凡事必有褒貶。西周制禮，有死後之謚。上自天子列國諸侯，以至卿大夫之在上位者，死後皆有謚。此下則免，所謂「禮不下庶人」也。如成王、康王、宣王，皆美謚。幽王、厲王皆惡謚。此即其人生平死後之評隲。其在人羣中所負之責任大，則不得免評隲。然為子者理不當謚其父，則天子諸侯之謚，乃皆由其下位羣臣為之。其制度之詳雖不可考，要之，其事大可驚怪，實為並世其他民族所無有，而惟中國特有之。秦始皇始廢此禮，自稱「始皇帝」，二世三世以至萬世皇帝，死後再不加以謚。然漢代以後，謚禮終不盡廢。直至晚清之末，猶有謚。班固《漢書・古今人表》，亦可謂即承此死後加謚之意來。此亦中國歷史中道統精神之一種表現。俗稱「蓋棺論定」，可見中國人觀念，每一人生都該有一評論，定此評論則貴能有定。若是富貴貧賤，皆屬人生之外部，不足為論定其人之標準。

西周制度又有史官之設置，由中央政府分派出駐列國，其官亦皆世襲。列國有事，由史官上報中央，亦分送其他各國。則中國歷史記載本亦由一種政治制度來。但史官職權獨立，更不受政府中其他職官之牽制。齊崔杼弒其君，駐在齊國之史官，秉筆直書「崔杼弒其君」五字。崔杼不能忍，殺之。其弟承其位，又照樣仍書此五字，崔杼又殺之。其又一弟仍照樣直書，崔杼不能再殺，乃任之。又尚有史官駐在他地，聞其事，秉筆來，擬續書，知此事已得直書而返。其實齊君亦非崔杼親手殺之。周室東遷，天子命令久不行於諸侯，其又如崔杼何？而此三史官之奉公盡職有如此。但此三史官之姓名，竟亦不傳。可見雖一世共尊之人，亦有其名不詳於史者。此非中國史之所略，亦可見中國人文之充實而光輝矣。

據此一故事再加推想，當時列國史官不能守其職者，宜亦多有。孔子有憂之，晚年因魯史官舊文作為《春秋》一書。筆則筆，削則削，胥由孔子一人自加判斷，自下褒貶。雖游、夏之徒，不能贊一辭。而孔子實非一史官，故孔子曰：「《春秋》，天子之事也。知我者，其惟《春秋》乎！罪我者，其惟《春秋》乎！」則孔子之作此書，實已侵犯了當時周天子之職權。但亦自有其用心。蓋孔子晚年自謂道不行，其作為《春秋》，則亦期其道之行於後世耳。故曰知我罪我，惟在《春秋》。而《春秋》乃成為中國第一部正式之編年史，亦可謂中國第一部正式史書，乃出於中國第一位大聖人之手。則中國歷史精神，亦可據此一端而知矣。

孔子《春秋》雖對列國以往君臣作為，極多褒貶，但亦未受當時魯國及其他列國君卿在上位者之干涉。而學者遞傳，乃有《穀梁》、《公羊》、《左氏》三傳之迭出。《公》、《穀》兩傳，主要在發明孔子《春秋》褒貶之大義。《左氏》一傳，則遍搜當時列國野史各種記載，以詳述當時之史事，為孔子《春秋》所未詳者。而孔子《春秋》褒貶之義，亦可隨以見矣。今果只讀《左氏傳》一書，亦見當時列國事態紛紜，而各經時人之記載。既彩色之繽紛，亦條理之朗然。其中多一人一事可以流傳後世，亦如後世之田橫、虞姬，而猶多超而上之者。此則見非僅中國史學之美，實乃中國人文之美。亦即中國人生花樣之多，而亦各有其意義與價值之所在。實使人如遊太虛幻境，必有「此間樂不思蜀」之感矣。今人多求一遊埃及、雅典，以見古代西方物世界之遺蹟為樂。則試一讀《左傳》，可見中國古代人世界之詳情，其為樂又何如？

十

西漢有司馬遷，其祖先亦世為史官。遷承其父談之職為漢太史，因罪下獄，幸免於死，改為中書令，乃武帝之內廷秘書長。遷乃無意於政事，遵其父遺囑，成《太史公書》一部，今名《史記》，為中國二十五史之第一部正史。但遷自謂，其書乃承孔子之《春秋》而作。其書上起黃帝，下迄當世，為中國史始創列傳體。可謂中國歷史看重人物更大一進步。即如其記載春秋時公孫杵臼、程嬰兩人事，乃《左傳》所未及。此故事元代人編為〈搜孤救孤〉一劇，流傳入德國，其文學家哥德謂其時德國人尚在樹林中擲石捕鳥為生。哥德乃指元代言，不知此故事之尚在孔子以前。故中國之小說戲劇，其取材多本之歷史事實。亦可謂中國歷史，極富小說化戲劇化。換言之，即中國人生之極富小說化戲劇化。則中國人生之情味橫溢，中國之人文精神亦可知。

然史遷之書，主要則仍在褒貶。遠者不論，即自西漢開國，高、惠、文、景以至於武帝，遷書中不僅有褒，亦時有貶。即當朝之武帝亦不例外。故遷自言，此書當「藏之名山，傳之其人」，初不料此書流傳之廣。繼遷而起，求為之續者，不斷有人。此亦同時可見中國人心胸之廣大，情味之真摯。

中國史官始終承襲。唐太宗乃一世英明賢君，其心不忘後世之毀譽。一日，晤史臣，欲一讀其所記載。史臣對，所載皆以供後世人閱讀，君王乃當事人，非所宜讀。太宗亦不之強。此一故事，亦可見中國歷史精神之一端。西方希臘無史，羅馬亦無史，中古時期更不能有史。近代三百年左右始有史，由社會私人為之，無一定之規模，無共同之理想，亦不有人品之褒貶。其得人重視，亦尚不能追隨小說與戲劇。最近美國幾任大總統，於退職後即汲汲寫自傳，自述其任內之作為。出版商高價爭購。誠使唐太宗生近世，亦得為美國總統，退位後得自寫傳記，其心神愉快又如何？中西雙方人情國情不同，文化學統不同，雙方歷史亦難相同，亦即此而見。

中國史既人分賢奸，事定褒貶，執史者雖能自由下筆，亦不隨時傳布，秘而不宣，必待前一朝代亡，後一朝代興，乃本前代史官所書，及其他材料，由後朝編成新史。故自西漢以下，乃為斷代史。元代人編造《宋史》，不害其有文天祥。清代人編造《明史》，不害其有史可法。元、清皆異族入主，然編造前代之史，亦必招集當時之名學人為之。其他列代，亦可推而知矣。此又中國歷史精神之大傳統所在，亦即中國文化道統之所在，而政統亦不得不俯就。惟近代國人則慕效西化，中國傳統精神亦隨而淪喪。民國初編造《清史》，亦廣集學人，歷時亦非短暫，書成乃不為國人公意所許，其書終名為《清史稿》，未臻定編。乃迄今已七十年，仍未能有一部《清史》之正式定本。道統已淪，人各是其是，非其非，只可各寫一部《清史》，自由出版。再來一部眾意所同之國史，則已非其時矣。

惟一人之賢奸，一事之褒貶，其在中國史上，亦有歷悠久之時間，而未獲遽成定論者。如三國時有曹操，其人乃一大政治家，亦一大軍事家，曾注《孫子兵法》。同時又是一大文學家，建安文學即由其創始。此誠一不世出之人才。而又關心身後之名，乃立意效為周文王，終身為一漢相，使其子為周武王。然其子篡漢，謚為魏文帝，而曹操則謚為魏武帝。彼一時，此一時，豈能一一承襲，亦豈能一如曹操私心之所想望乎。曹操人品不如同時之諸葛亮，則早成定論。但亦非可即認為一大奸。唐人詩「將軍魏武之子孫」，則得為操之子孫，下迄唐代猶以為榮。下及宋代，議論始變。朱子為《通鑑綱目》，魏、蜀、吳三國，孰為正統，與司馬光《資治通鑑》意見有異。諸葛亮六出祁山乃「征」魏，非「侵」魏。一字褒貶，而曹操之人格亦隨而變。然朱子自稱，其寫字書法曾學曹操，則操猶得為一藝術家，亦並非一大奸雄。直至明初，羅貫中《三國演義》，而曹操始定為一大奸人。後世任而不變。中國小說，亦寓有傳統歷史精神。而分別賢奸，則為歷史一大任務。時多賢，斯為其時代之進步。時多奸，斯為其時代之退步。而曹操之為賢為奸，其評判標準，則不在其政治、軍事、文學之一切成就上，而別有其所在，則在操之居心。此乃中國歷史一絕大精神所在，其最後定論，則出之一小說家之手。近代國人論文學、論史學，則似均無此觀念矣。

又如唐末五代，短短五十餘年，而八姓十三君。其禍亂相乘，亦可謂至矣。馮道列相八姓十一君，自稱長樂老，世人競慕之。得為一馮道，斯亦當時人生之至高境界矣。下迄宋代，馮道依然見尊。歐陽修為《新五代史》，始加貶斥。而馮道之為人，遂再不見稱。韓愈言：「誅奸諛於既死，發潛德之幽光。」此乃史官之任。歐陽修崇拜韓愈，其為《新五代史》，非在史官之任，亦如孔子之作《春秋》，乃有其不得已之深心。後代中國人，羣誦歐陽修《新五代史》，薛居正《舊五代史》則幾成廢物。近代國人，乃以薛書取材富，記事詳，可資考證，一時又轉居歐書之上。然非歐書，則民族大義，修身大節，皆無以見。使北宋一代，歐書不出，恐此下中國亦無得如今傳之中國。

實則奸尚易辨，賢更難識。三國人物，羣推諸葛亮。而晚明遺民王船山，遁迹山林，不仕清代，晚歲著《讀通鑑論》一書，乃謂三國人物，管寧尚在諸葛之上。其實船山亦清初一管寧，其姓名已若晦若失，其著作亦多隱淪不傳。直至晚清，其人其書始大顯。辛亥革命，主編《國粹學報》之人，盡力提倡王船山，於宏揚當時革命風氣，亦有其大貢獻。若以歷史人物論，則王船山當猶在李二曲之後。然而船山則更為中國歷史上一大人物。欲讀中國歷史，實首當於此等處注意。

又人之賢奸係乎「道」，而「道統」尤尊於「政統」。則賢人居亂世，縱無位，縱無業，其一言一行，乃一世之表率，為一世精神生命之所寄，亦不煩言而知矣。故讀《元史》，首當注意黃東發、王深寧、吳草廬、趙仁甫、劉靜修等諸人。此皆與當時政治、軍事、歷史大事件無關，皆不得謂乃當時之歷史人物。然此諸人，實皆元代史中之大人物。使無此諸人，則此下一部《元史》恐將不得再為中國史，而亦將無《明史》之繼起。讀《清史》，亦首當注意孫夏峯、顧亭林、黃梨洲、王船山、李二曲、陸桴亭、顏習齋等諸人。此諸人亦非當時歷史人物，然亦皆清代之大人物。凡此元、清兩代初興時期諸人，亦可謂乃五千年中國史中之大人物。承上而啓下，繼往而開來。天地已變，而此等人之立身言行，仍為中國傳統理想一人物則無變。中國人之一套舊式花樣，則仍然顯在諸人身上。使無此等人物之出現，則中國人皆將變樣。舊式人物不復見，而道統亦無以存。中國人之仍為中國人，中國之仍為中國，中國史亦仍然為中國史，則惟此諸人是賴。顧亭林所謂「國家興亡，肉食者謀之。天下興亡，匹夫有責」是也。國已亡，而天下猶存。政已亡，而道統猶存。政治亂於上，而社會定於下。此等意識，此等精神，則惟中國有之。使無此等意識與精神，則亦無以會通明白此一部中國史。

十一

民國肇建，至今已踰七十年。論其人物，首推孫中山先生。民國由其手創，然革命成功，僅在大江以南。中山先生為臨時大總統，僅數月之久，即以讓位於袁世凱，為民國第一任正式大總統。而中山先生則隱居在滬。及其去廣州，重組革命政府，終於北上，與段祺瑞、張作霖言和。病卒北平，和談遂以中止。以中山先生，較之中國歷史上歷代開國人物，似為未竟其功。但論其品格，則堯舜禪讓，湯武征誅，中山先生一身兼之，已為千古所獨有。而其創為三民主義，則志在傳道，上毗孔、孟，更為堯、舜、湯、武所未有。然今國人，則雖尊中山先生其人，於中山先生之德之志，則似欠深切之體會。

中山先生三民主義首為民族主義。今國人，非不愛國，但不重中國人，不敬中國民族。必求盡變其舊，盡變其常，創為新國新民，乃得進而創為新歷史，以追隨歐美之後。中山先生提倡民族主義，而今國人則似求創為新民族。最多可謂今國人尚求保存民族之舊血統，但必創造民族之新道統。中國文化與中國歷史之舊傳統則必當變。何由變，則曰「西化」。故中山先生之三民主義，乃必兼採美國總統林肯民有、民治、民享之三語而合一并說之。但林肯當時乃主解放黑奴，平等視之為美國之公民。故今日在美國，則黑人、猶太人與西歐白人，幾已似鼎足之三立。當前美國之國際外交，其親以色列，或更勝其親英國。故林肯之倡為民有，乃就美國當前之歷史而發，決不當與中山先生之民族主義相提並論。

又林肯之言「民享」，乃謂黑人、猶太人亦當同享美國之所有。中國人之傳統觀念，則人生非為享受。志在享受，則其人之品格已低，其人之生活亦不足道。聖君賢相，立法施政，乃求一世同歸於大道，而人生享受亦已兼在其內，不煩特提。如伯夷、叔齊，如顏淵、閔子騫，其所享受又係何？如文天祥、史可法，如王船山、李二曲，其所享受又係何？即如吳鳳、丁龍，其所享受又係何？中國人言「享福」，此「福」字即兼涵在「道」字內，未聞有違道之福。中國人之在天地間，較之其他民族，非最富非最強，然可謂最多福，乃得享其五千年緜延不斷之歷史。亦可謂一部中國史，乃為舉世各民族中最多福之一部歷史。而中山先生之民生主義，乃求吾國人能重享此人文傳統多福之人生，物質人生亦已包括在內，而並不占主要之地位。又豈林肯所謂民享之意所能比。

至中山先生之言「五族共和」，則中國人重視道統更在其重視血統之上。其說已詳在前。所謂五族共和，乃指道一風同言，非指生活享受言。此亦中國傳統文化精神之所在。

亦可謂近代國人，其對歷史意義之認識亦已變，故必求依據西方觀念來對中國歷史作糾正，亦對中國人作糾正。即如言中國自秦以下二千年為君主專制，而中國人則盡成奴性，即其一例。「專制」兩字，中國史書中未見。一君主若求專制其一國，必先擅有軍財兩項。一為賦稅權，一為兵權。賦稅用以養兵。漢代政府之財政機關分為二，一曰大司農，一曰少府。大司農管理政府財，少府管理王室財，而其兩機關之大小，即觀其名而可知。此兩機關，又全歸宰相統轄。至如軍隊，則在當時早已全國皆兵。一國之民，皆須充當兵役。養兵之財屬政府大司農，不屬王室少府。而軍權統治，又屬政府不屬王室。則為君者，又何所賴以得成其專制？

下及唐代，全國政令皆由中書省發布，帝王不得自發政令。中書省所發，又必經門下省同意或封駁，或修改。故常中書、門下兩省開聯席會議，政令始定。乃發下至尚書省，始得通行全國。漢代一宰相之權，至是分而為中書、門下、尚書之三省，則帝皇又何從得專制？財權、兵權全屬尚書省，但不聞尚書省可以出而反抗中書、門下省，又不聞此三省可以出而反抗皇帝。近人則又謂中國人惟知服從，一聽帝王之專制。不知古人乃服從天服從道，即服從自我一己之性命。今日國人昌言民主，又教人服從法。但法亦由人制定，中國歷史上一切制度皆是法，亦皆有人制定，亦豈專指刑律而言。今國人不讀三通，又何得空談中國歷史上之一切政府立法與其制度。

至如中國人之所謂「道」，則由於天命，由於人性，由於中國大聖大賢之所發明與倡導。由於此道，乃有五千年悠久廣大之一中國民族。而中山先生之民族主義，則亦本此傳統之道。既屬血統，又屬道統，乃由此以建立其政統者。

今國人又謂中國乃一封建社會。不知中國乃有封建政治，非封建社會。封建政治乃一種分權政治。諸侯分封，是為「國」。一統於中央政府之天子，是為「天下」。全國統一於中央，而中央天子則僅治其邦畿之內，其他疆域乃由列國諸侯分治之，此之謂「封建」。

封建改而為郡縣，亦非由中央政府專制，而由各郡縣地方政府分治。舉其最大一端言之，則全國政府所用人員，皆經由地方政府分別察舉而來。先由中央政府派出人員赴地方政府任其職，再由地方政府分別推選人來中央，成為中央與地方政府任用人員之唯一來源。試讀一部中國二十五史，列代政府人員，每一人各有其所生地之記載，及其受任用之經過。故中國全國，乃由同一中央政府來統治，此之謂中國之「政統」。而此政府乃由在中國全國人中選出賢能以共同組成，此之謂「道統」。若謂「君權」，則君自有權。若謂「民權」，則民亦自有權。惟與近代國人依照西方政治所想像之權利有別。

中山先生之民權主義，則謂「權在民而能在政」。此見「權」與「能」有別。中國人言「能力」，不言「權力」。又稱「賢能」，不稱「權能」。又稱「職權」，亦稱「職位」，此見權之隸於職，定於位。此即中山先生所謂權與能之分別所在。故曰「選賢與能」。若不論賢能與否，而僅論其權，則在中國當可稱之曰「權奸」，但絕不稱「奸能」，重要分別在其人品上。中山先生之五權憲法，有「考試權」一項。當知政府有能，始能用考試來選拔賢能。此非通曉民族主義，熟讀一部中國二十五史，何能來發揮中山先生特於西方三權分立外，又增出考試一權之用意由來。

中山先生又於考試權外增「監察權」。當知中國歷代政治制度，即帝王君主，亦受政府監察。如漢制，御史大夫為副宰相，即掌監察權。御史大夫下有兩輔，一曰御史丞，一曰御史中丞。此中丞即主監察王室宮廷內事。而於郡縣各地方政府，又有十三州刺史，分任監察之責。直至清代，布政使即負各省行政，監察使即負各省行政之監察。近代西方民主政治，又誰來任其監察之責，此為中國政治制度較西方細密處。倘果君主專制，又何來考試監察兩制度。

中國雖有地方分權，而其權亦有限，故其民間下層亦有近似於西方之所謂「封建社會」處。此因各地民情風俗不同，則其為治亦不同。惟其統一於中央則同。如明代西南諸省有「土司」制，直至現代猶存。此即猶如西方之封建社會。即如蒙古、西藏，歸附中國，而其民情風俗亦有各不同處，則各許其自為治。此亦猶有中國古代諸侯封建之遺意。要之，中國封建有其政治性，寧有脫離政治一統而自有封建社會之存在。

且既有專制政治，即不得再有封建社會。既有封建社會，即不得再有專制政治。非知中國政府有地方分治一義，則不足加以說明。而中國各地，乃又有上層政治所不問之自由。遠言之，如孔子之周遊列國，不聞列國間有出境、入境之限制。即此一端，餘可推想。晚清之末，一德國人來中國，見北京王畿之內，乃無警察，大加驚異，遂留中國不歸。認識中國字，讀中國書，詳加研究，老死於中國之山西省。其後裔猶有為漢學家者。但中國歷史文化如此其博大精深，由一外國人來作研究，又無中國人之指導，又多聞中國人崇慕西化者之反面理論，曰「專制」，曰「封建」，一言盡矣，警察之有無，又何足深論。是則終無門以入矣。今欲研究中山先生之民生主義，當知中國社會可以無警察，此雖屬一歷史問題，卻深該研究及之。

又近代國人好言漢帝國、唐帝國。不知漢代之中國，乃由中國人統治，非由豐沛人統治。唐代之中國，亦由中國人統治，非由隴西人統治。又凡為中國人，在政府之統治下，皆屬平等，則又何得稱之為「帝國」？今問中國非一帝國，其疆土又何由而日廓，其民眾又何由而日繁？又如清代有蒙古，有西藏，有乾隆之「十大武功」，又何謂之非帝國？則當知蒙古、西藏乃中國之藩屬，而非中國之殖民地。以西方觀念來治中國史，則必無一而可矣。惟如最近之毛政權，乃始可以西方人觀念來加以說明。使毛政權長存，則此下之中國史，將斷不同於以往之中國史可知。然又豈得謂是中國史之開新？如近代國人之喜新厭舊，則終必有將來中國新歷史之出現。惟今則尚無堪想像耳。

近代國人又好言革命，乃謂中國歷史有造反無革命，或竟高捧黃巢、李自成、張獻忠為農民革命之英雄人物。洪秀全自稱「天弟」，尊耶穌為「天兄」，國名「太平天國」，所至焚燬孔廟，今國人則尊之為「民族革命」。實則洪秀全乃以西方觀念來革中國之命。使太平天國常存，則堯、舜、禹、湯、文、武、周、孔斷必失其存在，而新中國人則惟天父、天兄、天弟之是尊矣。曾國藩以湘鄉團練平其亂，後人又斥其為滿洲皇帝之走狗，不啻為中華民族之罪人。此則僅知有民族血統，而不知在血統之上當更有民族文化之道統。否則吾民族又烏得緜亙五千年以迄今。

十二

中國史與西洋史有一大相異處。則為中國人於治國之上又有「平天下」一觀念，此亦為西方人所無。近代國人又加以譏笑，謂僅知一中國，不知世界地理，又何得妄言天下。但中國人言天下，即涵有道統之深義存在。故能不專限在一狹義之國家觀念之下，即不專限在一民族血統之狹義政府之下。如孔子，其祖先乃宋國人，其生在魯國，但孔子則欲行道於天下。不得志於魯國政府，則去而之他國。墨翟繼之，亦然。墨翟乃宋國人，不得意於宋，亦周遊列國，以求行道於天下。其他戰國諸子百家，亦莫不皆然。但其時，如齊、如楚、如秦、如燕，皆已立國踰六七百年之久。即韓、趙、魏三國，乃由晉國分裂而成，然晉國亦已歷六七百年之久。故秦始皇帝之得以兵力統一中國，乃由戰國時代兩百年來學術思想之一種潛力有以影響促成之。西方則希臘無國家，羅馬乃一帝國，與中國人觀念中之「國家」不同。而歐洲現代國家，則相互分裂，迄今仍有三十餘國之多。七十年以來，迭經兩次大戰，大敵當前，不啻希臘之遇馬其頓，而仍亦各自分裂。求一商業經濟協定，而亦意見齟齬，不相和協。豈終將重蹈古希臘之覆轍與否，亦無以自知。亦可謂在西方歷史上，終因少一段如中國歷史上之戰國時期，乃終無希望有秦漢一統之來臨。

今再深一層言之。西方歷史亦歷三千年以上，應亦有其進步處。惟其進步則多在物一邊，不在人一邊。不得謂今之英、法人、德意人、荷、比、西、葡人，乃及其他西歐各國人皆屬進步，已勝過了其古代之希臘人、羅馬人。實則其一切進步，均在其商品武裝上。此一意見，詢之西方人，當亦大體承認。而中國歷史之進步，則實進步在人，遠勝其在物。黃帝、堯、舜、禹、湯、文、武、周公，雖為中國後人所同尊，然不得不謂春秋時代之中國人，大體上已勝於西周時代。只論春秋兩百四十年人物，當其晚世，如晉有叔向，齊有晏嬰，鄭有子產，吳有季札，宋有向戌。西周時代之人物，何得在同一時期內，有如此之盛？而戰國時代人物之盛，則尤盛於春秋時代。諸子百家，紛起迭興，春秋時代豈有之？而兩漢人物，則又盛於戰國。雖如孔、孟、莊、老，為後世所永尊，然其他人物之紛起迭興，則兩漢終盛於戰國。魏、蜀、吳三國分崩戰亂，但在短短一時期內，其人物之盛，擇兩漢中任何一時期，亦難與之相比。此下專論人物之盛，則隋、唐盛於兩漢，兩宋又盛於隋、唐。甚至蒙古入主，一時人物亦勝過南北朝時。清初又勝於元初。異族入主，而無傷於中國人物之旺盛。雖亦仍守孔、孟、莊、老之道以為道，然其處境之艱難困苦，則有遠超於孔、孟、莊、老之上者。

在政治上有開創，有守成。而守成之時，其旺盛必超勝於開創時。如漢武時代，遠盛於高惠時代。開元時代，亦遠盛於貞觀時代。學術思想，亦有其開創與守成。西方人觀念，則似僅知有開創，不知有守成。其所開創，亦多主在物，而人為副，物變而人隨之。如近代有核子武器，有電腦，有機器人，而一世之人其生活亦隨而變。中國人言：「物惟求新，人惟求舊。」又言：「十年樹木，百年樹人。」今則人隨物變，又烏得有百年不變之人？是則物常在開創中，而人則無可守成。故亦可謂西方乃一部「物變史」。馬克思主張唯物史觀，可謂實得西方全部歷史之真相。近世西方人，則多斥其共產主義，乃未聞有人能力斥其唯物史觀者。中國史則只重人，遠過於重物。今國人則亦重物求新，不再重人求舊。人心變，斯歷史亦必隨而變。則今國人雖深受共產思想之害，而實仍未改變其唯物之追求，斯亦崇慕西化者一必然之途徑矣。

惟中山先生民族主義，乃亦一仍中國舊傳統，重視人與人之分別，倡為「知難行易」論。分人為先知先覺、後知後覺、不知不覺之三等。又主由「軍政」而「訓政」而「憲政」之三階段。不幸中山先生乃始終在軍政時期中。儻其最後北上言和而有成，則必號召國人致力訓政可知。今問當何以為訓？則必本民族主義，以中國歷史傳統之修、齊、治、平大道為訓。中國古代聖賢，則為先知先覺。近代國人之賢者，則為後知後覺。堯舜性之，湯武反之，是則湯武即後知後覺也。孔子「述而不作，信而好古」，則孔子亦仍自居為一後知後覺。此後中國人之常好守舊，以至五千年來得長保有此一中國民族之存在與進步，則胥承此風而來。中山先生之所欲訓於國人者，其大意恐亦無踰於此。否則又何必以民族主義冠於三民主義之首？今日國人則羣認外國人為先知先覺，中國古人則為不知不覺，務勉今日國人為後知後覺，則此下之中國亦惟求之器物之日新，而民族主義自無可言。若仍主有民族主義，則惟求此下之重新創造，得成為一新民族，以與西方歐美人媲美。而舊民族則無可保，無可守。中山先生之民族主義，豈果如此其然乎？

中華民國之建立，若非能為五千年傳統之舊中國謀守成，即難為此下之新中國求開創。居今而言，中國歷史精神中開創與守成相承一貫之一義，似首當為今日國人所注意。敬以淺見，供之讀者，求加是正。

（民國七十二年九月為陽明山莊專題研究教材寫）

五、中國文化特質

提要

文化即人生，人生有其長成之過程。在此過程中，時時「變」者為「生活」。而有其一不變者貫注其中，此之謂「常」，乃「生命」。惟生命有長有成，乃生活之目的。而生活則僅為生命長成之手段。

此一不變者，中國人謂之「性」。此一過程與其終極目標，中國人謂之「道」。性道合一，乃為中國人生最高理想，亦中國文化一最大特質。

「性」為個人小體生命所各別具有，「道」則人羣大生命之共同趨嚮，由此以成其悠久廣大之大生命。

性之合於道者謂之「德」，德具於內，不待外求。食、衣、住、行物質生活，皆須賴於外。苟求之外而忘其內，喪其德，有生活，無生命。生活日變，在今日而已忘其昨日，亦將不知有明日，此之謂「無常」。無常則是人生一大苦痛。生活不能日新又新，而生命能之。生活不能進步無疆，而生命能之。生活只有變，而生命則有常。

生活賴於外，而生命則成於己。生活人相異，而生命則羣相同。生活無大小，而生命則有大小之別。生活不能脫離自然，而生命則乃融成人文。中國人言人生，則曰「性命」。此之謂「一天人，合內外」。

中國人在生活中表現其生命者為「禮」。「禮」在外，屬人文。「仁」在內，屬天性，亦即屬自然。由天性自然之仁，演化出人文行為之禮。社會結構，政治組織，皆本於仁而立於禮。

生活維持為手段，生命成長為目的。「知」為手段，「行」為目的。中國人則必言「知行合一」，或言「知易行難」，或言「知難行易」，行以生其知，知以成其行。

孔子仁禮並言，又仁智並言。仁屬行，智屬知，違於仁為不智，戾於行為無知。故中國人言「德行」。又言「學問」，學與問皆屬行。行有常，在外為道，在內成德。

生活是可分別的，生命則是共同和合的。由共同和合的大生命中演化出小生命，非由分別的小生命中可湊合為大生命。大生命屬天，屬自然。人是小生命，乃有生活。

生活必多欲，生命則多情。欲必向外爭取，情亦向外而求和合。中國人生大道有五倫，皆本於情，非本於欲。中國文化最重人情，但不重物欲。欲當知足，情無止境。道由情來，不由欲來，日新又新，日進無疆，乃指德言。德亦主情不主欲。多欲即缺德。近代科學進步，乃以供人欲，非以養人情。情愈薄而世愈亂。中國古人早以為戒。

道見於羣，德本於己。中國人尚德，為己即以為人。西方人尚欲，欲必求於外，取於外，於是乃為人而失己。雖主個人主義，而成唯物史觀，物為主，人為奴。其實人已物化，更何己之有。今人又好分言物質人生與精神人生，其實此心多欲，亦是一種精神狀態。惟中國古人言「精神」，則此心之物欲減之又減，達於至精，乃得通神。此乃中國文化一最高境界，亦非今人所謂之精神。

中國人重德不重業，尊品不尊位。儘在抽象虛無處著想，不在具體實有處用力。遂建其道義共通之大，而避免了功利分割之小。中國乃成為五千年廣土眾民大一統之民族國家，而此即為中國文化一特質。

天地和合是一大生命，道是生命進程。在其進程中，演化出人類小生命。在人類生命中，又演化出中國人。所以說：「中國一人，天下一家。」在中國人中，又演化出各別小我個人來。在各別之生命中，明道、行道、傳道，即由其小生命來明得此大生命而行之傳之，使每一小生命各自獲得其大生命。

宋儒張橫渠言：「為天地立心，為生民立命，為往聖繼絕學，為萬世開太平。」即此義。中國文化特質亦此義無他旨。

一

中國文化特質，可以「一天人，合內外」六字盡之。

何謂「一天人」？「天」指的是自然，「人」指的是人文。人生在大自然中，其本身即是一自然。脫離了自然，又那裏有人生。則一切人文，亦可謂盡是自然。自然、人文會通和合，融為一體，故稱「一天人」。

何謂「合內外」？人生寄在身，身則必賴外物而生存。如食、如衣、如住、如行，皆賴外物。若謂行只賴兩足，但必穿鞋，鞋亦即身外之物。使無身外之物，又何得保有此一身，故稱「合內外」。

但由一般人想來，天是天，人是人，內是內，外是外，所謂「一天人，合內外」，乃是一種思想理論，虛而不實。但就中國傳統文化言，則對此兩語，已竭實踐之可能，非同空論。

如抽象具體。一般認為具體是實有其物的，抽象是虛有其名而已。中國人想法則不然。如說人，所見乃當面具體一人。但此具體之人，實在太渺小，太短暫了。天地自然太廣大，太悠久。那短暫渺小的具體一人，較之天地，那比得九牛身上一根毛。有此一人不為多，無此一人不為少。雖說是實有，論其意義價值，卻等於如虛無。今說抽象的「人」，你是人，我是人，大地五洲皆有人，古往今來千萬億兆年盡有人。那一抽象的「人」，卻反而是實有，非空無。這一分別，卻甚重要。

具體見其異，抽象則見其同。如天有陰晴寒暑，時時在變。抑且此地晴，那地可陰。此地寒，那地可暑。同一天，又可隨地隨處有變。在其相異中，究說那是天的真實呢？今說天有陰晴寒暑，則抽象中有具體，你能說抽象不真實嗎？故只能說由抽象中產出具體來，不能說由具體中產出抽象來。亦可說由同中產出異，不能說由異中產出同。一般人都說「異」纔是真實的，而中國人則說「同」纔是真實的。

人同一「我」，但此我與彼我相異。苟無此同，何來此異？此我彼我同是人，「人」是相同的，「我」是相異的。一般人都說「我是我」，但中國人則定要說「我是人」。究是我是我可貴呢？還是我是人可貴呢？只知道我是我，同時忘了我是人，那在中國人看來，此人便無意義價值可言。故人不貴在同中見其異，乃貴在異中見其同，這是中國人想法。

故中國人在「我」字外，又造一「己」字。若說我，便有你，你與我對立。若說己，則人各是一己，但無另一名稱與己對立。便只見其同，不見其異了。故孔子則教人以「為己」之學，而楊朱則主張「為我」。細細想通了「為己」與「為我」之別，便可悟入中國文化特質裏面去。

又如中國人說一「人」字，此字便涵有大意義。男女為人中一大異，但中國人說男人女人，便見其同為人。又如說中國人、外國人、歐洲人、非洲人、埃及人、印度人，便見人之大同。外國人能如此說的恐不多，至少西洋人便不能如此說。此亦見中國文化特質之所在了。

自然中，萬物各別相異。如有生物、無生物，便是一大相異。無生物中如水與石，即是一大相異。有生物中如植物、動物，又是一大相異。但異中必有同。如水與水相同，石與石相同，而水與石乃仍有其相同。草、木、蟲、魚、鳥、獸，亦各有其異，各有其同。此一同，則隨時隨地而見。非有其同，則不成為一物。所謂異，則僅在同中見，實同中有異而已。但「異」則具體，可見、可指、可說。「同」則抽象，無可見、無可指、無可說。中國人則正用心在其無可見、無可指、無可說處來見到，來指定，來說出。

二

中國人用一「性」來說萬物之相同處。不論有生無生，每一物則必有其性。此性即是此物之特質，乃其與他物相異之所在。此性又稱曰「天性」，即自然之性。乃指其自己如此，自生即有，與生俱在，一成而不變。如水有水性，石有石性。這是水與石自己要如此，並非他物能要其如此。此之謂「性」，此性則由天命天賦。實則在他之上，並非定有一「天」。只是他自己要如此，故中國人又謂之「自然」。乃此物自己在不知不覺無作無為中，而即就如此了。但有此性，而又永遠不變，只是無為的，但亦是最真實的，《中庸》又稱此曰「誠」。

自然便是此一誠，人文則要明此誠。何以能明此誠？則人性自能明。此明亦稟賦於天，亦即是一自然，而乃從自然中演出種種人文來。《中庸》言：「自誠明謂之性，自明誠謂之教。誠則明矣，明則誠矣。」「性」指自然，「教」指人文。人中有先知先覺，乃以其所知所覺來教後知後覺。此先知先覺是「自誠明」，後知後覺是「自明誠」。故曰：「堯舜性之，湯武反之。」此即從自然展衍出人文，而人文則仍還歸於自然。中國孔孟儒家多言人文，莊老道家多言自然，《中庸》、《易傳》乃晚出書，始會通此兩家以為說。

三

由「天」與「性」的觀念，而生出「道」的觀念來。中國人「道」的觀念，亦屬抽象，非具體。孟子曰：「莫之為而為者，天也。」則烏有所謂上帝與天堂。老子曰：「天法道，道法自然。」則天尚在道之下，而此道亦即是自然。《易傳》又提出一「氣」字，盈天地宇宙大自然皆一氣。老子曰：「道可道，非常道。名可名，非常名。同謂之玄，玄之又玄，眾妙之門。」既屬時時處處同此一氣，此氣乃亦無可指說，亦一抽象。氣又分陰陽，一陰一陽之謂道。陰屬黑暗面，陽屬光明面。而凡物之光明可見，則必有黑暗面在其背後。故陰陽實一氣，亦即一體。而又分動靜、剛柔。動與剛屬陽，而陽中亦有靜與柔。靜與柔則屬陰，而陰中亦仍有動與剛。一體則不可分，雖分亦必同歸於一體。故凡異，則必歸於同。異則有變，同則其常。中國則五千年來常同為一中國，中國人則常同為一中國人，而至今達於十億之眾。此即由中國人之「道」來，亦即由中國人之「性」來。乃亦可謂由中國人之「天」來。

性雖曰天賦，實亦自然。中國人分無生物為金、木、水、火、土五行。實則木已有生，無生有生同屬一體，故不嚴加分別。木常向外分散，金常向內凝結，火常向上，水常向下，而土則比較中和，難加分別。故向分別處來求中國人之觀念與意義，則必多失之。能會通和合融為一體以求之，則庶得之矣。有生物之性，則更複雜多異。人為萬物之靈，其性則更多異多變。而終必會通和合，融為一體，以見其同，則惟賴此心之明。

四

中國人言「心」，亦抽象，非具體。西方心理學主言腦，乃屬生理學、物理學，非即中國人之所謂心。中國人言心，非指腦，亦非指胸腔內之心，乃一抽象名詞。人心相同，己之心則必同於他人之心，並能同於古今後世人之心，又通於萬物天地以為心。心即一氣，可與宇宙大自然融為一體，而己心為之主。故孟子曰：「盡心知性，盡性知天。」則即心而見性見天矣。孔子五十而知天命，六十而耳順，七十而從心所欲不踰矩。是則孔子在知得天命後，乃於人事有其更深瞭解。你為何如此說，你為何如此做，一到孔子耳朵裏，是非邪正，得失利害，順理成章，因果朗然。實則皆是一自然，亦皆即是天命。孔子對人生看得更廣泛，更深入，乃於自己心境亦益臻中正和平。至於從心所欲，莫不中規中矩，使其心亦一如自然，一如天命。此一種境界，亦即是後人所謂之「一天人，合內外」。乃為中國人生莫大理想之最高寄託之所在。所謂「高山仰止，景行行之，雖不能至，心嚮往之」矣。張橫渠言：「為天地立心，為生民立命。」則天地本無心，由人為之立心。天地不為人立命，由為天地立心者來為人民立命。此非人類中之大聖大賢莫屬。而人類大生命之理想則實寄託於此。故橫渠又曰「為往聖繼絕學，為萬世開太平」也。

以上所言，乃中國人觀念中所理想之人心。何由明此心，則反之己而心自在，亦即可以自知而自明之。如孔子五十至七十之一段養心工夫可見。則中國之人文，雖曰還歸於自然，而此人文所還歸之自然，已非洪荒時代展衍出此人文前之自然。自然亦當有變有異，有進步，有發展，否則又何能展衍出此人文來？《中庸》曰：「致中和，天地位焉，萬物育焉。」此「中和」即人心之至高境界，天地亦位於是，萬物亦育於是。是則人類亦即不啻為上帝，而此人世界亦即不啻為天堂矣。此亦所謂「一天人，合內外」，此亦可謂乃中國人之宗教信仰。

五

孔子常言「仁」，仁即是人心。孔子言仁，又常兼言「智」，智即是人心之明。孔子言仁，又常兼言「禮」，禮則是人之生命之體。《詩》曰：「相鼠有體，人而無禮。」鼠之生命，必有一體。豈人之生命乃可無體？一般以人身為人生之體，但此身之生至短暫，至渺小，亦何以勝於鼠之體？中國人則以禮為人生之體，人生必寄於禮以為體。禮乃人類大生命之體，身則僅為人類小生命之體。鼠則僅知有小生命，人則應知有大生命。

何謂「禮」？人與人相交始有禮。人之初生即有交，惟父母兄姊。有子曰：「孝弟也者，其為仁之本歟。」實則此仁即是人之本，亦即是禮之本。人生最先一大別曰長幼。中國人有成人之禮，男二十，女十八，始稱為成人。方其幼，則未得為成人，然其時則已有禮。禮尚往來，但未成人，則其與人交，乃有來而無往。惟此心之孝弟，對其父母兄姊，則惟有服從，更無反抗。今人不好言服從，但非服從，則幼小又何得成人。及其年長成人，仍得服從。饑欲食，渴欲飲，此乃天命，亦自知服從。故服從亦即人之天性。中國人常言孝順，順亦即是服從。中國人之禮，亦多主服從，不主反抗，禮中之反抗成份則甚少。

人生自長幼外，復有男女之異。男女結合以成夫婦，成為一體，乃為人生一大禮。儻以未成年人言，則其生命實以父母之生命為陽面，己之生命則僅為陰面。「一陰一陽之謂道」，道即人生。非有父母，即不得成其一己之人生。儻以已成年之人言，則夫為其生命之陽，而婦為其生命之陰，夫婦結合，乃始成其兩人生命之一體，即是同一生命。獨陽獨陰，則不成氣，不為道，亦不得謂是一正常之人生。故中國人以夫婦為人倫之始。倫者，如絲之有經綸。非有經綸，絲不成物。非有男女結合，則不得謂乃人生之正常體，實則人而非人矣。

人之有男女，乃一自然。男女之結合為夫婦，此乃人文。「人文」者，猶言人生之花樣。鳥獸蟲魚皆有生，但其花樣少，故不得稱鳥文、獸文、蟲文、魚文。無生物之相互間更少花樣，故無所謂物文。惟天地大自然，乃可稱「天文」、「地文」。人生花樣雖多，終不能脫離自然。亦惟有服從自然，不得向之作反抗。斯則自然為陽剛面，而人文只為陰柔面。但人文日進，花樣日多，則自然之對人文，有些處亦得服從。此則人文轉為陽剛面，而自然則轉為陰柔面。「先天而天弗違，後天而奉天時。」此又一陰一陽之謂道，豈得謂在大道之中乃無服從之一義？

禮既出於仁，本於人心之自然，乃於禮中必有樂。中國人生乃一禮樂之人生，人生乃有一至安而無樂可言者，乃為死。生必有死，亦一自然，不可反抗。乃於人文中發明了死生相交之禮，視死如生，慎終追遠，有哭有踊，有葬有祭，有墳墓有祠堂。若謂死者已上天堂，而中國人之禮，乃若死者時時尚在人間。是則人文為主，而自然轉為輔矣。西方宗教信仰，乃謂人死則靈魂回歸天堂，此為自然乎？抑為人文乎？人生必有死，此為自然。死後靈魂歸天堂，則實是反抗了自然，而亦已脫離了人文。耶穌言「凱撒事凱撒管」，則其教雖求脫離自然，但尚未違反及人文，惟置人文於不聞不問而已。中國死生之禮，則並未脫離自然，而顯成為一人文，而人心乃於此得安得樂。如孔子死，其門人弟子豈不大悲？然心喪三年，相與廬墓而居，斯則心安，亦可謂一樂矣。盡其心，斯知性，斯知天，此亦依然是一自然。而人心仍亦與此得安得樂，此則不得不謂乃中國人之大智矣。

六

中國人之大智，則莫大於其能為人生制禮作樂。禮似一種規矩束縛，樂則人心共同所求。苟非能有樂，則又何求有禮。但禮何以能連帶有樂，則其義深長，須加闡申。

今試分人生為直接、間接之兩種。何謂直接人生？因人生必有目的，亦可謂之目的人生，能直接達到此目的者，始謂「直接人生」。又有各種手段，在求達此目的，此可謂之「手段人生」，亦即「間接人生」。

人生又可分為「心生命」與「身生命」兩種。身是人類之小生命，僅以維持人類之大生命，故「身生活」實亦一手段人生，間接人生。心寄託在身，依附在身，但「心生活」當為人之真生命所在，故乃直接人生，目的人生。

身生活主要在食、衣、住、行，此事人人知之。心生活則主要在喜、怒、哀、樂，此則人之生命之主要感受，主要表現。此義或反為人所忽。

如嬰孩初生，尚不知何為己之身。但一離母胎，即知啼哭，此乃一種悲的感受、悲的表現，即其心的感受與表現。此乃所謂「赤子之心」。但論其心，可謂先知有直接的心生命，卻尚不知有間接的身生命。待其日漸長大，才始逐漸知有此身。又如人之既老，其身之活動全衰退，但其心生活則依然，往事全在記憶中。逮其臨死，身生活全停止，但心生活則尚有留存。其對病榻旁子孫親友羣相關注之悲哀，尚有感動。舉此兩例，可證身生活與心生活之分別。方其生，則心先而身後。方其死，則身先而心後。死生之際，心與身孰先孰後，孰為主孰為副，亦顯然可知矣。

若論身生活，則各相分別。若論心生活，則共同相通。嬰孩初生，先不知有己，但已知有在其旁的父母兄姊。亦可謂限於一己之身的乃其小生命，而通及他人的乃其大生命。待此嬰孩逐漸長大，乃始於其大生命中逐漸認識得其一己之小生命。

孔子曰：「性相近，習相遠。」嬰孩出生，其天性即見，這是人人相近的，俗又稱之曰「天真」，此即是自然。在其長大中，所接觸的人生，花樣複雜，習慣各異。及其成人，則彼為彼，我為我，始見相遠。中國人又分人為大人、小人，其接觸多，相通多，不失其大生命，而更能逐漸的長成，則稱「大人」。其生命逐漸縮小，對外接觸少，又不相通，甚至單知有身生活，斯為小人。所分不在其「身」之大小，乃在其「心」之大小。故孟子曰：「大人者，不失其赤子之心者也。」此義甚深，須當好好尋求。

身生活所接觸主要在物，如食、衣、住、行，必接觸於物。但心生活之所接觸，則主要在人，更在心。心與心相通，乃始見其生命之大。而人生所樂，即在此。接觸的更多，乃能接觸到古人，以至接觸到後人。非接觸其人，乃接觸其心。人心則同屬此大生命，可以古今無別，可以相通如一，而不易相分別。

孔子夢見周公，周公之死已在五六百年前。孔子未嘗見其人，但從書中見其心，而與之相通了。不知孔子夢見周公，其所夢見的，究竟作何形象，但孔子心中則知其為周公。可知日常所見人的身體，不是一真人，不是一真我。心體乃始是一真人真我。身有體，能見能知。中國人言「心」，乃一抽象，不具體，不能見，不易知，但卻是你的真生命，乃是你的真我。你果要知得此真我，實亦不難。

七

西方心理學主要在言腦。腦只是人身上一器官，其作用在間接人生、手段人生的一邊。但中國人言心，則超乎身以外。心房之心，其作用實更較重於腦。如腦器官有病，知覺記憶全失，而生命則仍可存在。心器官有病，不再跳動，血液循環停止了，則其人即死，身生活便全部停止了。中國古人則借用此具體的心字，來作抽象的心字用。所謂「心」，實非人身上一器官。譬如人之睡眠，全身作用多休息，腦器官亦休息了，但心器官則不能休息，依然跳動，血液依然流行，此則生命並未休息。而又有一抽象之心，則仍可活動，那即是夢。夢則正見人心。西方人亦把種種夢來講變態心理，但孔子夢見周公，又那可說是孔子的變態心理呢。可見西方心理學是講的太淺了，並未真識此心。

莊周乃中國道家始祖。中國道家多注意在自然方面，少注意在人文方面。莊周夜裏夢見他自己變成了一蝴蝶，栩栩然蝴蝶也。及其醒，乃覺是莊周，又蘧蘧然周也。不知莊周之夢為蝴蝶乎，抑蝴蝶之夢為莊周乎？但若論莊周之心，則依然是此莊周之心，並無變，亦並無分別。

今論自然，則萬物相異，亦甚複雜了。但莊周又何以不夢為他物，獨夢為蝴蝶呢？這正因蝴蝶生命較直接，較接近目的生活，不見其有許多手段，間接以赴。所以蝴蝶的生命，像似很自然，很快樂的。莊周日間時時在想那一種直接人生，目的人生，而於蝴蝶特所欣賞。日有所思，夜有所夢。故莊周夢蝴蝶，與孔子夢周公，所夢雖若大相異，實則周公制禮作樂，亦為求人過一直接人生目的人生。孔子亦同此想，故乃時時夢見周公了。其與莊周所夢之相異，實乃一在人文，一在自然，如是而已。

今再言直接人生、目的人生，中國人則稱之為「道義人生」。間接人生、手段人生，中國人則稱之為「功利人生」。愈間接，愈多手段，愈曲折，愈富功利觀，則其離道義乃愈遠。愈直接，愈不講手段，愈少曲折，愈不存功利觀，斯乃見道義人生之真，而吾心乃愈覺其可樂。

今試以孔子之人生說之。孔子曰：「飯疏食，飲水，曲肱而枕之，樂亦在其中矣。」饑欲食，渴欲飲，饑渴既解，欲得一休息，此亦是自然生活。但只是身生活。孔子不在此上過分計較，說只此便亦樂在其中矣。樂亦在其中，非謂只此便是樂。亦如人之生命，即在身生活之中，但只以身生活為主，則非即人之真生命，其可樂亦有限了。

人生真樂何在呢？孔子曰：「學而時習之，不亦悅乎。有朋自遠方來，不亦樂乎。」這應是孔子真悅真樂所在了。學則由我來學古人，或學同時他人賢者，使吾心與古人心或同時他人心相通，乃見吾之大生命所在。這不就可樂嗎？又有朋友遠從他方來，與我同學，那也他人心通於我心，正也吾之大生命所在，不亦可樂嗎？故孔子之樂，實更在其與人相接與心相通處，至於一疏食，一水，一枕，那些只是物，借以維持吾生，都是人生中間接的，乃一種維持生活的手段，雖亦有可樂，但若只限於此，更無其他更深更大之樂，那就非人生真樂了。即如赤子之心，其所真樂，乃有父母兄姊親近在旁，那裏是所樂專在那些乳水、襁褓、搖籃之類呢。所以如乳水，如襁褓，如搖籃，可以各不同，赤子之心並不在此上計較。今人則把赤子初生即寄之托兒所，其乳水，其襁褓，其搖籃，或許比在家中更好，但父母兄姊則不在旁，那赤子的心理習慣便變了。及其長大成人，其心則常在喫的、穿的、安息的一些物上計較。人與人相交，則轉在其次。此即孔子所謂之「性相近，習相遠」。周公制禮作樂，孔門之以孝悌為教，其所理想之人生，則無法達到了。

孔子稱顏淵曰：「賢哉回也，一簞食，一瓢飲，在陋巷，人不堪其憂，回也不改其樂。賢哉回也。」簞食、瓢飲、陋巷，此是身生活，亦把顏淵的生命維持了。但顏淵生命中，則自有其樂處。即樂在其志學孔子，亦即是孔子所謂「學而時習之，不亦悅乎」了。孔子近在身旁，時得相見，此亦即是孔子所謂「有朋不亦樂乎」了。周濂溪教二程兄弟「尋孔顏樂處，所樂何事」，此乃中國人生一最高理想最高藝術，一大本領處。此亦可謂是中國文化一特質。

故周公制禮作樂，乃教人與人相接。孔子增出一「仁」字，曰：「人而不仁如禮何，人而不仁如樂何。」乃教人心與心相通。孔子教其子伯魚學《詩》、學禮，曰：「不學《詩》無以言，不學禮無以立。」禮即教人能在羣中立己。己之不立，何以交於人，又何禮之有。言語則為人羣相交之最要一端。《詩》言志，故中國之文學亦即中國人之心聲。又豈能有禮而無言，有禮而無心？故學《詩》、學禮，實是同一種學問。孔子又曰：「《詩》可以興，可以觀，可以羣，可以怨。」怨亦人心人情之所有。周公之大義滅親，孔子之「道之不行，吾知之矣」，豈不其心亦有怨。能求其可怨，斯亦止矣。

晚清平劇，論其淵源，亦《詩》三百之流。劇中必寓有禮。如〈二進宮〉，如〈三娘教子〉，如〈四郎探母〉。〈三娘教子〉，乃見一家之禮。〈二進宮〉，君臣之間乃見一國之禮。〈四郎探母〉，華夷之間乃見天下之禮。而薛三娘、楊四郎其心之怨亦皆深，充分表達出其怨，使觀劇者各能有所興起，其為功於人羣亦大矣。故中國人生亦可謂乃一文學人生，亦即一藝術人生。文學必在道義中，而道義則求其藝術化。中國之人生樂處，即在是矣。此非中國之文化特質乎？

今人言文學，又必主通俗化。但禮樂亦在通俗化。即如《古詩》三百首，誦其〈二南〉與〈豳風〉，非也通俗之至乎。故孔子曰：「不學〈周南〉、〈召南〉，猶面牆而立。」即言其不學《詩》則不能通於羣，通於俗。惟通俗貴能通於俗之心，禮樂即大公之心，亦即孔子之所謂「仁」。而今人之所謂通俗，則似以己心迎合羣俗心，以求一己之名利，僅以文字為手段。此乃一私心非公心，亦即可謂是不仁之心。如商業有廣告，政治有宣傳，亦可謂皆求以己私達之對方。皆手段，皆功利，非道義，亦無文學藝術可言。

八

今再從淺近處言。中國以農立國，及丁成年，公家授田百畝，年老退回，則農人實無私財。

但五口之家之生活，則賴此百畝之地而無憂矣。如此則可免於間接人生、手段人生、功利人生之種種想法，而徑自走上直接人生、目的人生、道義人生之路程上去。春耕夏耘，勤勞備至，但其順天命，遵地宜，依乎五穀百蔬之性，而生之育之，長之養之，乃不啻如父母之於子女，亦可謂之「仁」，謂之「禮」，謂之「道」，謂之「義」。及其秋收冬藏，則勤勞有成。亦可謂即如生者對死者之有葬祭，一始一終，融成一體。故農事亦可謂一種生與生相接，無背於天道，無背於人道，即此而吾心亦可以得其所樂。故中國之井田制，亦即古人制禮一要端。

其他百工，如絲織，如陶瓷，亦皆公家先授廩俸，使其生活無憂，每年量其能而定其貢，則其晨夕從事，乃為盡其道義，非為謀其功利。而亦如農人之授田，使得世襲其職。幼年後生，自始即親其業，習以成性，則敬業樂羣，一生之勤勞，亦即是其一生之愉樂所在。故中國工業，皆得臻於藝術化，實亦即中國禮樂之所寄。

故農工諸業，雖若各為其私，實亦各為其公。為公之功利，亦即為私之道義。日中為市，各以己有易己所無，交易而退，則商之通有無，亦一公道，非為私利私心作打算。各人之私生活，早得解決，日中之市僅以增加其生活中一方便，非似以商業為手段，乃得解決其生活。至於邦國相交，亦各設商人之官，先授以廩俸，其經商乃以盡公職，非為牟私利。在如此羣中，而更有為士者出。士則志於道，專為大羣謀，不為一己謀。勞其心，不勞其力。孟子曰：「勞力者食人，勞心者食於人。」則為士即可不憂衣食。孔子曰：「士志於道，而恥惡衣惡食者，未足與議也。」則士亦不當用意於一己之衣食。故中國社會經濟乃為一種「通財制」，或可稱「公產制」。農工商為有產階級，士為無產階級，而無產階級之地位，則遠高於有產階級。亦可謂中國人乃抱有一種「唯心觀」，或「唯性觀」，與「唯生觀」、「唯道觀」，絕不抱有唯物觀。心相通，性相通，則財富亦可相通。故只許有公富，不許有私富，乃決不能有如近代西方資本主義之成立與發展。是則中國古代社會，已為一羣體集團，亦即一道義集團，皆在直接人生、目的人生之路程上向前。此則中國之禮樂之大意義大價值所在。

戰國秦漢以下，禮樂有變，然仍未失其本源。今試舉其大者：一曰婚姻之禮，一曰賓主之禮，一曰喪葬之禮，皆至今猶存。今國人則必求盡廢之以為快，自由戀愛，自由結婚，自由離婚，婚姻之禮廢，則夫婦不成為夫婦，而舊家庭將不見其存在。酒食徵逐，競為市道交。今人羨稱之為「工商社會」，而忠信友道則無存矣。喪葬之禮廢，則死生不再有和合，死後則盡歸於上帝天堂。而子孫養老之禮亦將隨而廢。子孫養老之禮漸廢，而父祖育幼之禮亦將隨以廢。亦有人言，美國社會乃幼童之天堂，中年人之戰場，老年人之墳墓。今則美國社會亦非幼童之天堂矣。當前全世界人類社會幾已全成一戰場，亦何禮何樂之有。

人生有同有異，方其為幼童未成人時，則多見其同，少見其異。及其老年晚年，精力已衰，人事已盡，其時則多記憶少想望，乃亦多相同，少相異。中國人之人生觀，則尤貴同不貴異，故尤重幼年與老年。故曰：「幼吾幼以及人之幼，老吾老以及人之老。」而人道可臻於大同。幼年則貴教，老年則貴養。孔子曰：「弟子入則孝，出則弟，謹而信，泛愛眾而親仁。行有餘力，則以學文。」此則亦教以孝悌、謹信、愛眾、親仁，與人相交接之種種禮。而文字、文章、文學之教，則轉在其後，非其主要之所在。至於養老，尤禮之大者。不僅養其口體，「六十杖於鄉」，則為一鄉人所敬。「七十杖於國」，則為一國人所敬。雖一國之君亦有敬老之禮。人生至老年而得人敬禮，此則為人生一大安慰。「慎終追遠，民德歸厚」，則猶在其次。今人謂婆媳之間難處，夫婦平等，則惟有推行小家庭制。但人心貴相通，吾夫之母，則當推夫之心以敬之。吾子之妻，亦當推子之心以愛之。又何難處之有。中國人齊家有禮，婆媳之間有禮。苟無禮，即夫婦之間亦難處，而何論於婆媳。

同則易和，而老幼之間則更易和。含飴弄孫，此是老年人何等樂事，而幼童之愛其祖父母，乃亦有勝於愛其父母者。一家之中，有老有幼，則更易和。故老幼之在一家中，乃占「無用之用」。家有老幼，斯即其一家之福。三代同堂，其福乃難以言語盡。使夫婦成婚，而父母遽亡，又不生育子女，斯誠其一家之不幸。可知人生則決非單人獨身之為生，亦非無世傳無先無後之謂生。求身生活，則必求有家生活，又必求有世代相傳之悠久生活。中國人生貴同，即從此等處求之。

中國人生貴同，則不僅家之外貴有戚族、鄉黨、鄰里，尤貴有國。而君臣之禮，君民之禮，亦遂以生。而國與國亦貴其同，乃始有天下。孔子「有朋自遠方來」，多來自異國，則朋友一倫之禮，乃可廣通之於天下。中國五倫，為人生大禮，亦即人類大同之基礎，亦即人類生命之得以和通會合而融成一體廣大悠久之所在。譚嗣同《仁學》，謂西方人於中國五倫中僅有「朋友」一倫。實則無父母，無兄弟，無夫婦，無君臣，則其為朋友者，亦異乎中國人之所謂朋友矣。人而無禮，鼠之不如，而又何能齊家、治國、平天下？

九

中國以「天地君親師」並言，始見《荀子》書，亦遠起兩千年以前。人能對天地有禮，則人文與自然乃融合而一矣。對君親師之禮，則皆在人文中。學者自稱「弟子」，則視師當猶如父兄。心喪三年，則師與親亦無別。中國工人皆稱授業者為「師父」，則視師如父，其俗普遍流行於中國，亦至今猶存。古人又言：「作之君，作之師。」則君師亦當同其尊。而為君亦必當有師，為太子即無不從師。宋代王荊公、程伊川為經筵講官，爭為師者當坐而講，君為弟子，亦當立而聽。其君亦從之。但古代之禮，師弟子亦如朋友。雖孔子大聖，亦與其門人弟子同坐講學。故五倫中有「朋友」一倫，而師弟子即在其內。秦漢一統，君臣之禮，人之尊君，尤甚於古。而孔子乃尊為「至聖先師」，於是尊師乃更勝於尊君。此又中國禮中一新興之大變。荊公、伊川之爭，後世亦未有議其非者。中國人言「尊師重道」，但絕不言「尊君重道」。師掌道統，君則僅掌政統，道統當超在政統之上，則師之尊於君無疑矣。孔子為至聖先師，歷代帝王無不尊之，而中國道統遂由以定。此則為中國超於五倫之上一大禮。

此事亦與佛教東來有關。僧侶尊釋迦，但可不尊君。而為君者，轉亦尊釋迦。孔子並非一宗教主，但儒學繼佛教而再興，則孔子亦儼如一宗教主。故中國文化傳統，宋以後孔子乃一見其尊嚴。西方有文藝復興，中國之有宋代，則亦當為中國之文藝復興。研討中國文化特性者，於此一古今之變，尤當深切尋究。

戰國時，齊有稷下先生，招攬羣徒，著書講學，公家給以厚廩，居之高第，諸先生則不治而議論。蓋為師而不為臣，故不負政治實際之職任，而政治上之是非得失，則亦得貢獻其意見。秦代統一，其博士制度即承齊之稷下先生來，亦不治而議論。則秦始皇帝亦不以博士與朝廷羣臣同視。咸陽宮酒會，博士議政，力主恢復封建，反郡縣制。但秦代之焚書案，亦僅焚一部分民間書，不許民間偶語《詩》、《書》，以古誹今。其於諸博士，則僅免其職而止。此則如朋友絕交，未嘗再加以懲處。漢代博士，其所任教課，亦盡博士自主，為君者不得加以干涉。太學課程有改變，亦由諸博士開會自加決定。朝廷卿相，或得參加會議。為君者，亦或親自列席，但絕不以朝廷政令施之於學校。當時太學亦未聞有校長。則其時風氣之重視師位，亦可於此一端覘之。惟博士乃學人，而出仕朝廷為臣者亦皆學人。則君之視其臣，誼亦如朋友，尊卑之間，自當有一分寸，而於博士為尤然。若如今日國人所想像之所謂「君主專制」，則非中國歷史實況。需讀史書自知。而中國人之尊師重道，已遠有其淵源，在此一端上，宋代則可謂是中國之文藝復興。

十

中國人言禮，則必兼言「敬」。於人無敬，則又何禮之有。人心有兩端，一曰謙卑心，一曰驕傲心。心知謙卑，則對人有敬。自驕自傲，則對人無敬。孟子曰：「舜之居深山之中，與木石居，與鹿豕遊，其所以異於深山之野人者幾希。及其聞一善言，見一善行，若決江河，沛然莫之能禦也。」居深山木石中，與鹿豕遊，此乃純是一種自然生活。聞一善言，見一善行，則轉為人文人生。孟子又曰：「舜善與人同，樂取於人以為善。」人所認以為善者，必人類之所同。人與人相異，則或少見善，或即為惡矣。然取於人以為善，所取多，則必為一善人可知。即其自為善，亦同於人以為善，非異於人以為善。居萬人中，而我一人為善，縱其為善，亦至小矣。能同於人，其善始大。抑且人之自然生活，皆取於外物以為生。食、衣、住、行，溫飽安暢，皆覺有樂。豈有取於人之善，而此心反轉有不樂者？故謙卑乃為善之本，亦自樂之本。今若自驕自傲，覺人皆不如己，此實乃人心中一最大苦痛。嬰孩初生，其心謙卑，自覺一無能，盡皆賴於人。其視父母兄姊，皆可敬，亦可尊。而嬰孩乃為人生中最樂一時期，亦無惡可言。及其漸長成人，自視多能，視其父母兄姊乃皆不如己，其內心自滋生有苦痛之感，亦無待言。及其進入社會，又覺無人及我，惟我獨尊，其孤寂，其苦痛，又如何？轉不如住深山與木石居，與鹿豕遊，反有一番自然之樂了。

孔子曰：「若聖與仁，則吾豈敢。」此見孔子之謙卑心。又曰：「學不厭，教不倦。」自覺學而未至，故能學而不厭。自覺學而有得，故能時習而悅。則更見孔子之謙卑心。教不倦，非謂其學之高出於人以為教，乃以其學而時習之悅於心者為教。朋之自遠方來，豈不當以己心所悅與朋同之。己有未達未至，乃求有朋與吾同達同至之。故曰：「吾無行而不與二三子。」朋之樂學，乃益增己之樂學之心。故以己之學為教，亦猶與人同學，此乃樂與人同。此孔子之教不倦，亦見孔子之謙卑心。苟以己之高出於人者為教，是謂樂與人異，則是一種驕傲心。惟心謙卑，乃求與人同。其心驕傲，則惟求與人異。

釋迦牟尼離宮逃俗，遁入空山，菩提樹下有悟，乃返以教人。是釋迦以其所悟之高出於人者為教。耶穌自信乃上帝獨生子，則以其所信之獨異於人者為教。其悟其信則在前，其教則在後。而孔子以其所學教，學不厭，教不倦，乃同時並進事。孔子未嘗自謂其高出於人人。謂孔子高出於人人，則為來學者內心之事。

惟釋迦以其所「悟」教，悟釋迦之所悟，則亦同得為一釋迦。耶穌以其所「信」教，信耶穌之所信，乃不得同為一耶穌。孔子以其所「學」教，學孔子之所學，則不僅得同為一孔子，而亦可得超乎孔子之上。故孔子謂：「後生可畏，焉知來者之不如今也。」孔子非以後生之如我為可畏，乃以後生之亦能好學如我為可畏。是孔子之所畏，亦即孔子之所喜。「畏」即敬意，是孔子不僅敬古人，亦敬及後人。孟子曰：「人皆可以為堯舜。」「有為者亦若是。」孟子之言，非教人以自傲，乃教人以好學。故曰：「乃吾所願，則學孔子。」又曰：「人之患在好為人師。」則孟子亦以謙卑教，非以驕傲教。

孔子之高出人人，非孔子所自居，乃其學者之共同尊推之。顏淵則曰：「夫子博我以文，約我以禮。既竭吾才，如有所立卓爾。雖欲從之，末由也矣。」曾子則曰：「江漢以濯之，秋陽以曝之，皜皜乎不可尚矣。」宰我則曰：「夫子賢於堯舜遠矣。」有若曰：「出於其類，拔乎其萃，自生民以來未有盛於孔子也。」而後人則盡以孔子為教。孔子學周公，乃人人以周孔為教。孟子願學孔子，乃人人以孔孟為教。人皆以其所學教，不敢以己為教，此亦中國一大禮。

魏晉之衰，時風乃轉而學莊老。莊老道家言，乃主自然。主自然，則仍主人與人同，不主人與人異。故莊老言人文，亦主慕古，與孔孟同，惟較孔孟所言更推而上之，及於人文之更接近自然處。故莊老以自然教，亦以古人教，亦非謂一己之高出於人人，而即己以為教。然則孔之與老，其分別又如何？「將毋同」三字，乃得為一時人所稱許。是則非必斥周孔，乃以見其尊莊老。其對孔與老，仍亦以同之為貴，非異之為貴。佛教東來，一時又改尊釋迦，然亦求以孔子老子同之。歷代高僧，惟以釋迦為教，固未見有斥孔老以為教者。故中國人之謙卑好學，求以己同於人，不求己之異於人，此亦仍是中國禮之一大端，乃文化大統一特質。

近代國人，乃以為中國人惟知好古，惟知守舊，以此乃永不見有進步。然今國人之一意慕效西方，論其實際內情，亦即吾民族古舊相傳謙卑好學心之一種表現。乃據此以詬斥古人，一若五千年來之中國人，以及一部中國史，竟無一是處。此則由其對外國人之謙卑心，轉而為對本國人之驕傲心。此一轉變，似值商討。如一家中有賢父母，有好婚姻，有好子女，豈不人生一大福？若舉家人盡可詬斥，則其心先已不安不樂，其他復何言。民國以來七十年，一國始終在禍亂中，此皆國人不安不樂之心之為祟。而其不安不樂，則實出之於自驕自傲，相輕相蔑，乃以致之。此乃一種心理現象，幸吾國人宜當深自反省。

十一

西方人好異於人以為人，乃亦好異於學以為學。如科學，其學主向外，主求知，此乃一種間接手段的功利之學。而又必以知人之所不知以為貴。如牛頓發明萬有引力，此一原理，其先未為人知，而牛頓先知之，牛頓遂以高出於人人。但萬有引力之說，既已同為人知，則必別求其未為人知者，以求高出於人人。但自然界之知識，則無窮無限，迄至今如愛因斯坦之發明四度空間論。自牛頓以至愛因斯坦，科學知識之日新月異，誠可謂其進步之無窮矣。但烏得謂愛因斯坦之為人，乃遠較進步於牛頓。故人類對外面物質知識之進步，非即人類內部自身之進步，此兩者間之差別，有無可相提並論者。

一部西洋史，可謂羅馬人異於希臘人，現代英法諸國人異於希臘、羅馬人，但決不能謂英法人較希臘、羅馬人更進步。凡所進步皆在物，不在人。皆在外，不在內。又豈得謂美國人發明了核子武器，即進步於英國人？又豈得謂今人在電燈下生活，即進步於電燈未發明以前之古代人？故今人之所謂進步，實只物的進步，而非人的進步。或即以物的進步，而其人轉見為退步。如核子武器大量殺人，對人類帶來大災禍，亦可謂犯了大罪惡。故其發明人與運使人，決不可謂乃人類中之傑出人。又如太空飛行，及月球登陸，人類對自然界之活動，縱謂有進步，至人類之對人類，則未見有進步。則飛行太空與登陸月球，其人亦不得即謂是人類中之傑出人。故一部西洋史，可謂乃在物變上有進步，而人文方面則未見有進步。人不進步，物轉進步，則人不為物之奴，物必為人之敵，亦可想而知矣。近代人在此形勢之下，乃力言自由、平等、獨立。其實此等口號，皆易滋長人之驕傲心，不易啓發人之謙卑心，乃使舉世人心日滋其不安不樂。兩次世界大戰後，人類災禍迭起，亦胥此之過。

一部中國史，乃人文演進史。夏、商、周三代，專就其人文言，不得不謂其已較唐虞時代為進步。春秋時代，亦較西周時代為進步。戰國時代，又較春秋時代為進步。現代歐洲，以人文論，恐尚不能比中國春秋時代，更遠不能與中國之戰國時代相比。苟非先經一段戰國時期之學者羣以天下為懷，即甚難有秦漢時代之出現。非先得如秦漢時代廣土眾民之大一統，又何來有世界人類之大同。故惟中國史之進程，始得謂人類前途理想一目標。而如西洋史，則對人類前途和平相處之理想，相去甚遙。抑且西方自然物變之演進，不僅違反了人文，亦又違反了自然。中國人文化成之演進，則不僅化成了人文，亦又化成此天地，使與人文蘄嚮同其歸趨，此之謂「一天人，合內外」。

繼此當論中國古人對「變」、「化」二字所特別提出之分別。《易・繫辭》言：「化而裁之之謂變。」人文乃一「大化」，如有巢氏、燧人氏，以至庖犧氏、神農氏，以至黃帝、堯、舜、夏、商、周三代，下至於秦漢以下，在此人文大化中，加以裁割，始謂「變」。如人之自嬰孩幼童，以至於成年、中年、老年，始終只是此一生之「化」。惟在其過程中，加以裁割，始見此嬰孩幼童以下種種之變。實則即就嬰孩至幼童言，時時刻刻在變，瞬息在變，不僅歲月間之有變而已。是則化只是變，積變始成化。變、化二字，本無分別。即此是人文，即此亦是自然。惟自然中物之變，乃有由人變之者，此則變而非化。如電燈、自來水，何嘗是電與水之自然。有了電燈與自來水，人類生活亦隨而變，但亦何嘗是人文之自化。果一意主在物質上求變，則人亦淪而為物，有變而無化矣。今人乃特加以誇獎，稱之曰「創造」，稱之曰「進步」。實則天地大自然，亦不能長日由人來創造。老子曰：「地法天，天法道，道法自然。」則天地又何得有進步？天則永是此天，地則永是此地，人則亦當永是此人始得，又焉可儘求其進步。

中國人必言「同化」。惟其同，始有化。而在其化之過程中，則自見時間觀念之重要。春耕、夏耘、秋收、冬藏，此必經歷一時間。西方商業社會，則無客觀一定之時間過程。其商品能即脫手售出，豈不大佳。故農人不得揠苗助長，而商人則可用種種手段，種種技巧，以使其手中產品之急速出售。故中國人重「化」，而西方人則重「變」。中國人重「同」，而西方人則重「異」。今日國人，則儘力詬病中國人之好古守舊。其實昔日之古舊，即我當前之由來，乃在同一時間過程中，又焉得不好，焉得不守。好之守之而自化，乃成中國五千年歷史之悠久，亦即中國文化特質之所在矣。

向內求同，其社會必趨單純，而其人則多為通才。盡其德性之所能，則自臻於宏通。向外求異，其社會易趨於複雜，而其人則多為專家。務於標新，則必專擇一途以為人所不及，而其德性則多拘窒而狹小。其最大影響，則見於人羣之治平大道上。通才能理其大羣，專家則僅能治其小。

理其大，則能和於外。治其小，而向外則必爭。今日之世，論物質成就，則交通便利，四海如一家。論心性團聚，則家與家有爭，國與國有爭。以各別相異之人，而處大同之世，宜不能知其前途之所屆矣。惟中國則致廣大而盡精微，極高明而道中庸，尊德性以道問學，中國之文化特性，乃在其能從德性之由精微中庸處，而達於廣大高明。其過程乃有一套學問。一部五千年不斷之歷史，亦即中國人五千年來不斷之學問有以造成之。則雖守舊，亦不得謂其無進步。雖好古，亦不得謂其無開新。惟須經一段較悠長之時間。今人爭圖目前，或所不耐。

十二

在自然中，有同必有異。物皆然，人又甚。孟子曰：「聖人先得吾心之同然。」則聖人乃最為得人中之同者。然孟子又曰：「伊尹，聖之任。伯夷，聖之清。柳下惠，聖之和。」孟子分任、清、和，為人性中三大別。柳下惠之和，則似較之任與清為更易趨於同，故俗言「和同」。但柳下惠之為聖，則為孟子所特別提出。人人盡知伊尹、伯夷之傑出而不可及，不知柳下惠亦同為傑出而不可及。但苟一意於和，則亦性中一別。孟子又謂孔子為「聖之時」，則隨時而化，亦任、亦清、亦和，非任、非清、非和，乃始更惟見人性之大同，而不再有分別。換辭言之，孔子乃為更傑出不可及，惟見其異，不見其同矣。孔子曰：「如有用我者，我其為東周乎。」是孔子雖一生一意求同於周公，而終必有異於周公。此無他，亦時為之耳。今人好言現代化，其實孔子即最能時代化。一部中國史，五千年來，其過程則常在現代化中。至於一部西洋史，希臘、羅馬、中古時期，乃至現代之英法，正因其不能時時刻刻現代化，纔至各自分別，不能一氣相承。今日國人已只求美化，蘇維埃化，不再求英法化，亦如孔子之為東周矣。

中國人又常「時代」兼言。後一時代替了前一時，寧有只此一時而更無另一時來相替代之理。孔子言時，必言其因革。因者因於前時之舊，革則革成後代之新。中國道家思想較重因，不重革，此其不如儒家處。孔子曰：「殷因於夏禮，周因於殷禮，其或繼周者，雖百世可知。」惟其有繼有因，遂成為一部五千年一體相承之中國史。論其大體，則最先實因於自然，此乃人文之不能違背於自然。然如西洋史，不得謂羅馬因於希臘，英法因於羅馬，美蘇因於英法。其有所因，乃在物變上，非在人文上。若使中國古人復生，見後世有漢、唐、宋、明，豈不其心大慰？當前英法人見美蘇之崛起，豈亦其心有慰乎？即此以觀，可見中國文化特質之所在矣。

十三

今再問，中國人又何以能有此文化特質？則不僅中國人心之有「仁」，亦因中國人心之有「智」。孔子又常「仁智」兼言。此「智」字亦與今人之言「知識」有不同。「知」屬具體，「智」

則抽象。孔子曰：「知之為知之，不知為不知，是知也。」凡有知，同時必有所不知。能知其有所不知，始得為知。今日為知識爆破時代，然其所不知則仍是無窮無限。故人類今日乃不知明日之究將如何。一世人心不安不樂，主要則在此。而孔子所言之智，則不同。故謂「雖百世可知」。

孔子曰：「仁者樂山，智者樂水。仁者靜，智者動。仁者壽，智者樂。」中國人於「愛」字外，必添造一「仁」字。於「知」字外，又必添造一「智」字。愛與知皆向外，有對象。仁與智則內心之德，亦可謂無特定之對象。亦可謂愛與知皆屬動，仁與智則屬靜。山水乃大自然中之兩物，中國人有謙卑心，乃亦對大自然中一切物知所效法，知所樂。則亦時習而悅矣。《詩》三百，〈關雎〉為首，中國古人乃知效法於雎鳩，以得成其夫婦之樂。天地大自然有兩大異，一曰動，一曰靜。仁者則樂於山之靜，智者則樂於水之動。但中國文化，重仁更過於重智，故重靜更過於重動。周濂溪言：「主靜立人極。」好古守舊，則亦是其心主靜之一種表現。但動靜實一體，靜中亦有動，動中亦有靜。故山亦有其動，水亦有其靜。言自然則必兼言山水，言人文則必兼言仁智，言事為亦必兼言動靜。今日知識進步，乃有核子武器，此則可謂是不仁之至，亦即可謂是不智之尤矣。希臘乃海洋國家，其人樂於水，故西方文化乃亦好動不好靜，尚智不尚仁。則孔子之言，亦可通於西方，而無大違背。

中國人又言仁、義、禮、智、信。其實「仁義」並言，「仁禮」並言，「仁智」並言，義與禮與智皆當本於仁。未有不仁之義。核子武器既為不仁，即亦不義。又「禮義」並言，亦必先禮而後義。仁存之心。禮見之行，仁禮內外一體，故有禮始有義，非有義乃有禮。周公誅管叔，流蔡叔。兄弟乃五倫之一，苟非周公心存大仁，又烏得有滅親之大義。即「信義」並言，亦先信後義，不得稱「義信」。猶「忠義」，不得稱「義忠」。蓋忠信本於人性，義則所以達其忠信，亦已成為一種間接之手段。孟子則曰：「羞惡之心，義之端也。」則義之本於天性者，最先為羞恥之心，有所不為，非若仁、禮、忠、信，其先即是一有為。今人乃多不好言仁、禮、忠、信，而仍猶言義。以為辨是非即是義，由此而多分別、多爭。孟子言：「是非之心，智之端也。」智則與仁對立，而不與義並言。智在內，義在外，而義又次於仁與禮，故不得與智並言。

惟「義理」並言，則可理在前，亦可義在前。理則由智乃見。人與物相異，人與人亦有相異。其相異之間，各有程度之不同，此相異之程度謂之理。故理屬外在，抑且理亦多主有所不為處。窮理明理，達理守理，凡有不合理處，皆所不為。道家尚自然，始多言及「理」字。此理字則不在儒家言「仁義禮智信」五常之內。宋儒會通儒道而言之，始多言理。程朱言「性即理」，陸王言「心即理」，此亦求「一天人，合內外」，而有意見相歧處。故中國人只言天理、天道，但言人道，不言人理。又嚴理欲之分。理屬天，欲在人，此則其大別也。

中國人又言「情義」、「情理」，皆情在上，而義、理在下。又言「心情」、「性情」，則心、性在上，情又次之。繼是又當知「情」、「欲」之辨。中國人亦常連言「情欲」，以欲亦由情流變而來。但不並言「心欲」、「性欲」，則以欲之離心性之本已遠。欲與情又別。情則同，故曰「同情」。欲屬私，故曰「私欲」。同則公，私則異。中國人尚同不尚異，故重於情而鄙於欲。今人則以滿足私欲為人心之大樂，則其所樂亦有不近人情之至者，乃又何得以為樂？

中國人又言「名義」。周武王伐紂，伯夷、叔齊叩馬而諫，以諸侯伐天子，夷、齊謂其不義。但孟子曰：「聞誅一夫紂矣，未聞弒君也。」不以紂為君，此亦孔子正名之義。斯則堯舜之禪讓，湯武之征誅，皆仁也，亦皆義也。惟夷齊之諫，亦為天下謀，並為萬世謀，其心亦仁，其諫亦義。其恥食周粟，而餓死首陽山，此亦夷齊之義，亦即由夷齊之仁來。但其喚起天下後世之人心，則夷齊之仁，其影響效果，終為勝於周武王之伐紂。故孟子亦尊之為「聖之清」。此則義各有當。《易》之書又言「時義」。要之，同一時可以有為有不為，異一時則又不然。而仁則無時而不同，不可以有不為。此亦仁義之正名，宜有此辨，不可不知。

西方哲學家主在求「真理」。然其所以求之，則本於智，不本於仁。迄今西方盛行個人主義，就中國人觀念言，則為不仁。故西方哲學所求之真理，亦多屬自然真理，少人文真理。科學家所求則在「物理」。物與物之間有理，人與人之間亦有理。核子武器，可以大量殺人，把人來當物看，此亦有其理。但人與人之間，則無相殺之理，此之謂仁、謂禮。中國人之智，則決不在求多殺人，此即有所不為，乃仁、乃禮，亦即義。故可以有不仁、無禮、不義之「知」，而不能有不仁、無禮、不義之「智」。故智則必有所不為，而後可以有為。今人則又求無所不為，故尚知，惟以法律制之，而其所為則亦可以不仁、無禮、非義，只不違法即得。但今尚無國際公法，則又烏能有所不為？若以此謂之大智，豈不終將流為大愚？以此來為中西文化作分辨，斯即知中國文化之特質所在矣。

孔子又言：「仁者壽，智者樂。」樂則多見於動一邊，壽則多見於靜一邊。但動與靜，樂與壽，仍當和合作一體看，不當分別作兩事看。樂則自有壽，使常不樂，又何能壽？壽而不樂，斯亦不如短命之為愈矣。西方人似乎好動好樂，但大生命惜不能達於壽。如希臘，如羅馬，如現代之英法，皆務求多樂，但皆不壽。蓋其所樂皆在外，各務求之外，又易啓相爭。抑且向外求樂，非即內心真樂。孔顏之樂，則樂在其內心，不在於外物。或疑顏子早夭，則仁而不壽。但此所謂壽，非指個人生命長短言，乃指人類大生命，其人生大道之可長可久言，亦即可樂可壽。中國民族壽長五千年，非常在悲苦不樂中，即其證矣。若徒計當前之樂，而不計其後，則為不仁，亦為不智，實亦無樂可言矣。

樂在心，外物有所不計，故《中庸》言：「君子無入而不自得。素富貴行乎富貴，素貧賤行乎貧賤，素患難行乎患難，素夷狄行乎夷狄。」所謂「自得」，乃其心自得，亦即自得其樂。即如元、清兩代之中國社會，亦所謂素患難、素夷狄，而兩代之中國人，亦未嘗不自得其樂。故中國人生既為一壽的人生，亦為一樂的人生，其要在能向內求之，向心求之，此之謂「能靜」。西方人則向外求，向物求，故尚動，而每不能自得。惟中國人能由靜而動，乃於西方異。今國人一慕西方，求變求新，究不知有何界線，何時乃得停止。豈此之謂廣大而悠久，亦豈此之謂能樂能壽乎？中國人則「貧而樂，富而好禮」。好禮則仍是樂。所謂「萬變而不離其宗」，有所宗，斯謂靜。萬變則是動。修身、齊家、治國、平天下，斯亦變，但非治國、平天下始是樂，修身、齊家即無樂可言。《大學》言：「自天子至於庶人，一是皆以修身為本。」修身較偏靜，向內。齊家、治國、平天下較偏動，向外。此則由靜始有動，凡動皆一靜。由內始有外，凡外皆一內。其義深長，但可一反之己心而即得。以此為學，乃大智。以此為教，則大仁。而仁智則近在眼前，只在心中。誰不能覩山水，而此心之仁智亦由是而見矣。

《易》言「乾動坤靜」。其實乾亦有其靜，坤亦有其動。天之陰晴晦明，即常此陰晴晦明，此即其動中之靜。地之山峙水流，即常此山峙水流，而仁智乃由是生，此即其靜中之動。《中庸》言：「喜、怒、哀、樂之未發謂之中，發而皆中節謂之和。」人情即本於天理，方其未發，即猶仁者所樂之山，常此安定，常此巍峨，而萬物殖焉，寶藏興焉，此即其靜中之動。及其已發，即猶智者所樂之水，波濤洶湧，暢流不息，永此浩蕩，而不趨於潰決，此亦其動中之靜。故亦可謂心之未發則屬自然。及其已發，乃始見人文。而自然與人文，則皆於人之一己之心而見之。此誠「極高明而道中庸，致廣大而盡精微」。非「尊德性以道問學」而求之，則又何以體會而融悟及於此。

十四

今試追問吾中華民族又何以得天之獨厚，以有此大仁大智之心，而完成此文化大傳統之特質，為舉世其他民族所不逮？孟子曰：「天將降大任於是人也，必先苦其心志，勞其筋骨，餓其體膚，空乏其身，行拂亂其所為，所以動心忍性，增益其所不能。人恒過然後能改。困於心，衡於慮而後作。徵於色，發於聲而後喻。入則無法家拂士，出則無敵國外患者，國恒亡。然後知生於憂患而死於安樂也。」中國人才興起，就歷史觀之，春秋戰國時，小國人才反多於大國。秦漢以下，偏遠地區反多於中央盛處，鄉村反多於城市，亂世反多於治世。孟子之言在戰國時。此下秦漢一統，每一朝代歷三四百年必亡。此即孟子所謂「出則無敵國外患者，國恒亡」之義。此處孟子謂人才必產生於憂患，與上文言「尋孔顏樂處」，中國人生理想在求此心安樂，兩意相反相成，學者所當細闡。

今再言孟子「生於憂患」之意。舉世文化先進國家有四，曰埃及、巴比倫、印度與中國。埃及、巴比倫皆沿海，又有尼羅河及幼發拉底與底格里斯雙河資其灌溉，此兩國地域小而多水，故其民尚知多動，亦尚樂。歐洲古希臘亦海國，其文化多汲源於此兩國。印度乃一大陸國，又地處熱帶，衣食易給，其人乃多惡動，不壽而厭生。中國亦大陸國，又有黃河水患，其民必憂勞辛勤以為生。有巢氏、燧人氏以迄於庖犧氏、神農氏，歷時已久遠，乃始得業農為生。而農事乃人生中之最憂勞最辛勤者。抑且使非其子丹朱之不肖，則無以成堯讓天下之大德。非父頑母嚚弟傲，亦無以成舜之大孝。非鯀之受殛，亦無以成禹之三過其門而不入，以終完其治水之大業。而堯、舜、禹三帝非受洪水之災，亦無以成其為大聖。但世之既盛則必有衰，世之既治則必有亂，猶之人之有生則必有死。但中國文化又有一特質，則為衰後能復盛，亂後能復治。故桀紂之後有湯武。幽厲之後，周室東遷，又有管仲與孔子。待秦代成其一統大業，乃二世即亡，舉世大亂，而有漢高祖，乃始以平民為天子。兩漢之盛而衰，有三國兩晉，繼之以南北朝，而重有隋唐之統一。五代十國，可謂中國歷史上最黑暗一時期，而繼之有宋之崛興。而又有遼、有夏、有金，而繼之以元，蒙古入主，全中國受異族之統治，此尤為曠古未有之大變局。而不久即有明崛起，明太祖乃又得以平民為天子。而又繼之以滿清入主，中國全國又再受異族之統治。但政統失於上，道統則依然盛於下。蒙古、滿洲不得不受中國文化傳統力之同化。此一衰而復盛，亂而復治，天運循環，周而復始，其文化大生命，則依然長存。此又為中國文化特質中之更大一特質，乃更為並世古今其他諸民族所不能有。

孟子曰：「堯舜性之，湯武反之。」堯舜乃自自然中演出人文，故曰「性之」。湯武乃由堯舜而反之己心，則湯武乃由人文中演出，但不失其為仍於自然中演出，仍不失其大本大源之所在。中國文化乃本於各人一己之心。故顧炎武謂「天下興亡，匹夫有責」。如此則中國人乃以文化大生命寄託於每一人之小生命，故其絕大責任，乃可由各自之一小己負之。中國文化之能具有絕大力量，其要端即在此。

晚清之末，又衰而亂。鴉片之戰，割地賠款，五口通商，又繼之以洪楊之亂，又繼之以英法聯軍，又繼之以甲午中日之戰，又繼之以八國聯軍，內憂外患，可謂至矣。孫中山先生又繼起，創建中華民國，乃不啻以一海外僑民，而完成其開創之大業。則較之漢祖、明祖之以平民為太子者，尤為過之矣。乃此七十年來，治平未見，衰亂益甚。中山先生乃創為三民主義，詔告國人，以撥亂返治、起衰轉盛之大本大源所在，而又為知難行易論，確告國人以知難之義。湯武反之，則亦惟反之於堯舜。今日吾國人，則亦惟有求反之於吾民族文化之大傳統。毛澤東不之知，乃欲移入馬、恩、列、史以為治，此誠愚昧無知之尤矣。先總統蔣公偏安來臺，乃有「復興文化運動」之提倡，此即繼中山先生民族主義之呼聲而發。

今吾國家民族誠面臨一當大變之局，吸取他人之新，以補益吾傳統之舊。此義人人盡知，更無爭論。即如中山先生之五權憲法，即採取西方之三權分立，而增益之以己所舊有之監察、考試兩權。先總統蔣公之文化復興運動，亦採取西方民主、科學兩項，而冠之以吾民族所原有之倫理。此皆顯可作國人之模楷。惟毛澤東高標馬、恩、列、史，而殘殺國人，達於七八千萬之眾，斯不仁不義，無禮非智，而亦無信之可立。而豈新舊一名詞，所能加以判劃而為之作分別？

中國歷史之大變，首推戰國。孔子以後，諸子競起，百家爭鳴。下迄西漢，而儒家始定於一尊。今日之羣言龐雜，眾議紛起，亦固其宜。惟當一本之於愛國家愛民族一至誠之大仁，而又能濟之以一己之一番謙卑心，知所尊，知所敬，勿輕肆譏評，勿輕加反抗，以無違於吾文化大統之一「禮」字，使能和平相處，安樂相交，而後大智得隨以生，大信得隨以立，而大義亦於是乎在。此或即天之將降大任於吾當前之國人，動心忍性，能動而又能忍，則吾國家民族前途其庶有重臻安樂之可期。天之特厚於吾國家民族者，其仍將有以慰吾當前國人之此心。而吾文化最大特質之所在，又將當吾之身吾之世而見。企予望之，企予望之。

（民國七十二年九月為陽明山莊專題研究教材寫）

六、中國民族性與中國文化之特長處

中國《大學》一書，內容分三綱領，八條目。八條目之下四條，為修身、齊家、治國、平天下。南宋朱子定《論語》、《孟子》、《大學》、《中庸》為四書，以《大學》為首。為此下中國讀書人首先必讀的第一本書，到今已歷八百年之久。

歐洲人僅知有國家觀，無天下觀。首先是希臘人，即對國家觀念亦未成熟。羅馬人開始建立了國家，又由羅馬自己一國併吞他國，日形擴大，成為「帝國」，但並無「天下」一觀念。帝國乃由一國兼併他國，與中國古代之封建制度，由一中央天子統治，下面各諸侯分別為國，而又和合會成一天下的局面大不同。中國自秦漢大一統以下，僅存中央一天子，四方不再有諸侯。封建制改為郡縣制，此下兩千年，大體無變動。疆土日擴，戶口日增，但為一純粹的民族國家，與西方帝國大不同。

中國之外有其他民族，東夷、南蠻、西戎、北狄，合稱「四裔」。中國與四裔，合為一天下，其分別則主要在文化上。中國人又稱：「夷狄而中國，則中國之。中國而夷狄，則夷狄之。」這是說，中國即以其文化代表了天下。如佛教自印度傳來，中國僧侶或稱印度為中國，而自視中國為蠻夷者。故中國人之政治最高理想，乃為以「人文大道」即文化平天下，而治國次之。

歐洲人只知有國，不知有天下，以富強為立國最高目標。國與國之間，稱「國際」。直到現在，科學發達，交通便利，全世界五大洲，真可和合如一家。但依西方文化演變，則至今仍僅有國際組織，稱為聯合國。會員共達一百五十國以上，國際事務，由聯合國開會商議，有名無實。國際大都市，成為商業經濟戰場，舉世相爭無寧日。軍事戰場則可有核子戰爭，雖目前尚未發動，舉世憂恐。而諸小國間，又有恐怖活動，遍及全世界。居無寧日，實為人類當前生存一大問題。

猶太人自始即為一商業民族，無國家觀念，但卻有天下觀念。耶穌創立宗教即是一例。耶穌傳教，不管國家事，故稱「凱撒事凱撒管」。至今歐洲人幾乎全部信耶穌教，但政教分離，政治則一仍歐洲舊傳統，與宗教信仰無關。兩國戰爭，可各自在濠溝內禱告上帝助我，早獲勝利，可期和平。而對濠相殺，則如故。

最近又有馬克思，唱為共產主義。主張「唯物論」，和宗教信神、信上帝大不同。但實亦同為一世界主義，可謂其有天下觀，無國別觀，故馬克思之共產主義本屬一種社會思想，無關政治。

俄國人列寧乃借其說，以完成其國內之政治革命。史達林又借其說，以推行其帝國主義。此與馬克思原始立論宗旨有不同。而今歐美資本主義國家，推行自由民主政治，而罷工運動則到處流行，此明是馬克思共產思想之流行。馬克思之唯物史觀，與耶穌靈魂上帝之信仰雖大不同，但兩者同俱有一種世界觀，略近中國人之天下觀。歐洲人能加採用，此亦見歐洲人之長處。但猶太人雖有世界觀，而無國家觀，從未能自己立國。最近歐洲人代為成立一國，國名以色列。但其立國方針，則一本西歐帝國主義之傳統。侵略鄰國，引起了中東無窮糾紛，迄今未知其所止。

印度佛教可稱亦有一世界觀，但與中國天下觀不同。因中國天下觀，乃一人羣之最大結合體，而印度佛教則並無家與國的觀念，人生一切結合，皆主取消。故佛教經典只稱「世界」，不稱「天下」。「世」指時間，「界」指空間，「世界」一名稱，亦屬唯物觀，與馬克思思想較近，與耶穌思想較遠。而耶穌早年亦曾流亡在印度，故耶教之世界觀，或亦有印度思想之感染。

惟中國《大學》一篇之八條目，乃可包容佛教耶教，以及西方之個人主義與國家觀而為一，而又加以融通和合。故佛教來中國，隨即中國化。至今印度佛教已衰，而在中國則猶盛。至於共產觀念，在中國社會實早已推行。如古代之井田制，漢代建立之鹽鐵政策，及宋以後全國推行之義莊制度皆有共產意義。但中國人只求「貧而樂，富而好禮」，不提倡共產。中國人主張由身而兼顧及家，由家而兼顧及國與天下，由己而兼顧及羣，由當前而兼顧及過去與未來。所謂「執其兩端，用其中於民」，惟此一「中」字，乃最為中國人所主張，所看重。

今再言當前西方人最所主張之自由、平等、獨立三觀念。此乃由歐洲個人主義思想所提倡，而最近中國人羣相趨附，認為人生理想惟此三大端。實則由中國觀念看來，人自初生，至十一、二歲之幼稚時期，以至二十歲成年時期前，豈能自由獨立為人。下至八十、九十之耄老時期，又豈能不依仗他人，而獨立自由生活。此是人生具體一大問題。即在二十以上，八十以下之中老年人，亦豈能離開人羣天下，無國無家，獨立為人。衣、食、住、行種種實際生活上之物質條件，全得依賴社會羣眾其他人之共同努力，共同造成。其中自有種種差別，平等二字更所難言。政府、軍隊、學校，亦均無平等可言。自由、獨立兩項，更不待言，亦斷難人人平等。當前的世界，亦正為盡人爭求自由、平等、獨立，而達於混亂鬭爭不安的局面，幾於到處無寧日。

深一層言之，人必先認識了自己，乃有與他人相互自由、獨立、平等之可言。今天我們所爭的自由、平等、獨立，全向外面物質生活方面爭。從內部人格上論，究竟如何纔算得是你自己，此須向自己心性上求。只論功利，不講道義，豈可說盡人都能知道呢。

《中庸》說：「天命之謂性，率性之謂道。」這兩句的意思，可說是每一人自己即為人羣大道之本。不知你自己，如何知得人羣大道，又何得稱為人呢？但甚麼是自己？似乎殊不易知。單從外面來看，如饑欲食，寒欲衣，勞累欲休息，此所謂「欲」亦可說是「性」。但欲只是性中之極小一部分，非可謂欲即性的全體。欲是我性中一部分的向外要求，我性中的大部分，更主要的，乃在向內求。孟子說：「盡其心者，知其性也。知其性則知天矣。」但心又如何盡呢？今人乃多認欲為性，亦認欲為心。孟子則說：「養心莫善於寡欲。」故不知寡欲，即不能盡心。不能盡心，又那能知性呢？

而且「心」是人生一共同體，實際大羣有一共同心，超出羣中每一小己個別心之上。孟子所謂「盡心」，乃兼求盡此大羣共同心，非僅求盡其小己的個別心。故說：「聖人先得吾心之同然。」此人類同然心，即中國人所謂之「德」。由小己個別心之德發出運行，即成為大羣共同之「道」。孟子又分聖人為四類。孟子說：「伊尹聖之任，伯夷聖之清，柳下惠聖之和，孔子聖之時。」任、清、和三者，皆指人心之德言。「任」是進取，肯負責任。「清」是退讓，獨有所守。「和」是與人和處，而能內心不失其己。其實此三德，每一人心中都俱有，在同一心內存在，而更迭表現，非可各自獨立互相分離。故伊尹之任，亦有其清與和之同時存在。伯夷之清，亦有其和與任之同時存在。柳下惠之和亦然。缺其二，則不能成其一。此下歷史上人物盡如此。如三國時代之諸葛亮，方其高臥隆中，「苟全性命於亂世，不求聞達於諸侯」，此見其性之清。但劉先主三顧之於草廬之中，「遂許先主以馳驅」。此下相劉後主，鞠躬盡瘁，死而後已，此皆見諸葛之任。其征南蠻，對孟獲七擒七縱，此見諸葛之能和。豈非諸葛一心，即備此三德。徐庶推薦諸葛於劉備，此亦徐庶之能任。及其母被拘於曹操，乃告劉備，此心已亂，不能與君共事，遂北赴操營。其孝即其和。但此下再無言行之表現，此即徐庶之清。又如管寧，避亂設教於遼東，及其歸老中原，不再出仕，此一人亦可謂有任、有清、有和，與諸葛孔明與徐庶，同為當時一大賢。可見任、清、和必三德俱備，不清不和，焉能任。非能任與和，又焉得稱為清。無任不清，亦不得謂之和。

大羣中每一人，既同具此三德，必待有所成就，有所表現，卓然超出於他人，乃得稱為「聖賢」。而孔子則以一身，隨時更迭表現其三德於完美之境，故稱為「聖之時」。若顏淵「在陋巷，一簞食，一瓢飲，人不堪其憂，回也不改其樂」，可謂僅見其能清能和，然孔子深知之，謂：「用之則行，捨之則藏，惟我與回有之。」則顏子實亦可謂能任。惟外面無此條件，時代不合，故顏回終身不仕，而孔子則深知其能任。此下歷史人物，極多如顏回之不能用而行。即如三國時之徐庶，宋代之周濂溪等皆其人。可見孔子聖之時，乃天縱之大聖。中國歷史上不合時不見用之人物特別多，此皆所謂聖之清，然而不必如伯夷之餓死首陽山，此則待讀史者之善加體會。

孟子所舉任、清、和三德，尤其如和之一德，最為中國民族特性之尤普遍尤傑出者。苟使吾中華民族沒有這「和」之一特性，又何能緜歷五千年，成此廣土眾民一大國？歐洲諸民族性似乎多能出身擔當事務，有表現，可謂近乎三德中之任，但不能清、不能和。猶太民族雖未能立國，但始終能保持其民族特性，其內部相互間似能和。而其好經商營利，則未能清。又不能團成一國家，不見行政才能，則似不能任。耶穌創教，其道亦賴歐西人播揚。印度佛教出家修行，一意出世，則非任，又不和，似近清之一途。阿剌伯人創立回教，一手持《可蘭經》，一手持劍，至今回教民族仍然推行恐怖主義。可見回教民族性，僅能近乎任，而不清不和。而其能任之性之對人類大羣，乃轉為禍害，不為福利，抑尤更甚於西歐之個人主義。故此兩民族接近相處，易增其爭亂，而不易相和平。

由上所述，我們要問，天之生人，為何生此互相多別之民族性，使舉世臻於不安？此又不然。由中國人觀念言，天生萬物，有天必有地，故說：「一陰一陽之謂道。」人羣生於地，五大洲地理性質各有別，人羣生其間，其性亦有別。此即天道之大。人道貴能「知天而善學」。如歐洲人能於猶太人中先學耶穌，後學馬克思，乃成其為今日之歐洲人。此亦見人類能學他人之功效。中國人最教人好學，學天，學地，又學聖人。自盡其心，則可以天人合一，以達於天下大同長治久安之太平境界。人性多異，乃自然現象，果能好學，又何足患？故《中庸》言：「率性之謂道。」又必言：「修道之謂教。」此見天地自然大道，仍須人文修養，這是中國人所謂之「大道」。但中國文化傳統中無宗教，僅有孔孟聖賢之教。聖人先得吾心之同然，故孔孟在中國，僅為師，不為宗教主。雖為大聖大賢，與其他人仍屬平等。我學孔孟，實不啻自學己心。而且孔子乃聖之時，我的時代與孔子不同，雖前後緜歷有兩千五百年之久，而心與心仍可相通。故學孔子，其要在能自學己心。能盡己心，則孔子之道即在其中。大道盡在吾心中，故孟子曰：「歸而求之有餘師。」宗教信仰則在外面，中國人之不能有宗教，其理在此。

孔子曰：「後生可畏，焉知來者之不如今。」我們在今天，又焉知我們中華一民族中，不再有能學孔子其人者出？而且歐洲人與中國人，直到最近三四百年來始獲交通，又焉知此下更長時期中，歐洲人不能學中國之孔子？孔子之道昌，舉世自能改觀。中國人所謂「天人之際」，「一陰一陽」，天地造物的工作，正待人類文化來加以補充完成，不必儘作杞人憂天之想。

西方人崇尚專門之學，今日學術昌明，分門別類，已遠超出一百種以上。但不可否認，有一門學問，自古到今，為中國人所獨精的，是謂「史學」。從個人以至一家一國，中國三千年來，無不分別有歷史記載，明白詳細，如在目前。今日時變世易，推行世界史，其意義價值當超出國別史之上。但遠在兩千五百年前，中國孔子已作了他當時的世界史，即中國至今相傳五經中之《春秋》。此書乃孔子晚年所作。觀其外貌，上自魯隱公，下至魯哀公，前後十二公，兩百四十年，像是一部魯國史。但其內裏的精神所寄，實是孔子當時中國人的一部天下史世界史。照今日的情形，任何一國史，均可用世界史的眼光和精神來寫。

孔子《春秋》之主要精神，在人事褒貶上。今天要來寫一部世界史，主要精神當亦在褒貶上。如當前美國與利比亞之爭，孰是孰非？孰當褒？孰當貶？其權便在寫史者之手。據當前情況論，全世界絕大多數國家多在反對美國。但今日倘果有一孔子其人者出，再來寫一部今日之《春秋》，美國與利比亞究竟孰當褒，孰當貶，則本乎作者之心，其他人不得干預。然而世界人羣大道，則可由是而昌明，其有功於後世者至大，豈能一時估量。亦可謂自春秋以來，兩千五百年，中國人事即多受孔子《春秋》一書褒貶之影響。此下全世界，亦可受當前一部理想的新世界史的影響。使此下人類知所從，知所違，而天下自可日臻於大同太平之一境。

盈天地間，千千萬萬事，變化無窮，說不盡，寫不完，但中國人所最看重者，莫過於人羣相處之一事。自身至家至國至天下，皆在其內。中國史籍記載，最重在事之取捨。孰當寫入史，孰不當寫入史。寫入史中，則主要在褒貶。孰當褒，孰當貶，孔子《春秋》發其大凡。人類的生命，不僅只限於一身，當作一家人，一國人，一天下人。不僅短短在百年之間，更應當承繼前代，開啓後世，作為一百世人。人生之價值乃在此，中國史學之價值亦在此。

故中國史學，實乃一種超出尋常的人生哲學，亦是一種超出尋常的人生科學。一切學問盡包在史學之內，而史學乃超乎一切學問之上。要明白得中國孔孟學說，要明白得中國民族文化，不得不先通中國之史學。

中國一切學問又最重禮，修身、齊家、治國、平天下皆尚禮。《大學》、《中庸》，即收在《小戴禮記》中。清儒有《五禮通考》一書，分一切人事為吉、凶、軍、賓、嘉五禮。西方人尚法治，中國古人則尚禮治。今日有國際公法，中國之禮，則更在法之上。擴大推行，可以治國平天下。孔子說：「禮之用，和為貴。」即不得已而相爭，亦貴有禮。故五禮中有軍禮，最當細究。有禮始能和，其中詳情，惜不能在此細講。

今天中國人要求昌明民族文化民族精神，求知方面重在史，重行方面則在禮。當前如有大儒出，其重責大任，一在為民修禮，一在為國修史。史重在褒貶，禮重在因革。孔子曰：「殷因於夏禮，其損益可知也。周因於殷禮，其損益可知也。其或繼周者，雖百世可知也。」如晚世有臣見君行三跪九叩首之禮，非詳究史籍，則不知其因緣所在。但亦不得認此為中國政治乃君主專制之一證。要之，非知中國傳統之禮，亦無以明中國史。但非讀中國史，亦無以明中國之禮。兩者實是一體，同為中國民族性之表現。

《詩》云：「相鼠有體，人而無禮。」鼠乃一低級生物，僅有一具體之「身」。人係一高級動物，於具體之身外，當更有一抽象之「生」，此即所謂「禮」。孔子言：「克己復禮之謂仁。」所克之「己」，即此父母所生之身。所復之「禮」，乃由天命之「性」來。中國俗稱性命為「人生」，乃抽象之生。克己復禮，乃由人反本復始以歸於天，克服物質本體以復歸於精神抽象之體。克己者，仍由此一己。此為自克，實即自由。由人返天仍是人的功夫，而達人生之最高境界。非如西方人之尚法，乃由外治內，由彼治此。為仁由己，而克己仍由己。故中國人之克己復禮，乃始是真自由，真獨立，真平等。由己克己，天人合一，此真可說是人生的最大功夫，最高境界。

顏淵問仁，孔子告以「克己復禮」之謂仁，故顏淵言：「夫子博我以文，約我以禮。」中國文化論其精深處，一切皆是禮。即就史學言，如為死者作傳，為亡國作史，皆是禮。今人羨慕西化，鄙民族傳統於不顧，此亦非禮，乃至不仁而違天，即大違背了自己的性命。

人生食衣住行，凡屬具體之身的一切動作行為，莫不有其更高級的意義與價值之抽象之禮的存在。故中國人生，乃無往而不見有禮。禮乃中國人之抽象人生，亦即中國人之高級人生。言政治，中國亦言禮治，不言法治。孔子言：「聽訟我猶人也，必也使無訟乎。」尚法則必有訟有刑，禮則必兼有樂。其屬於經濟人生者，則言「貧而樂，富而好禮」。故在物質人生中，不能無貧富之別。而在精神人生中，則有超乎貧富之上之更高一境界。中國人生只重禮樂相通，不重財富分別，其義即在此。

今天中國人則僅知有西方之法治，不知有中國之禮治。故人生僅求不犯法，不再講禮。非有法律規定，乃儘可放縱自由。因其放縱自由，乃再加以法律規定。《公羊春秋》分世界為撥亂世、升平世、太平世三種，今天的社會，則只可謂其乃一撥亂世。至於亂之能撥與否，則尚在不可知無可止之境。中國以往之歷史，則至少可稱為在升平世，雖未達到太平世，而中國人生究有此一理想。史籍具在，不得輕肆妄加以否認。

中國之禮有五倫，曰父子、兄弟、夫婦、君臣、朋友。人生不能單獨為人，必有配搭，人倫之「倫」，即互相配搭義。大體分五種，故曰「五倫」。其他世界各民族，苟屬羣居，亦必同有此五倫。但無其名，無其義，雖有其倫而無其理，則人羣何得平安相處？故今日人生，乃重兩種力量，一曰富，一曰強。非在財富與武力之下，則不得一日相安。而當前則除共產主義之外，又有恐怖主義之出現，試問人羣又何得一日相安處？今日人類除商場與戰場外，惟有運動場，乃屬羣相聚處。然每一運動會，必出於爭。不得已，始有和局出現。「禮之用，和為貴」，此則惟中華民族乃有此文化。

故今天做一中國人，苟求不忘本，苟求仍為一中國人，有兩大任務不可忽棄。一曰讀史，一曰守禮。可生則曰「禮」，可存則曰「史」。捨此兩者，中國人當不再有傳統之生存，亦更何其他民族生存之足言。

講到這裏，可再言中國人之「體用論」。有體纔有用。天是體，人只是用。人生違離了天體，更有何用。近代西方如美國哲學家杜威言，真理如一張支票，該向銀行去兌現取錢。但中國人則必先問支票之真偽，若是偽支票，不僅取不到錢，還得受處罰。中國人生中之禮，若亦用支票來講，禮必本於仁，本於心，乃是一張真支票。孔子說：「巧言令色鮮矣仁。」那是張偽支票。今天的世界人類，正是偽支票盛行的時代。人人競把偽支票向銀行取錢，只求外面，不問內裏。只看將來，不問已往。只求變，不求常。不講本體論，僅求實用論。此等趨勢，將來又何堪設想呢？所以本篇特取名為「中國民族性與中國文化之特長處」，稍提綱要，希望我國人，以及世界通情達禮之人，同循此途，詳加研尋。人類前途，庶有光明可覓。不勝禱祝期望之至。

（民國七十五年四月為教育部人文社會科教育指導委員會作）

七、歷史與人生

一

歷史乃人生之記載，亦即人生之寫照。人生乃歷史之方然，歷史則人生之既然。中國人稱「史鑑」，既往之歷史，乃如當前人生一面鏡子。人不能自見其面貌，照鏡可見。亦如人不能自知其當前之生，鑑於以往之歷史，乃如攬鏡自照。由鏡見己，亦如讀以往之史而知己當前之生，其間實無大相異處。

湯之〈盤銘〉曰：「苟日新，日日新，又日新。」湯乃商代開國之君，自銘其晨起盥洗之盤如此。實則不僅每日晨起始見面貌之日新而又新，人之為生，無時無刻，無瞬無息，乃無不見其身之日新而又新。身如此，家國天下皆然。使非新，何謂生？既云生，斯必有新。周人則謂：「周雖舊邦，其命惟新。」此猶擴大湯之〈盤銘〉而言。

新舊猶言動靜，俗言命運，亦言天運。此則猶其言氣運或運氣。天命、天氣，皆有轉動義，非一歸於靜定。動靜亦一體之兩端，仍貴其執兩用中，未可定於此而捨棄彼。今人依西方語，慣言平等、自由、獨立。此三語，中國自古相傳亦皆有之。但皆在相對中。即如夫婦、父子、君臣，非不有其相互間之平等、自由、獨立處。若言絕對方面，則斷無平等、自由、獨立三者之可言。今西方人乃專以個人之絕對自由、平等、獨立言，中國傳統中斷然無之。此又雙方文化一大相異處，當加明辨深思。

中國人言「常」與「偶」，論其字義，若相反，實相成。歷史一大常，實積羣偶而成。中國有五倫，「倫」即相偶義。孝弟忠信，亦皆無獨必偶。鄭玄釋「仁」為「相人偶」，此即見偶義與羣義相通。故曰：「君子無入而不自得。」所謂「入」，即其相偶處。寧有不羣無偶，而可有自由、平等、獨立之可言？則其偶然亦即其常然。故中國以夫婦為人倫之始，一夫一婦之為偶，但偶而必常。西方人抱個人主義，於是其自由、平等、獨立雖亦謂之常道，而皆無偶可言。但以歷史情實言，無偶又何得而有常。此又中西文化雙方一大相異處，又當深思而明辨之。

中國夫婦又稱「佳偶」。大羣中男女相配，雖曰父母之命，媒妁之言，但實皆偶然相值，故中國人謂之「佳偶天成」。西方人則必言自由戀愛，若有人而無天，有性而無命。獨憑己力，無有天意。是西方文化乃求無偶之必常，而不知其乃陷入僅偶無常之困境中。西方人苦於不自知。其實即如其歷史進程，如希臘，如羅馬，乃至如現代國家，如英、法、德、意，乃至今當前之美、蘇，亦盡屬偶然，又何嘗有常道之可循？若果有常，則何得復有此諸變？

西方人以戀愛為人生之自由，又以婚姻為戀愛之墳墓，是即西方人知有偶不知有常之一證，亦可謂人知之至拙矣。中國人所謂「天命」，皆其偶然，亦是一變，而積變成常。故曰：「素富貴行乎富貴，素貧賤行乎貧賤，素患難行乎患難，素夷狄行乎夷狄。」素位而行，亦皆是偶然。惟其偶然，乃成常然。相反相成，其義如此。

夫婦屬人倫，而父子則為天倫。以舜之父頑母嚚，而終成大孝。此真可謂偶而不常之至矣。中國人之所謂「天倫」，天即是偶，倫即是常，其義當如此。

故凡中國人所謂之「常道」，實積偶然不尋常而成。聖賢之嘉言懿行，何一非偶然，又何一非常道？此則讀全部中國二十五史而可知。

中國人又謂「直道而行」。其實凡其所值，又何嘗必先有一直道在其前？行不由徑，斯即謂之直道。凡君子所行，則皆成直道。如舜之父頑母嚚，而舜之孝，則亦直道。《中庸》言：「誠而明。」其心誠，則其道斯直，何嘗先有一直道，使人可循。後知後覺，乃始知覺此直道，而仍由彼自知自覺之。此又不可不明辨。

是則中國之人生大道，亦常有「曲直」兩端，猶之其有「偶」與「常」之兩端。如周公之大義滅親，誅管叔，流蔡叔，非曲而何，亦非偶而何？則曲道正亦是一偶道，由君子之正心誠意而行之，則又何由而見其非常道。此所以有貴於學，而學則必歸之一心，人生大道乃在此。中國之道德，乃一甚深甚高之藝術。扼要言之，仍當辨以新舊。

人生惟一新，歷史亦同然。但其新轉瞬即成為舊。生之存其舊者，佔十之九，開新僅十之一。正因其有舊，乃始成其生。故中國人又曰：「人惟求舊，物惟求新。」物無生，乃可惟新是求。人有生，則惟舊是保。歷史即人生之舊，人生乃歷史之新。故歷史必本於人生，乃始為真歷史。人生必源自歷史，乃見為真人生。史必真而成其古，生必傳而見其今。一屬天，一屬人，太史公《史記》謂：「究天人之際，通古今之變。」其大義乃在此。

中國乃一農業民族，五穀亦同有生，故惟中國人能通此義。自有歷史以來，已達五千年之久，其生乃日悠久日廣大。希臘人乃一商業民族，商業僅知重物質之移轉，非有生命，故希臘人不知有歷史。西方歷史著作，乃起近代兩三百年間，遠不得與中國為伍。全世界人類亦惟中國史為最悠久，最廣大，舉世莫能匹。此惟中國人歷史與人生之合一，乃始有其然。

人生不僅有「新舊」相毗，更重大者乃有「死生」相毗。有生即有新，但同時即有舊。如中國人言盛衰、起伏、治亂、興亡，皆必同時舉其兩端而言之。獨對死生，則先言死後言生，一若死猶在生之先。苟非生，又何來有死？但苟非死，亦何來復有生？而死之意義與價值，則若較之生為更本源更重要，故言生乃先言死。孔子父叔梁紇，孔子後生，叔梁紇先死。使非先有死者之叔梁紇，又何有生者之孔子。故后稷為周人始祖，而后稷亦仍有父，惟其父則名不傳。亦如後人僅重孔子，不重叔梁紇，先後死生間之輕重有如此。

故中國人言「歷史人生」，不言「人生歷史」，此亦猶言死生。死之一義，若較之生，意義價值為更重要更新鮮。其言古今亦然。今人一意慕西化，乃僅言新不言舊，僅言今不言古，僅言生不言死。不知無死何有生，無古何有今，無舊又何有新？一切有生必有死，有今又必有古，有新又必有舊。故西方歷史終不得不上溯之希臘。但希臘衰而有羅馬，羅馬亡而有現代國家之興起。現代國家中，英法又轉衰，而始有今日之美蘇。如以歷史進程言，美蘇又焉得一盛不衰？使美蘇可以一盛不衰，則西方已往歷史皆成廢物，一無可信，又何來而再得有史學？中國則自漢代時，已有「自古無不亡之國」之名言。此為中國人對歷史人生一種極深湛之真知灼見。

西方人信宗教，宗教非歷史。信科學，科學亦非歷史。又信哲學，哲學同非歷史。中國人治學，分經、史、子、集。經即古代之史，子與集皆後起之史。使不成為史，即不得成其為經、子、集三部。中國人言人生，必期其可久。可久而後可大。四部之學首經，經即常道，即古之可傳而久者，始得成為經。故經必舊，必非新。其實一切學問，如史、如子、如集，皆可傳可久而必舊。

今人言惟變惟新，即違人生，亦非歷史。惟在宗教、科學、哲學中或庶有之，但在人生與歷史中皆不可尋。

今日科學發達，世界交通相互如一家。但西方人僅知有國際觀，乃無天下觀。今日聯合國組織，已有一百五十餘國之多。但國與國間，互爭交訌，迄無寧日。計量其相爭之主要淵源，則盡在其以前之歷史，更要於在當前之人生。美、蘇間，英、法、德、意、歐陸諸邦間，姑不論。即如阿剌伯、印度諸民族，乃如非、澳、南美各地，到處相爭，莫不以其民族傳統之相異為背景，即是以已往歷史為背景。無以往之歷史，即不能有今日之人生。而今日之新人生，則莫不以往日之舊歷史為基礎為淵源。事態鮮明，又誰得加之以非議，又誰得與之以調和？其捨己之田，耘人之田，忘其民族本初，而獨以其他民族為宗為尚者，則惟有當前之中國。因中國人獨抱有一天下觀。其實此觀念乃仍自華夏之祖先來，不從西方民族來。苟惟西方民族是尊是尚，亦不當有此一天下觀。今日中國人相互之爭，乃爭在崇蘇、崇美，若惟知西方之是尚。則試問中國既本是一中國，即本有一傳統，又何必有崇蘇、崇美之爭？甚至一國分為兩國，乃若不可復合，此之謂「現代化」。今平心言之，當前中國之一切為崇，仍在中國之古人，仍在中國之歷史。不得有人生而不成為歷史，亦不得有歷史而不演為人生。今日中國人雖惟新惟變之是求，而終不能一變而成為不雜有中國舊傳統之新民族，此則天命所在。今日之中國人，縱雖怨天恨地，但不當獨於五千年來之祖宗古人加以詬病，此則尤為今日國人求變求新者之所當戒所當知。

或謂尚古守舊，豈能獨立自存於當前之世界？此又不然。如英、如法、如德、如意、如歐陸諸邦，無不有其舊，無不有其已往之傳統。雖迭經戰禍，而終各自獨立。僅得成為一商業聯盟，而不得和合為一國。其他阿刺伯民族、印度民族、非、澳民族、南美民族，莫不皆然。在中國，獨惟孫中山先生創立三民主義，乃以民族主義為之首。其實今日盈天下各國間，莫不各抱有一民族主義，此即歷史即人生，人生即歷史之真憑據、真事實、真意義、真價值所在。但中國人不肯加之以信奉。其信奉中山先生三民主義者，仍必改以民有、民治、民享說之。此所謂「三民」，亦未在中國歷史上出現過。故今日中國人必抱求新求變一觀念，實求變天地、變人生，即在西方今日，亦尚無此科學，尚無此哲學，不知吾國人其終將何途以達此。

今日國人又盛稱自由、平等、獨立，奉為人生之三大原則。則尚何夫婦、父子、兄弟、君臣、朋友中國舊傳五倫之可言。曰孝弟，曰忠恕，曰尊親，曰規矩，皆將失其原有之意義，又何得復有中國傳統之人生。今日人生之莫大詬病，則曰不自由，不平等，不獨立。不知若果人人各自自由、平等、獨立，又何以在大羣中為人？又何以有父子、兄弟、夫婦之家庭？又何以有一國之君臣與社會之朋友？此則仍當懇切真摯以求之，而我國家民族千古相傳歷史與人生之真際，乃始可以達到。幸吾國人其深思之。

《中庸》言：「天命之謂性，率性之謂道。」中國人意見，人能尊天奉命，率性成道，乃為人生最大之自由，即天人之合一。而西方人則天人對立，不相融合。戰勝自然，征服自然，乃有人生之自由。西方人所尊不在天，乃尊天堂中一上帝。上帝有一獨生子即耶穌，耶穌又僅有父而無母。人能信奉此上帝及其獨生子耶穌，死後靈魂可得重歸天堂，不再降謫為人。但必待世界末日，盡人乃得自由。故人生實非自由。宗教與科學貌若相反，情實相通。今日中國人既慕天堂，又慕科學，但又烏得而有西方人創此宗教與科學之真情所在。故慕效西方自由人生，必相爭相殺無寧日。

又西方有「天演論」，有「優勝劣敗，適者生存」之說。此義當亦為中國古人所首肯。但中國古人認為忠恕之道乃為優，同情劣者，又出己力相助，則優劣不相爭，乃相和以為道。故曰：「忠恕違道不遠。」物競天擇，人盡競於忠恕，斯又何為有爭？故西方人重商業，中國人則以信義通商，斯商業又何害？西方人重戰爭，中國人則以止戈為武，斯武力又何害？

孔子言：「執其兩端，用其中於民。」今試以中華與西歐文化為兩端，果能一體視之，而善求其中道，則科學即中國之所謂「藝」，宗教亦中國之所謂「信」，善加運用，宜可相通，而不相左矣。

故中國人不僅貴「率性」，又兼貴「修道」。不貴「後天而奉天時」，更貴「先天而天弗違」。

不問收穫，但問耕耘。不責之天，而僅守於己，則己亦即天。此可謂自由、平等、獨立最高階層之至矣，其他更復何言。孔子曰：「天生德於予。」則己而即天矣。豈如西方人所謂靈魂有罪，上帝降謫乃始為人乎？故中國則天人相通，西方則天人相背。科學則以人而變天，宗教則以天而變人。此又其大相異處。

故中國人之學，貴能由史以通經。史事其變，經道其常。又貴由史以成子，則即在事變中先知先覺，以成其一家之言。至於集部，則其內容精要處，捨卻經、史、子三部外，當更無所有。此則中國學問皆由人生與歷史來，其道自可知。更無捨卻歷史與人生而別有所謂學問，中國之人生大道即在此，其他又復何言。

二

《論語》孔子曰：「文勝質則史，質勝文則野，文質彬彬，然後君子。」以今語言之，史前為野蠻人，史後為文明人。但文明人不能忘棄其原始野蠻之本質。苟其忘棄，則人而非人，歷史亦將告中斷，無路前進，人生亦已不足貴。如歐洲之希臘、羅馬，乃及近代之英法，皆文勝質。其以前經過之歷史，非不斐然成章。但究其當時，實已忘棄其本，亦即如爐灶另起，儼已失其本始之來歷。一時昌盛，乃不能繼續持久。深論之，當並野人而不如。因原始野人自有其無窮之前途，自可永存於將來，豈即遽爾而絕。孟子曰：「大人者，不失其赤子之心者也。」原始野人，即不失其赤子之心。

《論語》又言：「先進於禮樂野人也，後進於禮樂君子也。如欲用之，則吾從先進。」以今語言之，「先進」乃舊時代之人物，亦可謂之先進化民族。「後進」則猶言新人物，亦可謂之後進化民族。進化在先，當前則如未進化，故乃如樸野之人。進化在後，則正在進化中，故謂之文明之君子。此言先進，猶如言歷史上之古人。此言後進，猶如言歷史上之今人。今謂之「開化人」，又謂「現代化人」。但孔子若用以經世，則寧願用先進樸野之人，不願用後進之文明人。何以故？依現代西方物質文明言，英法當已為先進，美蘇尚較後進。而今世則競效美蘇，不再用英法，此寧得謂是孔子之意？

今日之中國人，則被視為一未開發國家未開發民族，當更為先進。但儻有深識厚見如孔子其人者出，來運用此一世，以共進於理想之文明，則當前之中國人，依孔子意，不啻當更為有大加任用之希望。其故真可深長思矣。

孔子因魯史作《春秋》，乃曰：「《春秋》天子之事。」是則當時周天子派遣史官分赴諸侯，各報其當地時事以達於周天子，並分報於列國者，其書其文，當早已謂之「春秋」。可見「春秋」一名，孔子亦述而不作，非由孔子創之。天子頒正朔於天下，一年分春、夏、秋、冬四季，獨名

「春秋」，不及夏冬，此乃省文，猶云逐年。「春秋」之用意，亦猶孔子之所謂：「執其兩端，用其中於民。」乃就其一切行事起迄之兩端，即人生之大全體，而擇其可師法警戒者隨後用之。舉「春秋」即如言一年四季之全體。是則「天時」與「人生」二而一，一而二。則上自天時，下迄人生，凡屬歷史，皆通天人，仍必會合和通以求，乃始有當。

太史公《史記・自序》所謂「究天人之際」者，即此義。繼之曰「通古今之變」，此則專指人生史事一方面言。但亦可謂天時同包涵在內，因天時亦即有古今之變也。惟天時之變實多定於人生。如當前一切天文氣象之變，豈不均由人事而定。是則「天時」、「人生」之與「歷史」，乃亦可謂三而一，一而三。太史公所謂「究天人之際」者，人亦可以變天，俗稱「人定勝天」即此義。中國傳統，無文無俗，無不涵有深義。

中國人「天人」並言，又稱「天命之謂性」，其義深長，豈可捨其一而專言其他之一？西方則分宗教、科學為人生之兩極端，而不得相互會通和合以用其中，此則又是中西文化之大相異處。當由今國人深思而明辨之，而豈專家之各自分隅，所得通其義而得其全。此則貴於我國當前可畏之後生加以領略勉為之。

（民國七十五年七月臺灣史學會講稿，曾載《聯合報》。後又重加修正）

八、中國史學中之文與質

《論語》子曰：「文勝質則史，質勝文則野，文質彬彬，然後君子。」以今語言，野即野蠻，文即文明。《中庸》言：「天命之謂性，率性之謂道，修道之謂教。」亦可謂「命」與「性」，乃野蠻人所本有。「道」與「教」，乃文明人所增進。但其所增進，必不當違其所本有。

以物質人生言，自漁獵社會進至游牧社會，皆尚在「質勝文」之野蠻階段。進而為農、工、商社會，乃自野蠻進入於文明。但漁獵、游牧，仍不當絕對摒棄。

中國人以農業為本，進而有工商業，但仍以農業為其基礎，故得達於《論語》所謂「文質彬彬」之境界。西方如希臘，則以工商為本，而業農者則淪於野為奴。羅馬又自商業進而達於帝國主義崇尚武力，其為生所重之各項產業，幾乎皆忘失其本。其進益遠，其忘益深。

中古時期貴族堡壘雖亦治農，仍不忘其以軍事為本之羅馬傳統。及城市興起，文藝復興，一若希臘之商業復興，可謂乃由羅馬而返至於希臘。但近代國家興起，則仍是羅馬形態，戰場商場，同為立國基本，而戰場則若更為重要。

要言之，西方社會之所謂進步，始終是一「文勝質」之進步，益進而離本益遠。中國社會始終以農業為本，以其不離本，近人乃謂之為一不開化、不進步之野蠻社會。但中國工商業實亦同樣發達，當可謂如此乃是一「文質彬彬」之理想社會。並有四民之首之「士」，為之提倡而主持此一合於中道之進程。此在全世界各民族中，惟中國為能然。

故孟子曰：「食色性也。」人生進步，不能忘棄此生存與生殖之兩項。《詩・豳風・七月》之詩，即一不忘農業以食為本之理想社會。〈二南・關雎〉之詩，即一不忘男女婚姻以色為本之理想社會。中國此下歷史，其社會進程，可謂一是皆以此〈關雎〉與〈七月〉之詩為本演進而成。西方社會亦不能忘棄食與色，但希臘時代農人已淪為奴，農業不受重視。而西方人又稱婚姻為戀愛之墳墓，則亦認男女色情為夫婦婚姻制度所葬送。此見西方人認為人文演進必會與自然情況相違異，不再和合。此與中國人文質彬彬之理想各走一端，極難融通。

今日之西方社會，依中國人觀念，一言蔽之，其所謂進步，皆屬文勝質一邊。宗教、科學無不皆然。中國社會亦有進步，但文質彬彬，人文與自然相和合相會通。終不能如西方社會之人文與自然不相會通，各分專門，而互見有其突飛猛進之表現。

《論語》孔子之所謂「質」，莊老道家繼起，乃變其語謂之「氣」。此下宋儒乃合而言之，曰「氣質」。「變化氣質」，乃為宋儒一主要用意之所在。人生有氣質，即人生自然方面之本源。不得盡求廢棄，但當酌宜變化。《中庸》言：「天命之謂性，率性之謂道。」其實宋儒之言「氣質」，即猶《中庸》之言「性命」。宋儒意，人生大道則必待變化其本有之自然氣質而成。故宋儒又言有「氣質之性」、有「義理之性」。今再據孔子《論語》申言之，則人生決不能丟棄自然氣質而成為道義。道義中仍必有氣質之存在，惟貴能加以變化。孔子言：「執其兩端，用其中於民。」亦可謂，「道義」之與「氣質」，即人生之兩端。不能盡棄其本然之氣質而變成為道義，乃貴於即在其自然氣質中生出道義之運用。如飲食男女，皆可謂乃自然氣質之性，而人文道義亦即在其內。非捨氣質而可有道義之發現。

其實宋儒之言「變化」，乃一俗語。若用文言，當言「化」不言「變」，乃始得之。故中國人又言「人文化成」，但不可謂之為「變成」。西方一切科學所造成之機器，則多由變來，非由化來。故曰「組織」，曰「製作」，曰「創造」，皆指變其物之固然。而中國之家國天下，所謂五倫之常道，皆人生性情之所化，而非物質之變所能睎。西方人言社會家國，亦常言組織創造，與其言物質相同，此亦中西雙方文化意識上一大相異處。如今人言社會，則必曰組織。又如言政黨，亦必言組織。而中國之家與國，則決不從外在之組織來，乃從內在之性命自然來，故貴能求其本。而今國人則捨此不再言，亦僅言組織。

今世俗又常稱「天文」、「地質」，一若天屬文，地屬質。實則宇宙萬物之創始進化，天在前，地在後。有天始有地，則天當屬質，而地乃始為文。今人言地質，固亦有地文。但言天文，依中國傳統，當亦有天質。惟天地並言，則天乃其質，而地屬其文。有天始有地，如有質始有文，此一本末先後之序不可亂。萬物與人類之在天地間，則天地更屬其質，而萬物與人乃為其文。此皆中國人觀念，而西方似無之。

今再言「野」與「史」。史者，乃政府所定一文職，其人持筆隨侍一貴人旁，此貴人一言一行，其人即執筆為文記之，是曰「史」。故孔子稱其人其事曰「文勝質」。野人則畎畝耕耘，雖或組織文字，但未掌文職，而其人之性情或可大用。並不如城市人之分守專業，其為用轉有限。孔門四子言志，子路志於治軍，冉有志於理財，公西華志於外交，其志先定，其業專向，其為用乃各有限。曾點則「冠者五六人，童子六七人，浴乎沂，風乎舞雩，詠而歸」，乃若近於一種野人生活。而孔子則有「吾與點也」之嘆。蓋惟如曾點，乃或庶可有大用。孔子又言：「先進於禮樂，野人也。後進於禮樂，君子也。如用之，則吾從先進。」其義實大可深思矣。

故中國自漢代以下之考試制度，限於農民子弟，稱之曰「身家清白」。工商子弟，則不允其應試。今人則以工商界為文明先進人，農民為文明後進人。惟其先進，志業已定於專門化，於其所專門外，不易再有進。農業則依今人觀念，為文明落後人，然反易上進。如希臘先進，不如羅馬之後起。羅馬先進，不如現代國家之後起。現代國家中葡萄牙、西班牙先進，又不如英、法之後起。當哥倫布西渡大西洋，其時之英、法，則當尚為未進化之野人。及今美蘇繼起，則英法又若轉成為落後之野人。此乃西洋人之文化觀有如此。若言中國，則四千年來常為一農業民族農業國家，較之西方，近人則常視為一落後之野人，而其文化進程，乃轉可以無限而常然。此豈不大可驚詫乎？

今試以居家一項言之。今人必謂農業民族守舊好靜，不易遷移。工商民族則喜新好動，常能前進。其實專論其居家一項，乃有大不然者。希臘已如此。雅典人常居在雅典，不易遷至斯巴達。斯巴達人常居在斯巴達，不易遷至雅典。即羅馬人後起亦然，亦多常在羅馬，不易遷至他處。近代國家，海外有殖民地，其實乃為通商，非殖民。葡萄牙、西班牙人之遷居南美洲，尚是一先例。英、法之於印度、安南，則僅通商不遷居。英國人大量移殖北美洲，乃屬宗教問題。其在印度，何嘗從事殖民？其在香港亦然。皆來經商，均不遷居。則所謂商人好動實有限。至如中國士大夫，秦漢以下，常舉家遷徙，不歸故鄉。唐代尚為一門第社會，但如韓愈、柳宗元，何嘗歸故鄉？宋代以後更然。明、清時代又更然。史書具在，舉不勝舉。即論赴國外，今日中國人移殖他國者遍全世界，何得謂農業民族乃守舊好靜、守土重遷？可見農民好靜，商人好動，專以居家一例言，即不盡然。今若言世界大同，其主要任此職者，依孔子意，決當用中國人，不喜用英、法人，其意亦斷然易見矣。

居家如此，為學亦然。西方人好為一專家，一入其門，不再他遷。中國人則好為一通人，「素富貴行乎富貴，素貧賤行乎貧賤，素患難行乎患難，素夷狄行乎夷狄，君子無入而不自得」。其學業乃隨其所居之環境而變，更隨其所處之時代而變。孔子聖之時者，乃指其隨時隨地而變。亦猶云隨天而變。而其變則乃屬於文之變，非質之變。故曰：「天命之謂性，率性之謂道，修道之謂教。」其教與道可變，而性與命則不可變。蓋性與命乃人生之本質，而道與教則乃後起之人文。此變與不變，又誰與深辨之。

孔子十有五而志於學，三十而立，四十而不惑，五十而知天命，乃達於一定不變之境界。六十而耳順，七十而從心所欲不踰矩，則又達於一至變之境界。但其變終亦有一矩可守，此之謂「文質彬彬，然後君子」。文者其變，而質則其所不變。

今日全世界社會幾乎全可稱為文勝質之社會。換言之，花樣太多了，離開了生活之本質太遠了。此皆所謂「商業化」，沿古希臘一路來。分別言之，當前如蘇維埃之共產社會，抱持一「唯物史觀」，最多亦可稱為一野人社會。美國之自由資本主義之社會，則決然為一文勝質之社會。英國之盡日在罷工運動中，可謂乃一文質交戰之社會。皆非一文質彬彬之社會。今日之所謂「專家」，則全如孔子之所謂「史」。乃專於職，非專於性。故人生已職業化。姑以從事新聞事業者言，如報章，如電視，商業廣告乃其最要一收入。其新聞則可謂無所不包，無所不有。但其為是為非，為利為病，則全不計較。世界人生究將何途之從，皆非當前從事新聞事業者所計較。只作新聞報導，又加之以渲染，以聳動羣眾之聽聞，此非一持筆旁侍之「史」而何？至於徒事畎畝，不問其他，亦得為生，此之謂一野人，則斷非今日之所重。但使有孔子者出，求有以挽此世運，誰與相同事？則恐其與一從事新聞事業者為伍尚不如與一從事田野事業者為伍，或更稍勝。此乃孔子之意，讀者其平心思之。

孔子又曰：「志於道，據於德，依於仁，游於藝。」前三者皆屬質，後一端始屬文。孔子門人治六藝，此皆從事儒業者所游。所謂「游」，乃謂於其中有變化有活動。但並不拘泥，更不求成為一專家。顏淵則謂夫子：「博吾以文，約吾以禮。」此之所謂「禮」，後人視之為乃人生之文，其實乃人生之質。孔子又曰：「郁郁乎文哉，吾從周。」此「文」字，實即指禮言。文禮相通，即天人合一。凡儒家稱本末源流，皆當明其為一體，此乃成其為一文質彬彬之君子。故樊遲問為稼為圃，而孔子稱之為小人。為稼為圃乃治生一專業，則小人非野人之比矣。今人並此二者而一之，則大非中國之傳統。

今人又稱「野昧」與「文明」，則庶於《論語》原文為當。今日之中國，在全世界中，比較言之，當為一野昧人，為一工商後進國，為一未開發國家，為一文明落後之社會。此皆可謂大體得之，非有違失。然此正孔子之所與。凡今之所謂文明進步，所謂專家知識，惟求文勝，不畏質喪，此則皆孔子之所謂「史」之為歸矣。豈可不引以為戒乎！

孔子又言：「十室之邑，必有忠信如丘者焉，不如丘之好學也。」此忠信如丘者，即本章所謂之野人，其病則在不學。故孔子之門，自行束脩以上者，則未嘗無誨焉。但陽虎欲見孔子，孔子則避之不見。陽虎為季氏宰，非不學，但其人已喪其質，等於一「史」。儻孔子得行其道，則決不用陽貨。此又略如四子言志之與曾點，則亦可知孔子之教人何以為學矣。而豈如今之所謂專家之學而已乎。

（民國七十五年八月寫，七十六年載《聯合報・副刊》）

九、民族歷史與文化

民族、歷史、文化，三名一體。一而三，三而一，三名稱實是一事實。苟非有此民族，又何來有其歷史與文化。苟使其無文化無歷史，又何來得成此民族。

亦有文化淺演之民族，沒有文字記載的歷史。但那裏會無歷史而得完成為一民族呢？今世界無文字記載歷史之民族尚多有，但其實他們仍有文化、有歷史，只無文字記載而已。此即其文化淺演之一證。

吾中華民族則為世界上歷史最悠久，記載最詳備，而尤其是其歷史內容最有意義與價值，此即其文化最高明最深厚一實證。其他民族莫能相比。今最淺近言之，中國古代六經中之《尚書》，即是一部歷史書，其中包括了五帝與夏、商、周三代，已經遠歷三千年以上了。其他尚有種種歷史記載，遠自有巢氏、燧人氏、庖犧氏、神農氏，遠踰五千年以上。以近代人對已往人類文化進程之種種觀念言，中國古代歷史對於以上每一類之傳說與記載，苟經考證，無不恰當，絕非出自神話與偽造。中國以往五千年來的上古史，大體可謂是信而有據的。

中國古代第一部由私人寫下的歷史，便是孔子的《春秋》。孔子是中國的至聖先師，年過七十纔寫《春秋》。他說：「《春秋》天子之事。知我者其惟《春秋》乎，罪我者其惟《春秋》乎。」他自己看重此書有如此。

在當時，中央周天子派有史官，分置諸侯列國。他們是世襲的，父子相傳，不受駐在國諸侯的支配。齊國權臣崔杼弒其君，周天子所派的史官直書「崔杼弒其君」五字。這五字是要送上周天子，並分送列國諸侯的。崔杼厭其惡名張揚，便把這史官殺了。史官有一弟，代任兄職，依然仍書「崔杼弒其君」五字，崔杼又殺了他。另一弟續書，崔杼只好不殺了。但那時尚有史官之副，分駐在齊國都城外的，聽說長官被殺，便趕來齊都，預備續書此事，於是遂安然還到他的原駐地去。那是春秋時代一件有名的故事，可證中國古人重視歷史記載，有那樣不隨便不苟且的一番精神。舉此一例，亦可想像其餘了。

魯國在當時亦同樣有史官，記載魯國事，分送天子與諸侯間之史官，與其他史官職任相同。孔子年老，念道不行，遂根據魯史寫他的《春秋》一書。此即當時一部列國通史，亦即當時一部世界史。盼能傳之後世，以期孔子終身所想望的周公之道之終獲暢行。但此書本不該由孔子寫，故曰：「《春秋》天子之事。」

孔子寫《春秋》如此鄭重其事，當時稱之曰：「筆則筆，削則削，游、夏之徒不能贊一辭。」中國人寫歷史，有兩大要端。第一是筆削，該寫上歷史的便寫，不該寫上的便不寫。第二是褒貶，凡寫上歷史的，必有評判，即褒貶。如上引寫「崔杼弒其君」，便是把崔杼貶了。唐代大文學家韓愈有言：「誅奸諛於既死，發潛德之幽光。」此是中國史學精神。如崔杼弒君，便是奸。附從他的，便是諛。奸諛者，在當時或得意，但死後必有史筆誅之，這是所謂貶。亦有潛德，在當時不甚為人稱道，但必有史官來加以讚揚，發其幽光。孔子作《春秋》，即在此兩語上具深意。故孔子死後，其門弟子相傳，於《春秋》史筆一一加以闡申發揮，乃有《穀梁傳》與《公羊傳》兩書。此兩書說法，亦各有不同。遠自西漢以下兩千年來，常為儒家討論一要目。又有《左傳》一書，則詳載春秋時事。於孔子筆法，則不如《公羊》、《穀梁》兩傳發揮之詳。但根據當時史實，乃知孔子《春秋》書法之由來，故《左傳》一書更為治史者所不廢。但治中國史學，必具孔子《春秋》精神。則讀《左傳》者，更不得不注重孔子之《春秋》筆法。

孔子後，繼有大史學者出世，乃為西漢時代之司馬遷。彼乃西漢時一史官，繼承其父司馬談之職。司馬談不同意漢武帝赴泰山行封禪禮，遂不隨行，留在洛陽。病且死，告其子遷，他日寫史，對封禪一事勿忘父意。此後李陵軍敗降匈奴，武帝重罰及其家族。司馬遷愛李陵才，為之諫，亦受罰，判死刑。其實武帝深愛司馬遷之才，但為伐匈奴，不得不嚴懲李陵之軍敗降敵事。實亦非必置司馬遷於死地。因當時死罪，可得以五千金贖免。不謂司馬遷家貧，其朝廷相識，亦無人代為籌此贖金。但若自請受宮刑，亦仍得免死。司馬遷乃不得已，求請宮刑俾免一死。但武帝又升其位為皇宮內廷秘書長，可見武帝實有意大用司馬遷。但司馬遷之自請宮刑，求免一死，其內心實為欲承其父遺志，寫成其父未完之史書。故司馬遷雖日常隨從武帝，為其秘書長，而私下則專意完成其書，即後代所稱之《史記》。《史記》為中國此下相傳二十五史之第一部，司馬遷亦為中國第一傑出之史學家，為後代所仰慕與師法。

司馬遷《太史公書》成，其〈自序〉有曰：「究天人之際，通古今之變，成一家之言。」此三語實為中國史學家最要一術語。何謂「究天人之際」？因人文不外乎自然，離卻自然即不得有人文。歷史記載乃屬人文方面事，但必明白了人文與自然之分際所在，乃能記載得宜。西方宗教家過分重視了自然之天，又謂天堂中有上帝，人類皆由天堂中所降謫之靈魂而生，於是人生界盡成一罪惡，必死後靈魂重得返天堂，乃為一了局。而人生則必有一世界末日，不可避免。此則其視天太尊，視人太卑。而西方人又要憑科學來戰勝自然，克復自然，此則又人太尊天太卑了。皆非司馬遷之所謂「究天人之際」。既其對天太糊塗，又如何得來明白記載人事，獲得一相宜之地位與分寸？

抑且人事不限於一時一刻，一身一世。必經長時期之緜延與變遷，乃始得人事之正常，乃有歷史可言。故寫史決非一如當前之作新聞報導，僅限於眼前之某一事而可成為史，必明乎古今之變，其所記始得成其為歷史。即一人，亦有嬰孩期、兒童期、成年期、壯年期、老年期諸分期，乃始得成為一人。不壽而夭，終非完人。故必「通古今之變」，乃得為一史學家。如西方人僅重當前，過去不加重視，未來更所不計，故西方文化中，乃無史學可言。

何以又稱為「成一家之言」呢？一家有父、子、孫、曾，世代相傳，此為自然之血統。學問成家，亦希久傳不絕，代有傳人，此為學統。學統之尊為道統，故曰「成一家言」。此非可以傳之並世之人人，故曰「藏之名山，傳之其人」。乃司馬遷書未歷多年，即有傳人。西漢之末，有班彪、班固父子，及固之一妹，父子兄妹一家相繼撰寫成為《漢書》。上半部即承襲《史記》，自漢高祖以下，下半部乃自起爐竈，而迄於西漢之末。此下中國每一新朝代興起，即必彙集其前代之學人，共撰一史。下至清末，共成二十五史。此雖自班氏父子起始斷代為史，而每一史之大體例，則皆承襲《史記》，故亦可稱為乃司馬遷一人之家學。

下至唐太宗，此乃中國史上不世出一名君。其時亦同有歷代相傳之國史館。一日，太宗忽動念，遇史館諸臣，欲一讀彼輩所草之國史。史官拒之，謂我等所草，乃供後世人讀，非供君生前讀。君其勿生此念。太宗竟不能相強。近代國人競言，中國傳統政治為君主專制，即讀此一故事，亦可特知其非。

又如清代，以滿洲人異族入主，亦依照前朝之例，召集明代諸遺老修明史。黃棃洲以名儒隱於野，清廷召之。棃洲不願應清廷之召，但修史亦非學者可輕卸之責任，乃命其及門弟子萬季野代應召。季野赴京師，亦不願為清廷應召人，乃自署名片稱「布衣萬季野」。清廷亦任之，不加干涉。即此亦可知中國歷代史學家相承之一種特有精神。此皆為並世其他民族所不能有。

中國自漢代時，即有人言：「自古無不亡之國。」此非深通史學，亦何能為此言。但中國雖歷朝興亡，而中國之為中國則如故，五千年列朝相承傳統不絕。此亦見「國」與「天下」之別，「亡國」決非「亡天下」。朝代之更迭，異於民族之興衰。此又非我中華民族通天人之際，明古今之變，即深通史學，不能有此成績。

西方歐洲乃與中國大不同。希臘最先起，略當中國先秦時代，但希臘諸學繁興，獨無史學。繼起為羅馬，雖成一大帝國，亦無史學。又繼起為中古貴族堡壘時代，亦仍無史學。又繼起為現代國家，晚近三數百年內，乃始有史書出現。但僅有國別史，不能有一部歐洲之通史，歐洲人乃常分別為數十民族，而迄不能融成為一大民族。較之中國一民族五千年來之史學相傳，可謂遠遜。抑且自最近美、蘇之競起對立，歐洲英、法諸國，亦恐不能長此國別有史。中國人稱「史鑑」，前史即今人之鑑。然則當今之美蘇，亦恐不能常此兩強對立，一一惟在求變。此下之美蘇，又將成何局面，即美蘇人亦各不自知。並似亦不重視此問題。僅顧當前，不記已往，不念將來，宜其有此境界與成局。此則人類歷史中一至當反省而可感傷悼念者。

又如古埃及無史。印度亦甚古，亦無史。貫通古今，而一線相傳，繼繼承承，史乘不絕，則惟有一中國。然則中國雖當前衰退，一意嚮慕西方，而欲屏絕五千年之往古，此亦一時之變。孔子言「後生可畏」，又焉知此下中國不再繼有變？則舊史之繼踵迭興，亦意想中事。又焉能預定中國此下之決無此機運。

今欲中國史學復興又當如何？曰，中國史學復興，亦即世界人道之復興。列國紛爭變而為天下和平，求富求強變而為治平安定之常，由治國而上達於平天下，由中國而影響及於全世界諸民族。此亦人道所可有，亦天道所宜然。又何離奇詭怪之有。

然則何途之從而得有此？曰，則在中國人之好自努力。生為中國人，好好自讀中國史，自知其道。斯又何難之有。今再從最淺近處言之，姑先通文言文，先讀一部《春秋左氏傳》，再讀一部漢代司馬遷之《史記》，又更讀北宋司馬光之一部《資治通鑑》。繼此以往，賢者自能追求中國史學之深趣，而又何限制可言。則望吾國之後起賢者，能為吾國人自勉之。又為全世界人類前途並勉之。

但今日世界已儼然成為一歐洲人的世界，我們又如何能保全自己文化，繼承自己歷史，而並立在此世界之上呢？此則當有甚深的一番考量。如印度，亦自古一文明國，但久淪為英國殖民地。印度學人甘地，留學英倫歸，而教其國人以不合作運動反抗英國。此為印度人天性所近，亦其傳統文化所包有而能加以發揮。印度人堅持此一點，英國人亦感難對付。但中國人天性與印度人不同，傳統文化之性質又不同。竊謂以當今之中國人，來處當前之世界，求保全自己傳統，又當別有其道。

中國人說：「忠恕違道不遠。」忠恕是中國傳統文化中一要道。盡己之謂「忠」，己所不欲勿施於人之謂「恕」。故忠以自盡，而恕則以對人。近百年來，外患迭乘，而中國人傳統之恕道，似迄未消歇。如鴉片戰爭林則徐在廣州焚燒鴉片，是其對民族國家之忠。由此引生鴉片戰爭，中國割地賠款，又開五口通商，英國人並有治外法權，又繼之以英法聯軍，乃至八國聯軍。英國可謂乃中國近世遭遇歐洲最大一強敵，中國吃虧太深太大了。但中國人此一百多年來，對英國人卻並不抱甚深敵意。又如俄國，則在陸地上為中國東北一最大侵略者，中國人吃虧亦甚大。但最近中國共產黨乃以蘇俄為最親密之至友，至高懸馬、恩、列、史像於北京都門之牆上。即如最近四十年來，歐洲第二次大戰方息，蘇維埃勢力即得東來，外蒙古獨立，中國東三省乃至北韓，皆有蘇維埃勢力加入，何嘗非美國人加以引導？中國共產黨乃借此得勢。但中央政府遷來臺灣，對美親善之好意，則迄今無變。凡此之例，皆中國人傳統文化中恕道之一種表現，可謂至今猶無往而不見其存在與流傳。故對他人儘寬大，連深仇強敵亦如此。凡外國人來中國，無不感中國人待人之厚，說中國人多人情味。故中國人對人有恕道，無敵意。

但論忠道，則近百年來乃若有所喪失，甚至有打倒孔家店，清算舊文化來提倡新文化。不啻以西方人為師為友，而以中國古人為敵為仇。此不僅毛澤東共產黨有此姿態，有此意想。即共產黨得意以前之中國新文化運動，又何嘗不如此？故當前之中國人，或主親美，或尚親蘇，以至互相敵視則有之，但已不見有對民族自己文化舊傳統表同情重視者，此誠大堪憂傷之一事。此可謂乃國人對己之不忠。捨己之田，以耘人之田。不為己，又何以得為人。此乃當前國人內心莫大一病患，所不得不鄭重提出者。

然則當前國人，果能對自己國家民族五千年傳統舊文化回顧忠守，實無害於對外面文化有敵視反抗之意。而一旦歐洲新文化自當前美蘇對立之不可久之局面下，而又復有變，則不知其究將又有何等新情勢出現。而吾中華民族之五千年傳統之舊文化，苟能保全，則不僅對己方有利，對世界人類亦同樣有利。此雖是將來之新局面，而實亦未嘗不可作此預言。此則貴當前國人於仰慕西化之外，能反躬自省，仍對自己舊傳統能保持一番忠心自信者之平心省察，或可見我言之不盡虛發。

我生平九十餘年，稍有知識，即在此一途上努力，亦已稍有著作發揮其意。此篇不能詳陳，姑發其大旨。有心者儻不以我本篇之言為非，進而求之，自在賢達。僅此而止，幸讀者其恕之。

（民國七十五年十一月為僑委會《海華雜誌》作）

十、中國教育思想史大綱

上篇

一

中國學術傳統最大稱儒家。許慎《說文》：「儒，術士之稱。」術又稱藝。禮、樂、射、御、書、數為「六藝」。第一級為書、數，進一級能射、御，最高一級為禮樂。古代貴族階級主行政者，必通六藝。非貴族，能通六藝，進入政治舞臺則為「士」，亦稱「儒」。

春秋時代儒已極盛。如齊桓公用鮑叔牙、管仲皆為士，實即儒。晉文公出亡有從士五人，皆士。秦百里奚即士即儒，楚之孫叔敖亦即士即儒。孔子為春秋末最大一儒。

推而上之，《孟子》「天將降大任於是人也」一章，所舉傅說、膠鬲、管夷吾、孫叔敖、百里奚，皆孔子前古代貴族以外之士，亦即儒之較早淵源。

孔子祖先，在宋亦為貴族。但其後流亡至魯，則降而為士。

孔子以禮、樂、射、御、書、數六藝為教，集古代儒學之大成。孟子謂孔子之集大成，乃謂其集伊尹、伯夷、柳下惠，任、清、和三德之大成。

中國聖學，乃為人之學，即作為一理想模範人之學。故為人之學即盡性知命之學。依孟子意，人性當可分任、清、和三大類。任進取，清退守，和在兩者之間，可進可退，但必保有個性。柳下惠言：「爾為爾，我為我，爾焉能浼我哉。」此即其雖主和，仍保有其一己個性之證。若生斯世，為斯世亦善，而失其個性，此為鄉愿，最為孔子所不齒。西方文化主要乃個人主義，其手段若為人，其目標乃為己。中國孔子言：「古之學者為己。」此乃中國之個人主義。惟小己必在大羣中，未有能離棄大羣而得成其為己者。中國古人為己之學，其與西方個人主義大不同處乃在此。故為己之學主要即在為人。

中國儒家講為己之學可分四大步驟，一修身，二齊家，三治國，四平天下。又分人為五倫。《孟子．滕文公》：「契為司徒，教以人倫。父子有親，君臣有義，夫婦有別，長幼有序，朋友有信。」盡人皆在此五倫中，每一倫必有一道。父子、兄弟為天倫，夫婦、君臣、朋友則為人倫。人倫之道從天倫來，一切皆以修身為己始。故《論語》：「弟子入則孝，出則弟，謹而信，泛愛眾，而親仁。行有餘力，則以學文。」文字書本之學，當在做人立身之學之後。此為中國儒家教育之最要精神。

故中國教育精神先重行，次重知。先為己，再及人。從學則稱弟子，最高則上達為聖賢。聖君賢相，政治上最高人物亦當以身作則為人羣之教育表率，此乃中國人之文化理想。修、齊、治、平，一以貫之，則為儒學精神。

二

孔子迄今已兩千五百年。中國後人羣尊孔子為至聖先師。但其前，中國已積有兩千五百年深厚之歷史文化傳統，乃得有孔子之出生，故孔子實不啻為五千年來中國文化傳統中堅最高一代表。

孔子自稱其學：「述而不作，信而好古。」《論語》稱述中國古人始堯舜。舜為中國古代之大孝。其時中國在舜以前，當早已尚孝道。惟舜生一特殊家庭中，父頑母嚚弟傲，務置舜於死地。舜之行孝難，乃終成為大孝。生非常之世，處非常之事，乃得為非常之人，舜即其例。

舜之孝，上聞於當時之天子堯。堯重其事，欲詳知其人，乃不惜下嫁二女於舜。即此一端，已證堯為一無上崇德之天子。堯既重舜，乃用之朝廷，又擢升之為首相，任以天下事。

時方洪水為災，堯命鯀治之，無效，災益烈。舜殛鯀於羽山，改任鯀子禹。鯀用堤防，禹改用疏導。在外十三年，三過家門而不入。其子啓方生，哭聲呱呱，聞於外，禹亦不進家一視。禹之為人非不慈，亦非不孝，乃與堯舜同為中國古代傑出三大聖。

堯不傳天子位於其子，而傳之舜。舜亦不傳位其子，而傳之禹。堯子丹朱，舜子商均，皆稱不肖。乃謂其不能如其父，非指其別有失德。而堯舜皆以當時洪水為患，重天下而輕其家。其禪讓美德，乃常為中國此下四千年來所稱道。

禹既老，亦不傳位其子啓，而欲傳位於其臣益。但當時天下百姓懷念禹德，羣不奉益而奉啓，遂復天子世襲之舊。此下中國之朝代，父子相傳乃成大羣百姓之公共意見，而非出於帝王一人之私，亦於此可證矣。

但當時天下諸侯同尊堯、舜，同尊其禪讓，其心亦以為天下。及禹之死，洪水已平，乃同奉其子為天子，求以報禹之德。此見中國民族性情之敦厚，而豈禪讓與世襲之間，乃有是非高下之可爭。

陸象山言：「堯舜以前曾讀何書來。」當時尚無著書立說以教訓人為務。故堯舜之聖德乃屬於天。

堯舜禪讓，湯武征誅，事若相反，但雙方之心皆以為天下。孟子曰：「堯舜性之，湯武反之。」蓋謂湯武以堯舜之心反之己心，乃出於征誅，覺其有不得不然者。行若相反，道實相承。此乃中國文化傳統之相承。

周文王三分天下有其二以服事殷，是其時尚可忍以效法堯舜之讓，至周武王乃不得不轉而效法商湯之征誅。時代使然，雖聖德亦當隨而變。

湯時有伊尹，生畎畝之中，而欲堯舜其君，堯舜其民。乃五就桀，五就湯，而卒佐湯以革命。孟子稱之為「聖之任」。

武王伐紂，伯夷、叔齊叩馬而諫，又恥食周粟，餓死首陽山。孟子稱之為「聖之清」。故就中國歷史論，可以有堯舜之禪讓，亦可有湯武之征誅。可以有伊尹之任，亦可有伯夷叔齊之清。天之大德，或陰或陽，相反而相成，於是乃有和。而柳下惠乃亦得為聖人，孟子尊為三聖人之一。

周公大義滅親，而終相成王，不自居天子位。則周公之德，實兼征誅禪讓，亦任亦清，早當為聖之和。而孟子乃獨舉柳下惠以為「聖之和」。此乃特稱一常人，而其義乃特顯。

堯、舜、禹、湯、文、武、周公，乃至伊尹、伯夷、柳下惠，不論其位論其德，皆不失其有己。有己則必同有人，乃成其為德。其事則隨時、隨地、隨人、隨事而變，而其心則出於一。故孔子曰：「天生德於予。」而孟子則以孔子為聖之集大成。故孔子之集大成，既可謂集人性之大成，亦可謂乃集中國文化傳統重性重德之大成。中國此下教育之最高要義亦在此。

三

再說堯、舜尚屬五帝時代，禹以下乃為夏、商、周三代，乃中國古代史上最輝煌的時代，常為中國後代人稱道。中國古人說「夏尚忠、商尚鬼、周尚文」。此說三代之風尚教化各不同。

夏尚忠，質樸無華，表裏如一，不辭勤勞，損私以為公。夏禹之治水，可為其最高榜樣。亦可說中國民族便是一尚忠的民族，中國文化即是一尚忠的文化。內本之性，外見之德。在大羣中各盡己心，在己心中常有大羣，團結成一大總體。而各部分各個人，愛家愛國愛天下，其在總體中，則各有其意義與價值。此下的中國人，則常稱為諸夏，故夏代人即代表了中國人。

其次商尚鬼。人死為鬼，死生同是生命之一體。故在現實人生中，仍可有鬼神作用。忠於現實，又進而信仰既往，團體性之上又加進了時間性。商之尚鬼，猶其他民族之有宗教信仰。希望信仰雖在外，盡心盡力則在己。如商湯久旱禱雨，自登祭臺獻己身為犧牲，即可為一例。

近代發現殷墟龜甲文，亦可為商尚鬼之一證。遇事每問卜，但所問多屬人事。亦可說繼夏代之尚忠，而增之以尚鬼，此乃文化之演進，而非轉變。

周尚文，則繼夏尚忠、商尚鬼之後，又加以演進。周公制禮作樂，亦尚忠，亦尚鬼，是周代文化演進，更在夏、商之上。而夏商之精神，則仍然保留。周尚文之「文」，猶近代俗語所稱之「花樣」。人生花樣日多，亦即人類文化進步一現象。禮之外貌有近於尚鬼，而禮之內涵實本於忠。對人對事不忠，則一切禮盡成虛偽，要不得。

孔子最重學周公，自稱：「十室之邑，必有忠信如丘者，不如丘之好學。」商尚鬼，亦即忠信一「信」字。人性之忠信本於天，又繼之以好學，於是花樣日多，文化大成。

孔子之學，實繼以往歷史來，亦可謂乃集中國以往歷史文化之大成。

四

周室自平王東遷，天子號令不行於諸侯，列國紛爭，三代之後遂繼之以春秋之亂世。但雖亂世，三代之道，仍多相傳。春秋時代，諸侯中有挾天子以令諸侯者，此如西伯昌之三分天下有其二以服事殷，不為湯武，乃為西伯。後人稱之為霸道，「霸」即是「伯」字之變。

春秋有五霸，其實真為霸者，惟齊、晉兩國。孔子稱：「齊桓公正而不譎，晉文公譎而不正。」則同是霸，孔子仍分其高下。中國歷史重人，乃重其人之德與其道。孔子作《春秋》，其義即在此。

管仲初從公子糾，其後乃佐齊桓公成霸業，豈不棄親從仇？其實亦如伊尹之五就桀、五就湯，其心乃為天下。孔子曰：「九合諸侯，一匡天下，微管仲我其被髮左衽矣。」孔子尊管仲，則管仲猶如伊尹之能任。

從晉公子重耳出亡者有五臣。晉之霸業傳八世，佐命之臣，能任者不少。宋以小國，襄公亦以霸業自任。宋向戌弭兵，亦以天下自任。即如鄭商人弦高，亦能任。齊太史兄弟以書「崔杼弒君」相繼見殺，亦能任。如此之類，春秋時代不絕其人。

泰伯、虞仲讓國，伯夷、叔齊讓國，春秋讓國者亦多。尤其如吳季札更見稱。晉太子申生以孝稱，楚之伍尚、伍員亦以孝稱。其他稱孝者亦不絕書。以其他德行稱者，尤不絕其人。余曾撰〈春秋時代之道德精神〉一文論其事。故《左傳》乃中國後世治經史之學一部人人必讀書。更著者，如晉有程嬰、公孫杵臼，其事詳於司馬遷《史記》而不載於《左傳》與《國語》，更為後世不絕稱道。

要之，一部中國史，乃一部中國人文精神史，亦可謂乃一部道德史、教育史。

中國乃一氏族社會，一姓一家，均得歷數千年迄今。魯叔孫豹先孔子生，稱氏族襲位乃世祿，非可貴。立德、立功、立言乃不朽。此語傳誦數千年，亦立言一例。所謂立功，乃指大羣福利，非專為私人。立言亦為羣眾，立德尤然。

孔子在當時，非有大功大業可言，其言亦僅傳於其門人弟子間。而其為人乃亦為舉世所尊。

其在魯，魯哀公、季孫氏不能用，但不得謂不尊孔子。其出遊，齊、衛、陳、楚諸國君臣亦皆加愛敬，但均不能用。蓋孔子所主張，乃為人類長時間大生命計。世人則為空間現實之小生命所限，多所顧慮，遂不能用。此皆在其德。叔孫豹所謂「太上立德」，其義誠深遠。三不朽之說，叔孫豹已先孔子而發。此亦可見中國人之民族性，早自堯舜時代，迄於春秋，乃至孔子，其德其行其言，乃益彰益顯。此乃中國之歷史文化特質，教育特質，亦由此來。

五

春秋以後有戰國，世益亂，而道亦益盛。其道則在下不在上。戰國為中國史上學術昌隆一時代，其學術昌隆即是道。

中國古代道在上，在政府，在君相大臣，後人稱之為「王官學」。孔子以下其道在野，在民間，所謂「百家言」。

門人受學稱「弟子」，則師即如父兄，為一家之長。故先秦之諸子學又稱「百家言」。父、子、孫、曾，其傳悠久而廣大，亦如一家之相傳。師則尊稱曰「子」，亦如諸侯之稱「伯」。戰國始有諸子百家，而孔子則為中國歷史上關鍵轉捩之第一人。

孔門儒家，此下兩千五百年來，為諸子百家中獨尊獨盛之一家。亦可謂中國民族文化，乃一部儒學史，中國文化即孔門相傳之儒學化。此暫不詳論。姑先論繼孔子儒家而起之其他諸子百家。

孔子後，最先起者為墨翟。墨家反對儒家，實則墨家之學亦承儒家來。孔子述而不作，信而好古。其實墨翟亦然。惟於儒家稱述古人中，獨推夏禹，曰：「非大禹之道，不足以為墨。」夏禹治水勤勞在外，足無胈，脛無毛。墨子則曰：「摩頂放踵，利天下為之。」故墨道乃可謂承效夏禹之尚忠。

墨子之最異於孔子處，孔子言孝，而墨子則主「兼愛」，曰：「視人之父若其父。」兼愛不可謂非德，但於人性則有所違離。儒家言德本於性，墨家則本之天。曰「天志」，曰「尚同」。但天之生人亦有異。父母各異，孝道若有私，實則其性同。墨子兼愛，必主視人之父若其父，豈不轉違於性。

故墨道雖若視孔子為大，其人則可尊不可親。孟子曰：「人皆可以為堯舜。」孝與讓，豈不人人能之？但不曰人皆可以為禹。非洪水為災，即何來有禹。禹亦非不孝不慈，但迹近不孝不慈，非尋常人處普通環境所當學。故墨家雖盛於一時，而終不傳於後世。

繼墨翟起者有楊朱。楊朱一反墨道。墨主「兼愛」。楊主「為我」，拔一毛利天下不為。言若近於義，而實違於仁。故一時雖楊墨並稱，而楊朱乃終不能與墨翟比美。亦可謂「為我」亦人之性，但終非人之德。此有近於荀子所謂之「性惡」。故孟子雖曰「楊墨之言盈天下」，然楊朱有性無德，則終不成為一家言，其道終不傳。由性以成德，此乃孔門之大教。

繼起者又有莊周，為道家，兼反儒、墨。其言若有似於楊朱，而實亦與楊朱異。楊朱專就人言，莊子則推之於天。

莊周之學實亦述而不作信而好古，有近於孔子。惟孔子僅言及堯舜，莊周則更推而上之言黃帝。人文演進愈趨複雜，相異日增。人事愈古，則愈簡單，愈見其同。莊周則憂其異而求其同。人文歷史之上，更有大自然之天，則更見其同。莊老道家，由近世以返之古，由人文以返之天，即自然。於是無為乃更貴於有為。

莊老道家實亦言天志尚同，其言似偏近於墨，實則其反有為反人文則更遠於墨。

繼起有許行為神農之言，其言：「與民並耕而食，饔飧而治。」尚勞作，似近墨。實則益推而上，其言治國平天下之道，益簡單，益自然，則又近於道。

若求為神農，則惟如老子之言「小國寡民」，始能之。若求小國寡民，則黃帝時中國已成大一統，則道家言亦自有矛盾，難經詳究。

六

孟子與莊周、許行略同時，孟子言：「乃我所願，則學孔子。」又言：「能言距楊墨者，皆聖人之徒。」則孟子確然為一儒。孟子又言：「孔子聖之時。」孟子已與孔子異時，孟子亦依時立教，故孟子言亦與孔子多異。

孔子曰：「苟有用我者，我其為東周乎。」亦尚言齊桓、晉文。孟子則斥霸道，申王道，又言：「以齊王猶反手。」孔子甚推管仲。孟子則曰：「子誠齊人也，知管仲晏子而已矣。」孔子時夢周公。孟子則曰：「人皆可以為堯舜。」又曰：「天下定於一，不嗜殺人者能一之。」人人能孝能讓，自能不嗜殺人。則人皆可以為堯舜，亦即可為天子，為一世之共主。

依近人觀念，時代進步，思想亦進步。孟子之於孔子，如上所言，亦其例矣。

孔子不言性與天道，孟子則亦言天道，更盛唱性善論。此為其學術思想之異於孔子處。孔子言：「學不厭，教不倦。自行束脩以上，未嘗無誨焉。有朋自遠方來，不亦樂乎。」孟子則謂：「人之患，在好為人師。」又曰：「歸而求之，有餘師。」

宋代理學家起，孔孟連稱，言孔則必及孟，未有捨孟而專言孔者。故中國學術思想有其傳統，亦有其時新。今人乃謂中國人一意尊孔，務守舊，不知開新。但中國實舊中有新，亦如變中有常。如人生有幼稚，有耄老，有生亦有死，而死後仍有生。生生不絕，而實一貫相承。中國乃一氏族社會，其學術思想亦如此。故戰國諸子稱「家言」，其義深長矣。

孟子之後有鄒衍，乃會通儒道兩家成陰陽家言。儒家重人道，道家重天道，陰陽家亦言人道，而終歸之於天道。道家言天亦言物。陰陽家亦然，乃有金、木、水、火、土五行之學。儒家言性亦言物，而歸重於德。陰陽家乃兼言物與德，而有「五德終始」之說。論物性，依近代人觀念言，可謂之自然科學。論人之德，依近代人觀念言，乃歸極於人文科學。

五行相生相剋，五德因之有終有始。《大戴禮記》有〈五帝德〉一篇。中國歷史上朝代興亡，聖帝明王，隨時而起，人道即本天道，帝德皆由天命，在陰陽家言中，乃自有其一套歷史哲學。

孟子言仁義道德，一本之孔子，純屬人文精神，乃有甚深教育意義存其間。鄒衍雖亦同言仁義道德，但一歸之天命，屬於自然，乃無人文精神在內，亦無教育意義可言。鄒衍與孟子之相異乃在此，陰陽家言與儒家言之不同亦在此。

中國後世學術流傳，仍是一套儒、道相通之學。而陰陽家言，則廣泛流傳於社會之下層。近人或謂中國之自然科學源於道家，實不如謂其乃成長於陰陽家。

陰陽家尊天，近宗教。近人則謂之不科學，乃迷信。其實中國陰陽家言，乃匯通宗教、自然科學、人文科學與歷史哲學為一體，大值今人之重為闡說與發明。

鄒衍之後有荀況，一反鄒衍陰陽家言，乃連帶反及孟子與子思。又反老聃、莊周言天道。而一尊孔子。

荀況主性惡論，有「化性起偽」之主張。物性人性皆本自然，皆命於天。荀況則不尊天，反自然，故主「化性」。「偽」者乃人為，即人文。人生中之所謂善，乃起於人為，由於人文化成。

主其事者為聖，故荀況乃不尊天而尊聖。

荀子既尊聖，乃尊師，亦勸學。其所謂化性起偽，主要乃一種教育功能。

孔門四科，德行、言語、政事、文學。孟子所重在人生內在之德行，荀子所重在人文外見之文章。

德行之學重在身體踐行。孟子曰：「舜之在深山之中，與木石居，與鹿豕遊。及其聞一善言，見一善行，沛然若決江河。」孔子亦曰：「三人行，必有吾師焉。擇其善者而從之，其不善者而改之。」故德行重在以禮處羣，反己自發之自我教育。人與人相交，學重在己不在師。文章之學則於典籍中上師古人。

孟子曰，有親炙之者，有私淑艾者。聞古人之風而學之，則為「私淑艾」，仍在人與人相交接。孔子曰：「述而不作，信而好古。」則在典籍中上師古人。故孔子之夢見周公，實亦以讀書為學，非以從師為學。

中國後人言，有身教有言教。「身教」乃以己之德行教，「言教」則以文章典籍教。孔子學不厭教不倦，則兩者兼之。

孟子主「性善」，重在能自學，故曰：「非不能，是不為。」荀子主性惡，重在學聖人，聖人在古不在今。故〈勸學〉乃勸人讀古書，學古聖人。

孔子以禮、樂、射、御、書、數六藝教，其教子伯魚曰：「學《詩》乎！學禮乎！」其實學《詩》即學禮，重在學當身之實踐。顏淵言：「夫子步亦步，夫子趨亦趨。」此亦學孔子之當前履行。然又曰：「夫子博我以文，約我以禮。」則孔子於當身實踐之外，亦重文章之教。即一「禮」字，亦同兼文章與踐行，實兼古今而為一。

孟子言教與學，不重一「禮」字。古禮已不存，故孟子惟重言「性」。其言教育，乃重在啓發，不重模倣。荀子主性惡，則重模倣。在亂世，則惟有在典籍中為學。

孔門六藝乃指禮、樂、射、御、書、數，皆習行之事。荀子以下，儒家言六藝乃轉為《詩》、《書》、《禮》、《樂》、《易》、《春秋》，皆古代之典籍。《樂》附於《禮》，乃稱五經。實可謂此下漢儒經學，乃從荀子來。

此下儒家一重德行，一重文章。一重習行，一重經典。故孔子以下之儒家，分為孟、荀兩大派。

唐代韓愈言，孟子大醇，而荀子有小疵。其高下之間只在此。要之，則不可偏廢。

亦可謂墨家亦重習行，轉近孟子，但墨家更重師，乃有鉅子之出現。若得盛行，當近宗教組織。許行農家之學亦重習行，儻得流傳，則近政黨組織，有如近代之共產黨。但不主階級鬪爭，僅主思想之和平傳播。此見中國之國民性。

道家一任自然。老子曰：「絕學無憂。」不尚學，乃亦不尚教。道家既不教人學，乃亦不為師。惟其不為師，無弟子，乃重自著書。如《莊子》有內篇七篇，乃戰國諸子百家中自著書之第一人。孔子亦著《春秋》，其弟子游、夏之徒不能贊一辭。《春秋》乃一部歷史書，惟不僅記載史實，而實寓有一套甚高深的歷史哲學在其內。

七

中國文化有兩大特點，與西洋文化不同處。一在其重視史學，一在其重視教育學，而皆自孔子創發之。孔子《春秋》重視人事褒貶，此即歷史學與教育之相通處。

中國史學，乃從人類大羣體之長期經驗中，指點出治國平天下之人羣大道來。中國教育，則從此大道中來培植其領導人才，為其最高目標。故在中國文化體系中，道統更高於治統，而師道亦更高於君道。

在中國人之理想王國中，孔子應為其最高領導人，而孟、荀則為其左右兩輔弼。孟子主張法先王，荀子主張法後王。法先王偏近理想，法後王則偏重實際。要之，立德、立功、立言，三者一以貫之，則為儒家之最高理想與主要任務。

今再綜述上文，戰國諸子百家中，主要者有儒、墨、道、農、陰陽五家。尚有名家，實即墨家之支流，迹近西方哲學中之邏輯辨學，茲不詳。

《荀子》書中有〈正論篇〉，有〈非十二子篇〉，除提倡孔子外，將墨子以下各家均加駁斥。繼此乃有韓非之法家。韓非亦荀子門人，而又兼采老子之說，又為韓之諸公子，故不重史學，亦不重教育學，而特創為法家言。

韓非云：「儒以文亂法，俠以武犯禁。」俠乃墨家之流變。是韓非輕教化而尚法禁，重政統而卑道統。果不深取荀子尊崇聖學之意，而僅采其性惡論，與其法後王之說，則其為害之烈，乃有不堪言者。韓非法家言，即其例。

其同時又有呂不韋，本趙國一商人，乃得西為秦相。廣招東方學人，欲融會百家，和通為一家言。其書有《呂氏春秋》，後人稱之為雜家。其他尚有縱橫家言與小說家言，此亦不詳。

八

秦始皇帝統一六國，即荀子所謂之後王。而秦始皇帝乃自認為中國有史以來所未有之新王。夏、商、周三代天子稱王之前，尚有五帝及三皇。秦始皇帝乃兼其稱曰「皇帝」，自號「始皇帝」，認為子孫世襲，可以二世、三世，以至萬世而不絕。

呂不韋先已獲罪，諸賓客皆見逐。而始皇帝又私喜韓非書。李斯為秦相，亦荀子門人，與韓非為同學。時博士官中，諸儒勸秦復封建，李斯乃獻議罷諸儒博士官，焚民間所藏儒書。又詔書中明申「以古非今者族」。是則果有據孔子意來非時政，即當得滅族之罪。較之韓非，似更酷矣。但韓非李斯於秦皆不得其死，而秦亦傳二世即亡，則荀子之言人性惡，亦信有證。而人性亦終不盡於惡，亦即於此可證矣。

惟在上之政治，既漸臻於統一，在下之學術，似亦當漸求其統一。荀卿、呂不韋皆已開其端。《中庸》與《易傳》兩書，皆當出於秦代焚書之後，亦皆有意於學術之會通。漢興，淮南王著書又繼之，河間獻王亦有意於此，而漢武帝乃成其業。

表章五經，罷黜百家，其議始於董仲舒。仲舒之言曰：「行其義不謀其利，明其道不計其功。」確然分道義與功利而為二，可謂深得儒家傳統。

但當時有《孟子》博士，亦罷免。既云「罷黜百家」，儒家亦在其內。獨尊五經，乃尊其為古代之王官學。於是王官之學與百家之言，在當時乃為學術上一大分野。孔子作《春秋》，自稱為天子之事，知我罪我，其在《春秋》。漢人列《春秋》為五經，亦以其為王官學見尊。

《論語》則與《孝經》、《爾雅》，同列為當時三部小學書。

漢人連稱周公、孔子，孔子乃以其能繼周公之王官學而尊，非以其創儒家言而尊，此終是當時一偏見。此下乃尊《論語》過於尊《春秋》，尊孔子過於尊周公。至唐代，乃尊孔子為至聖先師。此始是中國文化學術史上一大進步。

其實漢尊五經，惟《詩經》乃孔子以前書。如《書經》，則〈堯典〉、〈禹貢〉諸篇當出孔子後，《儀禮》乃士禮，其書亦孔子後人所作。《易》在孔子時為卜筮書，明見《論語》。孟、荀亦皆不言《易》。《荀子》書中有言及《易》處，亦出荀子後。〈十傳〉乃秦代焚書後之作。孔子《春秋》則有《穀梁》、《公羊》兩傳，在博士官中生爭論。《左氏傳》更講誦在後。則漢代之博士官學，實亦非周代王官學之舊。

戰國諸子創為家言，門人傳習，重在有師弟子之教育。而西漢博士弟子從學，則定於政府法令，與戰國時代自由教育之情義亦別。

若從歷史論，則西漢博士官學實非即古代之王官學，不如戰國諸子家言各有獨創，為一家之新義。故漢代之經學，即博士官學，實有遜於戰國之諸子學，不能相與媲美爭勝。惟西漢則為一治世，而戰國則終不失為一亂世，如是而已。

抑且漢儒之尊孔子，乃多依鄒衍陰陽家言。鄒衍陰陽家創為五德終始之說，如謂秦以水德王，漢以火德王，此皆天命使然，非秦始皇帝與漢高祖其人之確有德。則其言「德」字，已顯與孔孟相傳儒家言德有異。

司馬談為初漢史官，其實此即是古代之王官學。有〈論六家要旨〉篇，獨尊道家言。其子司馬遷襲父位，從學於孔安國，學《尚書》。又承董仲舒意，學孔子《春秋》作為《太史公書》，後人稱為《史記》。獨尊孔子，特為〈孔子世家〉。又為〈仲尼弟子列傳〉、〈孟子荀卿列傳〉，尊孟子斥鄒衍。其他諸子中，則為〈老子韓非列傳〉，謂：「韓非源於老子，而老子深遠矣。」其論學乃特有深見。

又為〈儒林列傳〉，漢初經師，皆列入儒林，則漢代之博士官學，實承戰國儒家來。此則更為深見之尤。司馬遷實亦為西漢一大儒。

西漢晚年有揚雄，好為辭賦，實非儒學。晚而悔之曰：「雕蟲小技，壯夫不為。」乃效法《論語》作《法言》，又效法《易經》作《太玄》。此亦不失為西漢一大儒。

九

王莽乃以陰陽家言起而代漢。但豈得謂王莽之確然有德。故自光武中興，而陰陽家言遂漸衰。但自此而五經亦失去其共同內涵之要旨。東漢諸博士遂致於倚席不講，太學僅具一形式。

班固繼司馬遷為《漢書》，特闢〈藝文志〉及〈古今人表〉兩篇。孔子教顏淵，分「博文」「約禮」兩端。班氏此兩篇，於此下儒家教育思想有大貢獻，亦東漢初一大儒。

亦有起而反孔子者，則如東漢初之王充。故東漢學術乃又與西漢有異。

東漢士人中最見重者如郭泰林宗，其身分僅一太學生。其實林宗非一經學家，實乃一教育家。又如黃憲叔度，其人亦非一經學家，隱居在野，而其私人德行，乃為一代之宗師。時人乃以顏淵擬之。

晚漢鄭玄，人稱其「囊括大典，網羅羣言」，最為經學一大師。實則僅訓詁家言，非能於經學大義有所發明或創新。

下至三國，經學乃不復振。

當時羣稱經師經生為「儒林」。其實兩漢經學，非可即謂是戰國之儒學。而如司馬遷、班固諸人之史學，實於儒學為更近。

漢代人言：「黃金滿籝，不如遺子一經。」經學已為仕宦之階梯，而教育精神乃漸狹縮在家庭中，於是乃有門第之興起。

東漢時道家言亦漸興。如嚴光即其一例，即鄭玄亦是一例，又如三國時諸葛亮又是一例。諸葛亮實亦門第中人，隱居隆中，自稱：「苟全性命於亂世，不求聞達於諸侯。」豈非亦迹近黃老道家言？經劉先主三顧，遂許之以馳驅。先主卒，其告後主曰：「鞠躬盡瘁，死而後已。」其教子書則曰：「澹泊明志，寧靜致遠。」則諸葛之傑出，實亦儒道兼修。

倘以諸葛亮為近於伊尹之任，則管寧乃近伯夷之清，徐庶乃近柳下惠之和，此三人實皆一代之大儒。而隱顯異跡，又誰歟能深切視之。故兩漢之提倡經學，其影響之深厚廣大，豈不經三國之喪亂而乃益見其無可企及乎？讀一部中國二十五史，不得不深通儒家言，其要旨乃在此。

最以治道家言知名者曰王弼。治《周易》，又治《老子》，亦儒道兼修。又何晏註《論語》，邢昺為之作疏，亦皆儒道兼修。「王與馬共天下」，而王導之在東晉，終為臣不為君，此亦儒道兼修。可見戰國道家言，其大義深旨實可通與儒，觀於三國、兩晉而可見。故治中國文化史，貴能儒道兼修。此則戰國諸子莊老之功亦終為不可沒矣。

郭象注《莊子》，其中多雜儒家義。陶潛在晉宋間，以詩名，其人亦儒道兼修。此下南北朝人，亦多儒道兼修，不俱舉。或謂其時儒學失傳，道家盛行，則實失之。

其時適佛學東來。或道、佛兼修，或儒、佛兼修。專信佛者則甚少，而尤以儒佛兼修為最得一時之重望。

最著如竺道生，一闡提亦得成佛，即孟子「人皆可以為堯舜」義。梁武帝信佛，實亦儒佛兼修。昭明太子為《文選》，甚重陶潛，其為學之統可知。劉勰為《文心雕龍》，其以釋而兼修儒，更可作明證。

故儒學自孔子後，乃為中國傳統之學，即在魏晉南北朝時亦然。此一層，治中國學術史最不可忽。

北周有蘇綽，其政治制度上之建設，影響隋、唐甚大，而其人亦儒佛兼修。下及隋代，王通乃北方一大儒。其所造詣，當可上比董仲舒。可知儒學之在魏晉南北朝，亦確然仍有其傳統。

十

唐代號為儒、釋、道三教並盛。

自隋代，佛教始有中國僧人自創之宗派。如天台、華嚴、禪三宗，皆可旁通儒家大義。天台宗最先，空、假、中一心三觀，顯參儒家義。華嚴宗分理法界、事法界、理事無礙法界、事事無礙法界。理即其空，事即其假。事事無礙，則出世一歸於入世，非由釋之返儒而何？

禪宗最廣泛流行，即身成佛，立地成佛，亦即「人皆可以為堯舜」義。五祖以《金剛經》「應無所住而生其心」一語告六祖，最為禪家要旨。心無所住，則有物如無物。心常生，則即性，即德，即天，即涅槃，亦即長生。而儒家之淑世精神，亦即在是矣。

玄奘以印度佛法各宗派已盡傳中國，獨惟識一宗無傳，乃親赴印度求之。此亦儒家之博文精神矣。

一部中國史，乃一部中國人文化成史，亦即一部中國文化史，亦即一部中國儒學精神史。而此儒學精神，則亦隨時隨地無所住而生。

唐初雖定《五經正義》，然經學則實已衰。

唐代考試取士則用《文選》，故曰：「《文選》爛，秀才半。《文選》熟，秀才足。」唐代之儒學精神乃亦從詩中見。陳子昂詩：「前不見古人，後不見來者，念天地之悠悠，獨愴然而涕下。」此非十足之儒學精神而何。李杜繼起，李白稱詩仙，乃儒道兼修。杜甫稱詩聖，則為醇儒。

韓愈繼起，以古文鳴。而曰：「好古之文，乃好古之道也。」其闢佛則以孟子自比。又唱師道，為〈師說〉一文，曰：「師者，所以傳道授業解惑也。」為古文即其業，闢佛即以解世人之惑。其論傳道，則曰：「弟子不必不如師，師不必賢於其弟子。」故孔子門人言：「夫子賢於堯舜遠矣。」韓愈之闢佛，其功或更勝於孟子之拒楊墨。故於儒學傳統中，亦終有其時代之進步。

杜佑著《通典》，有功史學，實亦一種儒學精神。儒學不衰於魏晉南北朝，豈有獨衰於唐代之理。

下篇

一

宋代儒學大興。

經唐末五代十國政治長期混亂之後，學術傳統不斷將絕。宋儒乃於黑暗寒冷中，自發光熱，與漢儒之經政府奬勵提拔而起者，大不同。

如范仲淹苦學於長白山一僧寺中，胡瑗苦學於泰山一道院中。范仲淹斷虀畫粥，胡瑗投擲家書於院外澗水中，獨學無友，平地突起，乃於中國儒學史上發新光芒，創新精神，開新風氣，成新品格。此實有大堪稱頌者。

范仲淹為秀才時，即以天下為己任，先天下之憂而憂，後天下之樂而樂。伊尹聖之任，仲淹似之。孫復亦一人獨學於泰山僧寺中，宰相李廸下嫁其姪女，而孫復終不出山寺。伯夷聖之清，孫復似之。胡瑗講學蘇湖，朝廷取其法於太學，又任胡瑗為太學長。柳下惠聖之和，胡瑗似之。

書院講學之風，師道之興，乃更為此下中國儒學史上最大一特點。

兩漢經學不啻乃言教。魏晉南北朝門第教育限於家庭。唐代可謂無師道。宋儒之尊師道，則尤較戰國為勝。故漢儒為經師，宋儒為人師，宋儒影響深入於全社會全人生，其於中國民族之文化傳統貢獻為尤大。

子夏言：「學而優則仕，仕而優則學。」仕與學，為儒家兩要途。范仲淹出仕，孫復則不仕，但為《春秋尊王發微》一書，高揭中央政府統一大義，為政治思想上之最高領導。而胡瑗蘇湖講學，分經義治事兩齋，會學術政治為一途，尤為作育人才一最大規模。

宋儒初興，如范、如孫、如胡，皆可稱通儒。其稍後起，歐陽修以文學名家，但亦精史學經學。司馬光以史學名家，但亦治經學文學。尤如王安石，歐陽修以韓愈繼承人勉之，而安石則自稱欲為孟子。方其為相，集其徒同為《三經新義》。故宋儒皆通才多能，博於文而約於禮，此為與漢儒多以經學為學為教者有異。

范仲淹有慶曆變政，王安石有熙寧變政，引起新舊黨爭，而此下儒學又生一大變。

二

《宋史》乃於〈儒林傳〉外，別立〈道學傳〉，而以周濂溪為之首。道學於周敦頤濂溪外，尚有張載橫渠、程顥明道、程頤伊川共四人，後人稱周、張、二程。亦可謂道學始於濂溪，而成於橫渠、二程。

濂溪不務仕進，不尚著述，僅為一縣令，隱居求志，可謂近於性之清。僅有《易通書》一部，內附〈太極圖說〉，極為後世稱重。《通書》言：「志伊尹之所志，學顏子之所學。」伊尹之志，乃中國儒家大傳統。顏子之學，則為有宋道學家之特所重視。

橫渠則近性之任。故曰：「為天地立心，為生民立命，為往聖繼絕學，為萬世開太平。」其任重道遠有如此。又勤於著述，其書最著者為《正蒙》。

二程近於性之和。初聞學於濂溪，後又交橫渠。若謂濂溪學近孔門約禮一面，則橫渠乃近博文一面，二程則執兩用中。其最有影響於當時及後世者，乃為其重視教育，實當為此下道學家最大開山。

今當特別提出者，范仲淹出師關中防西夏，橫渠以少年上書言兵事。仲淹戒之，勉以向學，並授與《中庸》一書。橫渠〈西銘〉最得二程重視，其思想淵源，可謂乃從仲淹來。

程伊川入太學，從學於胡瑗。胡瑗出題「顏子所好何學論」，伊川一文得獎，遂升為助教。則伊川之學，宜亦顯受胡瑗之影響。

又橫渠、明道，其先亦曾在王安石推行新政下受職。

又伊川為侍講，亦遵安石前軌，主天子立而聽，為師者坐而講。則道學家與宋初儒林，亦顯有其一貫相承之轍迹。

道學與宋初儒林之精神最相殊異處，當為濂溪教二程「尋孔顏樂處所樂何事」一語為之主。孔子之十五志學，至於七十而從心所欲不踰矩，當為道學家一最大嚮往之規模。

明道言修養主於「敬」，伊川補充言「進學則在致知」。一偏約禮，一偏博文。二程此一層，乃開此下道學之歧途。

三

南宋朱子繼起，後人稱「濂、洛、關、閩」。朱子乃更為道學中一大宗師。後人又連稱程朱。其實朱子學近博文，上接伊川，乃為此下陸、王一派所反對。至於濂溪、明道，則不在陸、王一派反對之列。

朱子在中國儒學史中之最大貢獻，在其定《論語》、《孟子》、《中庸》、《大學》為四書，並為之作集注章句。此下四書地位，乃在五經之上。周孔並稱，改為孔孟並稱。此實中國儒學史上一最大轉變，而朱子實為其主動。

陸九淵象山與朱子同時，反對朱子。其言曰：「先立乎其大者。」又曰：「堯舜以前曾讀何書來。」先立其大，即指己之一心。學之主要在己心，不在讀書。明主約禮而反博文，實與顏子言「博我以文，約我以禮」之言有違。故朱子謂「顏子細，孟子粗」。實則象山之學乃專主於孟子。

後人以朱子主「性即理」，象山主「心即理」，所爭乃在此「理」字上。道學遂又改稱「理學」，陸王則或稱為「心學」。

四

蒙古入主，元代興起，而儒學又大變。主要者在為儒則不務仕進。許衡與劉因之高下，即由此判。即許衡亦自悔之，故臨終囑立其墓碑但書「許某之墓」，使子孫識其處足矣。

元代亦定科舉考試制度，亦先四書後五經，永為明清兩代遵守，則乃許衡之功。

但元代真儒則決不應科舉考試，而務於書院講學。元代又定制，全國設書院。地方官上任，其首先第一事，即為赴書院聽講。故元代中國，政亡於上，學存於下，為中國歷史上一奇蹟，亦為中國文化傳統精神一特色。而道學之貢獻，此亦其一端。

五

明太祖乃繼漢高祖，以平民為天子之第二人。亦知崇儒，但終不免求以儒學為政治之用，此與道學宗旨仍相背。故明之代元，雖為民族革命，而儒者乃多隱而不出。亦有出而終於求退，與西漢初年之不見有儒又大異。

尤以明成祖誅方孝孺，明儒乃多承元代遺風，以隱居不出仕為尚。吳康齋、陳白沙諸人，可為其代表。

王陽明謫居貴州龍場驛，發明良知學說，為中國學術史上絕大一佳話，而道學乃流而為心學。此下王門如王龍溪、王心齋諸人，皆極富傳奇性。流而為羅近溪、李卓吾，其人其事其學，更見為不尋常。

儒學自孔孟以來，修身、齊家、治國、平天下，其道主上流，不主下流。其學皆有出有處，有進有退。王學乃一主下流不主上流，在野不在朝，有處不出，有退不進，乃有儒、釋、道三教合一之說。

學術與政治劃成兩截，不僅在儒學中為一大變，即就戰國諸子百家言，亦成為一大變。教育之風遂亦因而大變。

顧憲成、高攀龍力矯其弊，力主為學必通於從政。而東林書院之講學，必上議朝政。其教育亦與當時王學有大別。

晚明儒士議政，同稱東林。而明社亦偕東林黨派以俱終。

六

滿洲入主，清代亦如元代，同為異族政權。而清初儒風，乃與元初有大異。

清初，明遺民皆不仕而議政。黃棃洲為《明夷待訪錄》，力斥明太祖廢宰相。又主學校當為在野議政中心。顧亭林則謂：「國家興亡，肉食者謀之。天下興亡，匹夫有責。」其為《日知錄》，主要中心亦為議政。惟棃洲偏重中央，亭林則偏重地方，斯其異。黃、顧皆不仕。王船山更隱居湖南深山中不出，但其論學亦一歸於論政。晚年有《讀通鑑論》與《宋論》兩書。

上述三人，後稱清初明遺民中三大儒。但皆重著述，不重教育。惟棃洲一人有弟子，顧、王皆無。但此三人，其實皆當歸入〈儒林傳〉，不入〈道學傳〉。其風則遠自東林啓之。亭林論學，志在為大羣謀治平，不在為個人作聖賢，故其論學最反對陽明。船山不講學，勤著述，故其晚年乃特喜橫渠，於程朱轉加輕。

清初諸儒中，其人確可入〈道學傳〉者，當為李二曲。身居土室中，不與人接。伯夷、叔齊之清，二曲可上追其遺蹤。

其他如南方有陸桴亭，北方有顏習齋，皆授徒講學，其人宜亦可入〈道學傳〉。惟在清代異族政權統治下，自由講學之風終不振。故桴亭之學乃無傳。習齋乃謂：「大聖大賢，必致天下於治平。」不知孔孟亦非能致天下於治平。習齋乃以道學反道學，其學亦傳至李恕谷而即止。

呂留良於朱子四書義中，散入民族思想，影響一般有志仕進參加科舉考試之人。其人乃遭戮屍之刑。而清廷乃以陸稼書入孔廟。此下清儒乃以反朝廷而轉趨於反朱子反道學，乃有漢學與宋學之分別。

戴震東原為《孟子字義疏證》一書，反朱子反理學。其用意實乃反朝廷之功令，而得成為一代大宗師。於是訓詁考據之經學，代義理之經學而崛興，此為乾嘉之學。不僅異於宋儒，實亦異於漢儒，而適成其為在異族統治下之清儒。但論戴震之學，必當牽涉及於紀昀。紀昀之《閱微草堂筆記》，常反宋學。東原在其門下，終不免受其影響。惜余為《近三百年學術史》時，曾未對此義詳發之。

道光以下，清政權衰於上，經學亦變於下，乃有《公羊春秋》變法維新之今文經學起。龔自珍啓之，康有為大呼大唱，而其學乃掩蓋一世。

康有為又著《孔子託古改制考》及《新學偽經考》兩書。乃謂傳統經典，皆出偽造。則果得變法維新，其變其新，又當何道之從？康有為又著有《大同書》，中多羼雜佛義，是不啻謂中國需隨時出新孔子乃得救，而康氏乃若自視即為其人。即此以為中國傳統治平大道之所在，是康氏雖以尊孔反歐化，而康氏之自我信仰，實則為歐化之至甚矣。

章太炎以在報章昌言排滿得罪下獄，讀佛書自遣，後乃撰為《國故論衡》一書。中國傳統，盡成國故。《論衡》乃東漢王充所著書，批駁孔子。太炎之書取名《論衡》，其於孔子之意態，亦可不煩言而自知矣。故書中孔子地位乃遠遜於釋迦。又為《葑漢微言》，昌言其義。

康、章乃為清末兩大儒，此豈得謂有當於中國之文化傳統，堪與從來之儒相比？

七

故清代之亡，中國實無儒，亦無學，乃以派赴英美留學生代其缺。而胡適則為之魁首，乃有新文化運動之興起。

新文化運動之對中國舊傳統，則有疑古運動。其對西化，則曰「賽先生德先生」，曰「科學」，曰「民主」，乃為新潮流之兩大目標。

同時又有反英美民主政治者出現，改遵馬克思蘇維埃之共產主義。陳獨秀唱於前，毛澤東繼起後。凡不能出國留學者，除舊則從事疑古，開新則為共產革命，中國乃終致於沉淪深淵而不可救。

中華民國之建立，乃始於孫中山先生之辛亥革命。中山先生盡瘁於政治活動，非於傳統學術能作深入之研究。但其心情則極深關切於傳統，晚年唱為三民主義，首則為民族主義。又創為五權憲法，於西方民主政治立法、司法、行政三權外，又加以考試、監察兩權。欲以考試權代替選舉權，以學術來代表民意。其用心乃獨出於同時諸學人之上。

又分革命為三時期，首為軍政時期，次為訓政時期，最後始為憲政時期。其言訓政，取義已與西方所謂民主大不同。訓政實承中國傳統，需賴在上位者之學術自尊。而追隨中山先生從事革命運動者，獨少學術人才。故中山先生又有知難行易論，深發其內心之遺憾。

近人言民主，則盡為英美式之民主。尊意見，不尊學術。言科學，則為自由資本主義社會下生活所需之一種手段。故當前之一切嚮往，實無以超出於民初之新文化運動。所謂「現代化」，實主以現代中國化於英美，非求中國人文之自化。中山先生之冥心獨會，則非近代國人之所能共喻而共曉。

今日國人，又盛唱「三民主義統一中國」。其首要任務，乃應在發明三民主義所內涵之一番真情實義。

欲明三民主義，先當明其主腦為首之民族主義。欲明民族主義，先當明吾儕之同為一中國人，同為從事於當前中國政治與社會之革新運動。以及重振吾民族之傳統文化。欲明吾中華民族之傳統文化，則儒學為其中心，而孔子則為集儒學大成之至聖先師。

以近代觀念來言孔子，孔子既非一西方式之哲學家，亦非一西方式之史學家，又非一西方式之政治家，乃又非一西方式之教育家。惟釋迦、耶穌、穆罕默德世界三大教主，其心胸意想，乃差得與孔子相擬。

但此三大教主，乃自處於人人之上。又其道乃超出於人人之外。而孔子則自處於人人之中，其道又不超出於人人之外。此乃孔子之更為偉大處，而儒學相傳亦終不得成為一宗教。

以上言中山先生其從事革命，乃其任。其從臨時大總統退位隱居滬上，乃其清。其先讓位於袁世凱，其後又北上與段祺瑞、張作霖言和，乃其和。中山先生亦可謂集中國民族性之大成，不只為一儒，亦當為一聖。

中山先生之民生主義，亦當從中山先生之畢生為人中參入。而中山先生之民權主義，則實為三民主義中較不鄭重之一項。故曰：「權在民而能在政。」從政者之「能」，當更重於民眾在野之有「權」。今人乃專重民權，不重治能，此則西方傳統與中國之大相異處。此實非中山先生主要觀念之所在。

然則何以復興吾中華民族？何以復興吾中華文化？當上師孔子，下師中山先生，深明其為人與其為道，會通合一而求，庶其得之矣。

若以近代人之功利觀念言，則孔子在古代，其講求之道一若無所成功。中山先生之於近代，政治活動亦若未有所成功。此當在民族文化大傳統之全體上求，亦當在一時一事之現實的真情實意上求，此即中國文化精神之所在。

居近世而言國人之教育，上述亦庶其主要綱領之所在矣。

續記

叔孫豹以立德、立功、立言為三不朽，後世儒者乃少稱述。如孔子，於當世未見有大功，而立言永垂後世。孟子亦近似。是立言在立功前。《論語》子曰：「有德者必有言，有言者不必有德。」斯立德為尚矣。

清儒顏習齋立言，頗嫌偏於事功。李恕谷從學，得交毛西河而微變。然西河私德遠遜習齋，故顏、李之學，亦終不昌盛於後。

晚清儒如康有為、章太炎，皆嫌其所言之偏事功。獨孫中山德生於天，惜未有學者深闡之，則三民主義亦若為事功之學矣。

知識當分兩階層，先為「客觀共通」之知，次乃「特立獨行，成德盡性」，乃別為第二層知。孔子十有五而志於學，三十而立，四十而不惑。志於學即志於道，不惑則眾物之表裏精粗無不到，吾心之全體大用無不達。五十而知天命，則一人而達乎人生之最高境界，吾道一以貫之矣。六十而耳順，七十而從心所欲不踰矩，此惟「順」與「從」二字，色則具體、聲能抽象。耳順則接觸於外者無所不順，從於心則一從乎己而於矩無違。斯即「一天人，合內外」之所至矣。

近代西方有自然學科與人文學科之分，自然學科之知識多屬第一階層，人文學科之知識始進入第二階層。孔門儒學屬第二階層，莊老後起，乃反而趨於第一階層。其所謂「道」，多屬天道。衰亂世獲莊老道家言，可得心安。斯則衰可復盛，亂可返治，而儒學可以得此而又昌。

諸葛亮教子書「澹泊明志，寧靜致遠」，澹泊、寧靜乃莊老之學，而明志、致遠儒學亦由斯立。西方人偏自然學，於人文學少深入。則衰而不復盛，亂而不復治。全部西洋史其病在此。

耶穌乃猶太人，上帝事由彼管，凱撒事由凱撒管，分天人而二之。耶穌終亦上十字架。穆罕默德乃阿剌伯人，一手持《可蘭經》，一手持刀，乃由上帝來管凱撒事，亦終管不好。釋迦乃印度人，會歸天人於一，而惟求涅槃寂滅，此亦無當。

孔子生春秋末，上承中國歷史文化傳統二千五百年。創道設教傳之今，又二千五百年。由天道展演出人道，由人道來輔相乎天道。「天命之謂性，率性之謂道，修道之謂教」，其所教乃中國歷史文化傳統五千年來人生一大道。

自然知識主分，在外。人文知識主合，在內。其統於內者，本之一己之心，而外達於宇宙萬世之人。

數學乃自然知識之基本，歷史乃人文知識之基本。兩手十指，數位以十進，乃本之人。一年十二月，數位以十二進，則本之天。中國有六十花甲子，十進與十二進會合運用，六十則周而復始，是數學即兼天人而合用。歷史更然。司馬遷言：「明天人之際，通古今之變。」斯歷史亦兼天人而合用。

人類歷史迄今已由國別史演進到世界史，全世界國際形勢已成一種共同自然知識。無此知，無以立國於天下。然國與國，形勢不相同，而各有其所欲達。美蘇之所欲達，與英法已不同。英法之所欲達，又與阿剌伯、印度、中國人、非洲人不同。故中、非、印、回之人，不得采用英法之道。英法又不得采用美蘇之道。各有其道，以立以達，人文知識之可貴乃在此。

由身以達夫家，由家以達夫國與天下。身之本在心，人心有同然，故一人之心可以達於上下古今千萬世之心之同然。而修身齊家治國平天下，一以貫之。所謂「天人之際」，「古今之變」，其要乃在一己之心。

內心必通於外物，乃成其所謂「心」。夫婦為人倫之始，而孝則為百行之首。「孝子不匱，永錫爾類。」惟此心之一孝，乃可以「明天人之際，通古今之變」矣。孰攘其羊，斯為一種客觀共同之知。惟為子者，不證其父之攘羊，斯乃一種人文各別之知。故又有外於事物以為知者，而有其主觀獨特之所知。人生直道乃其中。孟子曰：「天下定於一，惟不嗜殺人者能一之。」此又豈發明原子彈與核子武器者所能知？

「政者，正也。子為政，焉用殺？」舉一隅不以三隅反，則不得其正。堯舜性之，湯武反之，故禪讓與征誅皆其正。父子世襲，亦可與民眾選舉同得其正。一切之正，則皆在反之於己心。西方人之正，則惟在聽人言，不貴反己心。

中國人又好言「體用」，更貴言「全體大用」。亦可謂自然是體，人文是用。人文能與自然會為一體，始見人文之大用。

目是體，視是用。耳是體，聽是用。然耳目僅身體中一器，故視聽亦僅一偏狹之用。須能以視聽為全體生活之用，更能以視聽為生命大體之用。而生命則尤貴其為天地之用。此視聽始得為聰明，而其人乃得謂之聖。

中國人又好言「精、氣、神」，亦可謂氣是其體，精、神乃其用。《易》言「陰陽」，又言「動靜」。「精」乃其陰與靜處，「神」乃其陽與動處。中國人又言「聚精會神」。凝而聚則為精，會而通乃見神。故中國人言「精心」，又言「心神」。「精」是其功夫，「神」則其作用。孟子言：「聖而不可知之謂神。」則聖德而上通於天矣。

儒家言「天」，道家始言「氣」。宋儒則言「心」，亦是氣。故言「心神」，亦言「心氣」。但言「氣質」，言「心靈」。物只見質，心始有靈。人為萬物之靈，萬物中有生命。惟人生始見心，而聖心則其靈為神矣。

西方自然科學，以人之心靈深入物質中去，而物亦見靈，如電腦，如機器人，如原子彈，如核子武器皆是。然心陷物中，為物所限，其於心靈之神通轉為害，不為利。近代人類之大病乃在此。

中國古代儒家重人文，好言天。道家重自然，轉言氣。陰陽家承道家而求挽歸之於儒，乃將宇宙萬物分別歸納為五德五行。不論有生無生，胥以「德行」說之。其說普遍流傳及於全社會。

近代國人每譏以為迷信、不科學。然苟能以西方科學善加發明，實多西方科學中未經發明指示之新途徑、新趨向。

宋儒繼之言「變化氣質」。乃用「氣質」二字來指人之心性，而用「變化」二字來使自然一歸宗於人文。

盈天地萬物皆有質，而各別有不同，宋儒名之曰「理」。氣中有理，乃見其互不同。此不同乃其德，德表現而為行。德不同則行不同。心則仍屬氣，而其會通運用此各不同者，則仍在心。分別而條理之，則見理。會通而運用之，乃有道。故理有限制性，無作用性。一切作用則仍在心。

近代西方科學認作用皆在物，而心僅有知，此與中國人所認之心之觀念大不同。亦可謂氣乃限於自然作用，而心則涉及人文作用。

心作用可分期，曰成長期、強壯期、衰老期。成長期貴有教育，強壯期貴有作為，衰老期貴能存養。人之幼年教育，乃依前人之成長過程為經驗，而加以教育。老年存養，即存養其有生以來所受之教育。

衰亂世如人之老年，貴能存養其以前治平世之所遺留。其事若退而仍有進，若常而仍有變，若戀舊仍能希新。《易》言：「窮則變，變則通。」實非變此窮，乃窮而能返其前，始獲得變而通。孔子居窮世，而能守以前歷史上堯、舜、禹、湯、文、武、周公之舊，則其下自有變。故孔子之學則曰：「信而好古，述而不作。」

莊老道家則必更推而上之，至於黃帝。其次乃有許行為神農之言。《易・繫辭》乃猶上推之庖犧氏。上推愈古，則益見其本源之深長。西方史則如亂流橫灌，與本源可尋。希臘、羅馬，現代國家英、法以來，又有當前之美、蘇，則其將來作何變化，又得誰而知之。日變日新，所謂歧途之亡羊，亡羊而補以牢。西洋文化重物不重人，或其所謂進步正在此，而又何立德、立功、立言三不朽之足云。

（民國七十三年夏作）

十一、莊子薪盡火傳釋義

《莊子・養生主》：「指窮於為薪，火傳也，不知其盡也。」一寓言，一喻辭，寥寥十三字，文學哲學同臻上乘，傳誦至今已踰兩千年。猶當繼承不絕。中華文化緜延之可貴乃如此。

莊子之所謂「火」，非實體，乃一抽象名詞，而有落實於形象之作用。擴大言之，今人所謂之文明與文化，略可相擬。而莊子語則乃歸文化，非限於文明。莊子之所謂「薪」，乃以喻一些具體可指數之物。人亦自然中一物。但千萬年前人與千萬年後人，自人文大化言，大體相同，無大差異。故人亦當屬一抽象名詞，非可限於具體。西方主個人主義，故其所謂人，每限於具體，而違離於抽象。與中國人所用之人字，傳統不絕，與天相倫，偏重於全體抽象者，含義大不同。

宇宙萬物各必消散有盡，人亦然。而中國人所謂之道，則可承可傳，擴大無窮，緜延不絕。但可傳之道，即在人身，即此有盡之物上。使無可盡之物，即亦不見此無窮之道。中國人之所謂

「持其兩端」，又稱「天人相通」，要旨即在此。《太史公書》所謂「天人之際，古今之變」者，其所謂之「際」與「變」，皆屬抽象名詞，其要義亦即在此。此乃指「道」言，即在每一人生個體演化之過程上，即人類歷史上，決非指各自分別之一身一物言，即非指每一人身之具體生活言。

先秦儒家對此義已先言之。《論語》曾子曰：「士不可以不弘毅，任重而道遠。仁以為己任，不亦重乎。死而後已，不亦遠乎。」儒家言仁，即猶人心之火。己之一生，則為當盡之薪。使無薪，又何來有火。使非有人身以及人心，又何來有孔子所謂仁之一大道。

孔子又先曾子言之，其言曰：「道之不行，吾知之矣。」此所謂「道」，乃指自己一身之行為。孔子當其身，其道不能行。此非道之不行，乃指此道不能行於孔子之當身。而孔子當時所欲行之道，傳世大行，迄今已逾兩千五百年。自孔子之卒，有孔門弟子，以迄於子思、孟子之繼起，以至於歷代儒者之相傳，此即薪盡火傳一實例。人即是薪，而道則是火。故薪盡火傳，亦即人身之相繼死亡，而其道則傳。中國人之重視歷史，其最要意義即在此。

孔子又言：「志於道，據於德，依於仁，游於藝。」孔子所志之道，即如莊子之言火。火無體，而有其用。中國之所謂體，實即在其用之中。故曰：「執其兩端，用其中於民。」兩端非體，中則即用。中國乃即用以為體，非有體始有用。中國人之語「道」，亦重用而輕體，其意致乃如此。故人身非即道之體，而道之用，則必在人之身。如此體用可辨。火亦即用以為體。故燃燒為火之用，亦即火之體。人生即如燃燒，為道之體。中國人之重抽象更勝於其具體，故視其生更重於其身。其生無道，其身又何足貴。故必修身為養生之要。

身之要義在其生，即在其人身各己之德。其德之發，最大為仁，仁則必見之於禮，禮則人生之大藝。藝屬行，而行則不必盡是藝。故人生乃天行之最高最大者，然非即人生而皆然。德在其性，德各異，其本在於性。性則人各有之，其本在於天。人道之仁在其心，心則附於身，但身不能盡合於其心，而心亦不能盡合於其仁。故身乃人生之小體，而仁則為人生之大體。「一天人，合內外」乃為人生中最高最大一聖人。一切人文，自天之大道言之，則僅屬藝。孔門儒家言人生，最重仁義。仁義本於人之性，即本於天，發於性，必求有所中，故謂之藝。仁義乃由人以達天，亦僅一藝。儒家言人生重性命，亦重言藝。性命之在宇宙間，發自天而賦於人，又發自人而中於萬物，豈非一最高之藝而何？仁義乃人道，而性命則屬天道。但凡屬人道，必求其皆合於天道，此謂最高之藝。故凡中國人之大道皆求合於天，乃皆屬藝。人道即在天道中，仁義亦即在性命中，不失仁義得全性命，此則為人生之最高藝術。故人生之最高理想，皆應為性命的，道德的，仁義的，此非人生之最高藝術而何？

中國古人以儒為術士之稱。術士乃有術之士，即有藝之士。古人之所謂「藝」，其數有六。禮、樂、射、御、書、數為六藝。數為六藝中之最卑微者，而禮則為六藝中之最高大者。故《詩》

云：「相鼠有體，人而無禮。」鼠生必有體，人生則以禮為體。西方主個人主義，中國人之言人則不指個人，乃指大羣。惟羣體乃得為人。禮實即人生之大體，故禮該包括全人生而為人生中之最要最大者。故中國人言修、齊、治、平，必至於平天下，乃達於禮之至。

孔門之教「博文約禮」，博文在其先，約禮在其後。言文與禮，皆其藝。凡藝既是術，亦即是道。十年樹木此需藝，百年樹人則需道。苟無六藝，又何道教人以為人？又何得成為儒？亦無儒者之所謂德。故孔門之藝與禮及文，皆具教養義，亦具生長義，實即如莊生所指之積薪。由薪成火，皆須教養生長，亦即須有藝。而火則可傳，實以喻道。「薪盡火傳」，此即人有生死，而道則永傳之喻。生死皆有禮。天地自然之相傳則曰生死，而人生大道則於其生死又必有禮。

老子後於莊子，其言始變，乃曰：「失道而後德，失德而後仁，失仁而後義，失義而後禮。禮者忠信之薄，而亂之首。」此乃言人生之末世，較之莊子遠為不倫。實則道即本乎德。苟非人性有德，何來人生之道。德即本乎人性之仁。淺言之，人心相通處即為德為仁。苟非仁，何云德？仁必通於人人，德則具於各己之心。苟非人人之同其心，則又何道之有。而人心之相通，則見於禮，故禮本於誠。仁又必見於義，苟無義亦不見其為仁。義則存乎禮，苟非禮，亦無以見其義。故人性之德，乃其抽象。而仁與義，則較為具體。人生言行，凡屬於禮者，則更具體。忠信之薄而亂之首者，乃為末世人生禮之失其宜而流於偽，非禮之本始與真誠。故孔子曰：「人而不仁，如禮何。」禮即其薪之積，而道之與仁則其火之傳。老子只言衰亂之世，故有此失。《韓非》書有〈解老〉、〈喻老〉篇。韓非為法家之祖，司馬遷《史記》則謂：「申韓源於老莊，而老子深遠矣。」但深論之，申韓乃源於老，非源於莊。老子較申韓為深遠，而莊子則較老子為更深遠。此必知《老子》書之晚出於莊周，僅言衰亂世，乃可得其意之真。

今姑專就莊生一家之書言，內篇七篇中之〈齊物論〉，儒墨是非，莊生一以視之。此亦有深意。苟非父頑母嚚，則無由見舜之大孝。非洪水為災，則無以見禹治水之大德，而亦何來有堯舜之禪讓。非桀紂之甘居下流，亦無由見湯武之征誅。非湯武征誅，亦無以見伊尹之任與伯夷之清。非近代敵國外患之紛至而迭起，亦無由見孫中山先生以民族主義為首之三民主義之深心。故孔子言：「執其兩端，用其中於民。」中國語言文字，每好連舉兩端，如是非、得失、治亂、興亡、死生、成敗，如此類者不勝舉。此可謂正反兩面，實皆為成火之薪。宇宙間寧有有盛而無衰，有治而無亂，偏於一端之大道？

孔子五十而知天命，六十而耳順，七十乃從心所欲不踰矩。知天命，自知人生之同時具有正反之兩面，於是所見所聞乃可皆得其理，而莫違於心。故曰「耳順」。惟在己心即道之自守，斯則從心所欲而不踰矩矣。儒家但求有方可守，故必言矩，故一切修養皆本於己之一身。道家莊周則謂：「得其環中，以應無窮。」乃不言方而轉言圓。此則又儒道之相異。孔子又曰：「不得中行而與之，必也狂狷乎。狂者進取，狷者有所不為。」孔子之所謂中行，亦必有方可循不踰矩。故後人謂之大方之家。至於圓之一中心，宇宙乃一莫大之圓，人人乃可各得為其一中心。故道家言圓，其實乃無中心可守。

今再深一層言之。莊周即儒家之所謂狂，而老子則不失為一狷。莊老合稱道家，較之儒，則皆見其為狷。而顏、曾、孟子，則同樣不失為一狂。惟孔子乃中行之大聖，所謂聖之時。然自宇宙之大道言之，則孔子亦僅為其一薪。薪必由火傳，使無顏、曾七十二賢，又何來而成其為一孔子。此則不可不知。

要之，凡吾中國人皆當知己之即為一薪，但可以傳火。則有守有為，有體有用，庶乎得之。《中庸》言：「天命之謂性，率性之謂道，修道之謂教。」凡性皆屬薪，凡道皆屬火。而此道猶須修，猶須傳，則必由於有所師。孔子乃最能修其道而傳之，故中國人羣尊孔子為至聖先師，又謂其賢於堯舜遠矣。

堯舜乃當時最高政治領袖一榜樣，而孔子則為自有人生以來一榜樣。其賢於堯舜者在此。《荀子・禮論篇》言：「禮有三本。天地者生之本也，先祖者類之本也，君師者治之本也。無天地惡生，無先祖惡出，無君師惡治。三者偏亡焉無安人。故禮上事天，下事地，尊先祖而隆君師，是禮之三本。」此即清儒所言之「天、地、君、親、師」五字之來歷。但親之本在己在性。君師之本則在外在命。從《荀子》此章之言言，天地實亦皆火，君親則亦僅是薪，而師則和會天人，融通天地大自然與君親人文而一之，以承其道而傳。故本於荀子之性惡論而言，人文大道應尊師。有師傳，有師教。《莊子》內篇〈大宗師〉後有〈應帝王〉，莊生之意，乃謂人生必先應有師，而後始能王。較之儒言師道與君道之先後起迄，若更為鮮明。實則人生大道自歷史大事言，應先有帝王，乃始有師。師道應在王道之後。故君親師亦君在前而師在後。此又儒道兩家之相通而實相異，相異而實相通處。

儒家論君師，更重在其論治平，則君師實一道，而儒家則更為深遠矣。道家之視儒家，則更善言天過於其言人，此亦道家之不如儒家處。如其他民族之宗教，則過於重言天，為中國文化傳統中所無。能明中國儒道兩家之言師，與其他民族宗教之相異，乃可更發明莊生薪盡火傳之精義。

又日有所思，夜有所夢。孔子夢為周公，而莊周則夢為蝴蝶。周公乃人文中一大宗師，而蝴蝶則為自然一小玩藝。然周公與蝴蝶亦同一存在流行於天地間，而各有其相傳不朽處。斯則孔子與莊周之所夢，亦即同為中國歷史文化傳統大道之兩端之所存矣。讀者其亦使此兩者同歸一類而深思之，庶亦可以深明乎中國人文傳統之大旨所在矣。

（民國七十五年七月作，載《聯合報・副刊》）

十二、略論中國歷史人物之一例

中國傳統之學，共分經、史、子、集四部。經學只是幾部最古老的書，為吾國家民族學術著作尚未大量發展以前所保留，故僅只有五六部，此下即不再有增添。是實為中國古代未有正式學術史以前之著作。直到有了史、子、集三部分，此下乃繼繼承承，中國纔可算得正式有學術史。中國之有史書最先羣推為乃六經中之《尚書》，但《尚書》僅歷史文件之彙集，非可謂乃一部專門性的史學著作。並其書中最先之〈堯典〉、〈舜典〉、〈禹貢〉三篇，皆出自孔子以後人追寫。故嚴格言之，中國史學之正式著作，實當以孔子之《春秋》為最先第一部，此下《春秋》亦列入六經之內。《春秋》以下的第一部史書應推孔子《春秋》之《左氏傳》。又其次，有《國語》、《戰國策》，則亦如《尚書》般，乃史料編集，非史書著作。直待西漢時司馬遷《太史公書》，又稱《史記》，乃始為中國史部正統二十五史之始祖。為中國此下，最具規模最受人重視之第一部史書。

中國二十五史又相傳稱為「正史」，每一史中共通分為三部分。一為「紀傳」，一為「志」，一為「表」。紀傳乃為二十五史中之主體，志與表僅如附屬，份量不大，價值意義亦居較次要之地位。故紀傳一部分，在中國正史中，其地位價值亦特高。紀傳之主要特徵，乃一種「人物史」。故中國史書傳統，可謂人物傳記乃其主要之中心。亦可謂中國史學，主要乃是一種人物史。此語決無有誤。而中國社會之重視人物，則遠自上古已然。司馬遷只承襲此風，決非由彼一人特創，加以提倡。

今姑就中國古代重視人物之故事，至今猶為人人所知，而其中尚有一特點，乃或不為人所注意者，特舉一例說之。如虞舜，或為當時一小吏，即「虞」。虞，乃在山林中管理野獸，以預防不虞之災禍，實只一小吏。其父性頑，其母已喪，繼母性嚚，生一子，即舜弟象，一家四人。父信母讒，屢欲殺舜。但舜都巧為避免。而終不離家，行孝不變。其事乃廣播鄉里間，以至上為當時中央政府之天子唐堯聞知。堯心重其人，但未知所聞之確實與詳細，乃下嫁其二女為舜妻，俾可得聞舜之為人之詳。及堯深知舜之為人，乃擢之為朝廷大臣，並使攝政。又禪位。其事距今已遠在四千年以上，而當時中國社會之重視人生道德，此一特點，已屬大可稱誦。

今再舉第二位，為三代中殷商之開國首相伊尹，戰國時孟子稱之謂古代三聖人之一。此三聖，乃堯、舜、禹、湯、文、武高居政治首位為天子之聖以外的平民階級之聖。而伊尹為之首，乃當時有莘之野一農夫。但他有志，要使他的時代，為君者亦如堯舜，而為民者亦如為堯舜之民。他自負此絕大的責任，遠離其鄉，到夏桀所居之首都去。但他無緣得見為天子之桀。又遠赴當時最有名的諸侯商湯之都去，但也無機緣得見。五去桀，五去湯。適湯缺一庖丁，伊尹得機緣去充當此職務，遂得近湯。湯對之大加欣賞，乃擢為首相，革命伐桀，開商代之盛運。故孟子稱伊尹為「聖之任」，謂其能以治平大道之重任自居，而終亦成其志。此後湯先卒，其子太甲即位，不肖，不能繼承其父之道，伊尹囚之羑里，自任天子位。及太甲悔悟，伊尹乃迎之歸，仍以天子位讓之。其為人有如此。

今再講第三、第四人，即周代太王之子泰伯。周太王共三子，其第三子生一孫，即後世之文王，自幼即甚聰慧，祖父深愛之。泰伯知父意，乃告其弟虞仲，兩人以為父採藥為名，遠避至荊蠻之邦，即今之江蘇省。周太王死，幼子王季即位，下傳孫文王，「三分天下有其二，以服事殷」，乃為周代此下得天下一實際至要人物。故孔子曰：「泰伯三以天下讓，民無得而稱焉。」泰伯乃以採藥不返先離國，無讓位名。抑且所讓實天下，非僅一國。此種關係，一般人不知，故無得而名。

吳泰伯遠至荊蠻，其所居在今江蘇省無錫縣之東南鄉，離余家不到五華里處一小丘，俗稱皇山。東漢時，梁鴻偕其妻孟光又來此隱居，故此丘又稱鴻山。與無錫城通一水，稱梁溪。每歲清明節，環山周圍十華里內，村民必羣來弔祭。余幼時亦常往。直到今，有一美國人，譯余所著《八十憶雙親》一書，親訪余故鄉。告余，適逢清明去泰伯墓弔祭遊覽者，尚不下數千人。又有《泰伯梅里志》一書，詳誌此鄉古今一切人物故事。余在日本與美國各大圖書館均見有此書。則泰伯雖讓位遠居蠻夷中，其德望聲名，受後人之敬慕弔祭，亦已踰三千年而不絕。又泰伯弟虞仲，則居今無錫鄰縣常熟之虞山，亦為一名勝，亦至今祭祀不絕。

距泰伯、虞仲後，有伯夷、叔齊兄弟，當與周文王同時，孔子稱之為「古之仁人」，孟子則以伯夷為「聖之清」，與伊尹同列為聖。伯夷父為當時一小諸侯孤竹君，生前愛其幼子叔齊。其卒，伯夷當承位。乃語其弟叔齊，父生前愛汝，願以君位讓。叔齊不允，謂豈有攘兄位而居之理。遂兄弟同逃去，國人立其仲子為君。其時尚在今三千年以上。伯夷、叔齊既讓位，去至周，受地以耕，為農自活。及武王伐紂，伯夷、叔齊在大軍行道上叩馬以諫。武王拒不納，但不加罪，仍放之歸。武王為天子，伯夷、叔齊不願再以耕稼自活。因耕稼必向政府納稅，伯夷、叔齊耻為周民，乃釋田不耕，避之首陽山中，采薇為食，營養不足，終以餓死。孔子稱之謂「求仁而得仁」，孟子尊之為「聖之清」。

伯夷兄弟可謂與伊尹天性不同，一積極，向前有為。一消極，退後無為。然其同歸心於人生大道，則無二致。後代司馬遷為《史記》，遂以〈伯夷列傳〉為七十列傳之第一篇。韓愈有〈伯夷頌〉，稱為「舉世非之，力行而不惑，千百年一人」。伯夷之見重於後世，可謂與伊尹相伯仲。

以上稱述皆中國上古之大聖。其次要說到春秋時期，追隨晉公子重耳出國逃亡的一位人員。晉公子重耳，乃春秋時代一位不世出之大英雄。其出亡在外，有五人隨行，皆晉國一時人才。晉公子返國為君，此五人皆襄助成其霸業，且傳後八世之久。但當時從亡，充當雜役，尚多不在此五人之列者。晉文公即位為政，他們皆不得預聞政事，退而在野。文公曾加頒賞，但忘一介子推。或謂介子推亦在五臣之列。但晉文公一代賢傑，不應相隨偕亡十九年而忘之。今故不採此說。

介子推不自表白，其母從子意，亦不相強。後晉文公復憶及之，乃賞以介山之田。此事見《左傳》，《史記》亦同。但劉向《新序》則謂文公待其出，不肯。求之不能得，以為焚其山宜出，遂焚山。子推母子終不出，被焚死。《莊子．盜跖篇》則謂：「介子推至忠，自割其股以食文公，文公後背之，子推怒而去，抱木而燔死。」是〈盜跖篇〉作者亦知介子推焚死故事，其誤說則不可信。又按《荊楚歲時記》引《琴操》曰：「晉文公與介子綏俱亡，子綏割股以啖文公。文公復國，子綏獨無所得。子綏作龍蛇之歌而隱，文公求之不肯出，乃燔左右木，子綏抱木而死，文公哀之，令人五月五日不得舉火。」陸翽《鄴中記》云：「寒食斷火起于子推，《琴操》所云子綏即推也。」今按，此見《莊子．盜跖篇》之說，亦自有本，惟不如《左傳》、《史記》及劉向《新序》之可信，此則斷然者。

今並有他說，再當申論。即太史公敍述介子推事，雖與《左傳》同文，但太史公未見《左傳》

其書。否則《左傳》乃先秦一部大史書，太史公果見之，不應不提其書名。蓋《左傳》亦薈萃羣書而成，太史公應與《左傳》作者同見此一記載介子推之原文。即劉向《新序》亦同見此文，而較《左傳》作者與太史公兩人所見則更多最後焚山一事。或劉向乃自更見他書，今已不可詳考。即《戰國策》一書，亦由劉向所編輯，以前未有成書。至《左傳》，則劉向子歆始見之，語詳余之〈劉向歆父子年譜〉。清儒章實齋《文史通義》有〈言公篇〉，已發其義。余此所論，乃足為章氏〈言公篇〉作強有力而意義價值甚高一旁證。非由余之創見。

晉人有寒食節紀念介子推，其事不知起於何時，介子推之名，乃永傳於全國而不朽。孟子曰：「聖人先得我心之同然。」中國歷史上人物之軼聞逸事，如介子推，縱有不可盡信處，要之，亦見吾中華民族人文相傳之內心深處，有大值闡揚者。而豈介子推一人乃得為兩千年來一不朽之人物乎。

《左傳》書中，如介子推一類之人物，兩百數十年內尚多有之，茲不詳述。又《史記》載晉屠岸賈盡誅趙氏一家。趙朔妻生一子，屠岸賈搜之未得。趙氏門客公孫杵臼問朔友程嬰，立孤與死孰難？程嬰曰：「死易立孤難。」杵臼曰：「子彊為其難者，吾為其易者，請先死。」乃共謀取他人嬰兒，杵臼與之匿山中。程嬰以告屠岸賈，遂殺杵臼與嬰兒。而程嬰遂攜趙氏孤兒匿山中，居十五年。晉君獲知趙氏之怨，遂誅屠岸賈，趙氏孤兒重得立。程嬰曰：「昔日之難皆能死，我非不能死，我思立趙氏之後。今既已成人，復故位，我將下報趙宣孟與公孫杵臼。」乃自殺。此事不見於《左傳》，亦未見於孔門儒家及戰國時人之稱道，其事獨見於《史記・趙世家》。《左傳》疏謂乃司馬遷妄說。但史公必有據，當亦稽之上代傳記而書之。直至元代，乃有人編造為〈搜孤救孤〉一劇本。傳譯至歐洲德國，倍蒙讚賞。謂中國人作此劇時，彼輩尚在樹林中投石擲鳥為生。今京劇中亦尚傳此劇。

今以上述介子推與此公孫杵臼、程嬰三人言，論其身世，皆在春秋時代。其社會人事，已與西周以前有大不同。故論此三人之生平，則僅是當時社會一低級平常人，其身份地位較之上述虞舜、伊尹以及伯夷諸人大不同。但論其德性，則實與大舜以及伯夷諸人，乃同民族，同血統，同道統，實應無大相異，故得同為中國一歷史人物。此下尚當稍述幾人，皆於此三人略相似，而與本篇伯夷以上諸人，則其身份地位有大不同。幸讀者能深思而同視之，則庶可悟及吾民族道統大源之所在矣。

又按《漢書・藝文志》，先秦諸子分為九流十家，最後為小說家言，與上列之九流不同。稗官野史，稱為「小說」，與正史有不同。此如後人傳譯佛經，亦有大小乘之別。今如上述介子推、程嬰、公孫杵臼之故事，皆應列入古之小說家言中。後代自宋、元以下之小說，皆當從此上古之小說家言演變而來。亦與西方文學中之所謂小說有別。此亦雙方學術文化相異一要端，不當不辨。

戰國記載益詳，介子推、公孫杵臼、程嬰類之人物更益多，茲不及。下至秦代，陳勝、吳廣起兵，列國興起。漢韓信率兵伐齊，齊亡。其君田橫，逃亡一海島中，賓客五百人隨之。高祖得天下，派人至島上告田橫，來至中國，非王即侯，不來當興兵討伐。田橫遂偕其客兩人同登陸。高祖在洛陽，田橫行距洛陽一驛，告其兩客，漢皇僅欲見余一面。余在此自殺，兩君攜余首往，顏色當不遽變，是漢皇尚及一見余面目，遂自殺。兩客急攜其首至洛陽，見高祖。高祖大驚，遂封兩客為官。但兩客亦竟自殺。高祖益驚異。急命人至島上，招其五百客。五百客聞其事，盡自殺，竟無一人生。

此一故事，流傳中國特近千年，迄至唐代韓愈過田橫墓，特為文弔之。至今又一千餘年，國人當猶知有田橫其人。更可嗟歎驚羨者，乃其賓客五百人，俱無姓名可考，豈不傑出一如田橫？田橫為人之詳，亦無可他求，亦僅知其此一故事而已。要之，田橫乃一亡國之君，而獲五百賓客之愛戴有如此。其得後世人之仰慕又如此。田橫固難得，其五百賓客之愛戴田橫則更難。乃其獲吾中華民族兩千年來之愛戴不休，則又更難得。此非僅田橫一人之可愛，實乃吾中華民族五千年來之同心同德有如此，則尤其更難得矣。

今再論漢代元帝時，宮人王昭君，自恃美色，對諸畫工不肯行賂。畫工圖其相上呈，故肆污漫，乃終不見召。但昭君寄居宮中，較之民間自已不凡，宜堪解慰。乃忽匈奴單于來朝，願為漢婿，自請和親。元帝乃命以昭君下嫁。應得召見，乃始睹其色貌之美，並進退辭令之佳，遂深悔之。但既成定局，不得已，終遣之行。而畫工則遭棄市。昭君終日坐冷宮中，一旦遠婚匈奴單于，高居人上，應亦當稍堪自慰。但國人終為昭君抱怨，詩歌、詞曲、傳奇、劇本，直到今兩千年不絕。但亦非慕昭君之美色，僅傷昭君之遭遇。此亦所當明辨。王昭君乃亦成為中國歷史上一位有名人物，而國人仰慕之如此。余曾親遊長城外原為南匈奴舊地之綏遠，尚有昭君墓遺址，亦曾一為憑弔。

余又嘗讀漢樂府，有一首，其開始四句言，「上山采蘼蕪，下山遇故夫，長跪問故夫，新人復何如。」此一女，乃不知其姓名並一切之詳，但知其已嫁，為夫離去，無以為生，乃至采山中蘼蕪飽腹。儼如伯夷、叔齊之隱首陽山，采薇而食。乃適下山，逢其故夫，曾不稍加怨嘆。並長跪問夫，新人如何。即此二十字，此女亦足常傳千古，供國人之敬歎欣賞矣。儻以此類事，求之中國之詩文集部，則較之史部決不遜色，或更豐富有加。今姑不詳述，讀者有意依本篇題意廣為搜求，實當有難窮難盡之嘆。姑再舉一例以終吾篇。

當南宋時，有程鵬飛被俘於金人張萬戶家為奴。張以所獲宦家女妻之。既婚三日，即竊謂其夫曰：「觀君才貌，非在人後者，何不為逃亡計。」鵬飛疑其試己，訴於張，張遂箠女。越三日，女復告其夫：「君若逃亡返宋，必可出人頭地，否則終為人奴。」夫愈疑之，又訴於張。張遂命出之，賣於市人家。女臨別以繡鞋一易其夫一履，泣曰：「他日期執此相見。」鵬飛感悟，終亦逸去，奔歸宋，以蔭補入官，歷官閩中安撫使。宋亡。元初，官至陝西參政。與妻別已三十餘年，義其為人，未嘗再娶。至是，遣一僕，攜鞋履往訪。知已為尼，遂訪之尼幕中。故遺鞋履於地，女見之，詢所從來，曰：「吾主程參政使我訪求主母。」女乃亦出鞋履示之，相合。來訪者即拜曰：「汝乃我主母。」告以參政念之，未曾再娶。於是該處地方官派車馬送女至陝西，遂得重為夫婦。

此一故事，余見元代陶宗儀之《輟耕錄》，又見於《圖書集成》所收明蔣一葵所輯《堯山堂外記》，兩書所載大體相同。但《輟耕錄》載夫名程鵬舉，《堯山堂外記》則夫名程萬里，至柯劭忞《新元史》則名程鵬飛。其妻在《輟耕錄》及《新元史》皆不載其名，《堯山堂外記》則稱為統制白忠之女名玉娘。今人編為劇本，則稱韓玉娘，又不知何所本。

今再深言之，劇中此女固可貴，而中國社會之人人皆知敬愛此女，此一性情，實更可貴更可珍重。當時此女一人之心，實乃我中華民族五千年來世世人人之心，而此女則得此心之同然。不僅此女一人如此，本篇上舉諸人及中國全民族，大體心情實應皆如此。我何以自識吾心？讀吾民族歷代之史傳與歷代文學作家之作品，時時處處，實可自獲吾心矣。

故中國人以史為鑑，鑑古而知今。讀古史古文，斯即如讀者本人所備之一面鏡子。我不能自識己面，觀於鑑，即可自識己面。我不能自識己心，讀史乃至讀古人集部，乃及其他諸書，而己之心亦自見其中矣。故常讀中國史，常讀中國古人書，文學說部之類，乃不啻常遇一知己者晤談，常獲一知心好友相聚。如常搔到己心痛癢處，喜怒哀樂之情，不禁油然而生。而己之為人，亦自得自在為千古相傳之一不朽人，常在我民族之傳統心情中，而不復遺忘矣。

如上舉諸人，豈不有極易為者，而豈獨惟我乃不能為？故顏淵曰：「舜何人也，予何人也，有為者亦若是。」此之謂「民族自信」，即「文化自信」。吾中華民族將來之得久，當惟此一道可循。而惜乎今國人乃並此而不之知，亦不之信。

孔子欲居九夷，門人謂九夷陋。孔子曰：「君子居之，何陋之有。」居今日，儻有吾中華君子出遊歐美，則吾中華民族五千年文化相傳之心情，亦當隨之宣揚，又何居夷之堪虞而堪歎。今再舉一人，以與本篇上述相輝映。百年前山東有一華僑，名丁龍，居紐約。林肯總統時代，一將軍退役後一人獨居。雇一男僕，治理家務。但此將軍性好漫罵，僕人輒不終約而去。丁龍亦曾為其家僕，亦以遭罵辭去。後此將軍家遭火災，獨居極狼狽。丁龍聞之，去其家，願復充僕役，謂其家鄉有古聖人孔子，曾教人以恕道，曰：「己所不欲，勿施於人。」今將軍遭火災，獨居，余曾為將軍僕，聞訊不忍，願請復役。此將軍大歎賞，謂不知君乃讀書人，能讀古聖人書。丁龍言，余不識字，非讀書人，孔子訓乃由父親告之。將軍謂，汝父是一讀書人，亦大佳。丁龍又謂，余父亦不識字，非一讀書人。祖父曾祖父皆然。乃由上代家訓，世世相傳，知有此。此將軍大加欣賞，再不加罵，同居相處如朋友。積有年，丁龍病，告將軍，余在將軍家，食住無慮，將軍所賜工資，積之有年。今將死，在此無熟友，家鄉無妻室，願以此款奉還將軍，以誌積年相敬之私。丁龍卒，此將軍乃將丁龍積款倍加其額，成一巨款，捐贈紐約哥倫比亞大學，創立一講座，名之曰「丁龍講座」。以專門研究中國文化為宗旨。至今此講座尚在。但余居北平教讀北大、清華、燕京三大學，教授多數以上全自美國留學歸來，亦有自哥倫比亞畢業來者，但迄未聞人告余以丁龍事。及余親去美國，始獲聞之。及歸港臺，乃為宣傳，並以與臺灣之吳鳳並稱。

中國人相傳，稱龍鳳為靈。如丁龍、吳鳳，真亦人中之龍鳳矣。自余稱述丁龍後，乃有人繼余言作《丁龍傳》一書，然不久又為人淡忘。迄今仍不聞中國學人談丁龍。甚至吳鳳，余今久居臺灣，亦少聞人談及。中國二十五史，最後一部為《清史》。儻仍保留有史學傳統不失，則《清史》中必當有丁龍、吳鳳其人。要之，民族文化之傳統已中輟，即此事可以作證。

今日西風暢行，人人以經商牟利求富，組黨參政謀貴，為人生兩大目標。近之如丁龍、吳鳳，遠之如本篇上舉，自舜以下迄於如介子推以下諸人，尚何得而再見。即如歷史，自二十五史外，此下之國史又將成何模樣，具何體統，此誠無可輕加擬議，又大值嗟傷之事矣。久懷在心，終不免筆而書之。直言無諱，幸國人恕之，不加深責，則誠不勝其私幸矣。然而古籍具在，使非盡加焚燬，復有讀者，亦終知余言之具有實據，終非虛發矣。

（民國七十五年十二月為《國史館館刊》復刊第一期作）

十三、國史館撰稿漫談

余嘗謂歷史即人生，一往不復，與時俱新。故史學必以「人事」為主，而史書所當講求者，則有「書法」，即其體裁。可以同一事而記載稱述各不同，增刪不一，詳略互異。

中國古代中央及諸侯列國間，即各有史官、史書。自西漢司馬遷起，乃有《太史公書》，後世稱之為《史記》，遂為中國此下歷代正史體裁所宗。迄至清末共成二十五史。成書時代各不同，所載內容自異，而書法體例則大體相承，始終一致。

自中華民國興起，國體既變，政治元首為總統更迭，再無朝代興亡與帝王之相傳，二十五史之體裁亦宜將中斷，不能再賡續不變。余對此事曾與章太炎有過一次討論。太炎大意謂，列傳年表諸體，大致無何相異。惟書志一項，體裁當變。如外交，決非舊史體例可限，食貨、刑法諸門亦然，各需專門知識，宜當別有製造。如此一段談話外，余對此事絕未與其他人談及，此生亦未聞有人論及此事者。今民國開國已逾七十年，而新國史乃似迄今未見有成稿。此誠刻不容緩急待商榷討論之一事。

如孫中山先生，乃中華民國開國第一位大總統，迄今沒世已逾五十年。政府墨守前世成規設立國史館，但《孫中山先生傳》究竟國史館是否已有正式定稿，並已得政府法定同意及國人普遍之共認，則似乎迄未有一明白之表現，此誠至為一嚴重之事。古人云蓋棺論定。中山先生之為中華民國開國第一大元勳，豈不早成定論？則此下國史，中山先生之一傳，萬不宜久懸不決。

往例列傳分三體，一本紀，二世家，三列傳。世家一例當廢不論，總統或作本紀，或同為列傳，亦當早有論定。又近代人物中如蔡松坡，生值袁世凱稱帝，彼乃遠走西南，起兵征討，事成不久即逝世。如此人物，顯宜列入民國史之列傳中。乃亦未知如松坡其人，是否已確有定稿。

向例舊史均經國史館定稿，俟其朝代亡，新朝繼起，始正式加以編定，作為前朝之史。但今已轉入民主時代，再無改朝易代之事。國家政事均經會議公定，則史稿成，亦當隨時公布，或經某項特設之會議審定。即如對日抗戰，迄今亦踰五十載，民國以來國家大事莫過於此。八年來之抗戰史實，國史館正宜早有一定稿，但亦似未聞有成書。事過境遷，繼今以往，人事更迭，豈不將更臻渺茫，更難論定？

今日中國一切政治皆奉西方模樣，而國史館則係中國數千年來之特創，西方無此成立，無經政府正式編定之國史。民間史書，亦近代始有。此與中國傳統歷代有正史，由政府設專官撰定之意義價值大不同。

又當前政府一切政事，依西方例，均經由立法院加以審定。惟國史館記載史事事屬專門，民選議員未必能評論史傳記載，似乎不宜依照西式，亦由立法院審議。或由立法院另設一特別組織之會議，加以審定。又或由政府另定機構任其職。

但如中央研究院，本先有歷史語言研究所，以「語言」與「歷史」並列。此亦承襲之於西方。中國語言文字有分別，不得以歷史與語言並列。今日國史館倘有成稿，亦不當付中央研究院史語所論定。或可即在國史館內，另聘一審定機構，此亦當由政府決定。一切國史成稿，由該組織決意通過，再公布之於社會，由大眾公議，或再有擬加商榷討論事，始成定稿。此事在西方各國中，均無先例，無所模仿取法。須由國人自經商定，早付實行，乃始有名實相循之正史可言。儻今仍不正式從事，則學絕道喪，此下將更無正史編定之可能。此則無煩多言，而可知其當然矣。

余之此文僅粗發其義，以前國人似少討論及此。實亦無可多言。余草此文既竟，忽逢國史館有人送來館中最近議定「國史館編撰中華民國國史計劃綱要草案」，並附傳紀類、志書類編撰凡例。余雙目已盲，由人為余詳讀。規製細密，包括廣大，一時甚難加以討論。竊謂此等皆屬事先之規定，重要在正式從事後之成績，乃可就事論事，討論其長短與得失。此等仍當由當前國史館實際行事，無可憑空加以批評，恕不詳論。

惟有一事，當率先討論者，乃為書志體與列傳體之輕重一問題。歷史乃人事之記載，非有人即不成史。史事均屬人文。抑且中國史記載更重褒貶。孔子《論語》言：「齊桓公正而不譎，晉文公譎而不正。」此即對齊桓、晉文兩人霸業之褒貶。故又曰：「微管仲，吾其披髮左衽矣。」蓋齊桓之霸業成於管仲，故春秋二百四十年，依孔子意見，最值褒揚者，惟管仲一人。但到戰國時，天下大局已變，當時所重已在王天下，不再在霸諸侯。故孟子言：「子誠齊人也，知管仲晏子而已矣。」此若孟子對管仲之貶辭。但孟子又曰：「吾所願，則學孔子。」則孟子尊孔。貶管仲，與尊孔大義無關。

孟子又言：「聖而不可知之之謂神。」孔子當春秋時已為聖，但到戰國時，果使孔子復出，亦當有變。下到秦、漢、隋、唐時，如孔子又出，又當變。故唐人乃尊孔子為「至聖先師」。聖而躋於「至」，師而謂之「先」，其中亦富深義。今人謂孔子乃兩千五百年前人，烏得復見稱崇？當知在兩千五百年後，其人乃仍能尊兩千五百年前人，則其人亦已非常人，亦已可尊矣。則孔子之可尊，又豈止兩千五百年而止？此乃中國之傳統文化有如此。若以當前之西方文化論，則每一人僅當為一現代人，求變求新，烏得在兩千五百年前而成為一至聖先師。今日之中國人乃在兩千五百年後，亦仍知尊孔子，則豈不亦仍知學孟子。「彼丈夫也，我丈夫也，吾何畏彼哉。」孟子主性善，其義亦若是。

故史學乃為中國人學問中之最高一項，以其能學於古人，學於百千年以上之古人。亦可謂乃可學於自有人類以來之古人，乃可即就於人以為學。其學之廣大而悠久乃如此。先孔子有人言立德、立功、立言、三不朽。自孔子以下，中國學人乃殊少言即於此。孔子則曰：「三人行，必有吾師焉，擇其善者而從之，其不善者而改之。」則如孔子，豈不所遇善不善盡可師？

今人又言「歷史人物」，此亦當以廣義言。流芳百世與遺臭萬年同屬歷史人物。如論三國時代，諸葛孔明其人固可不朽。曹操名在史策，亦不朽。惟其不朽者有別，不同而已。使非曹操之不朽，又何來而成諸葛孔明之不朽？使治史者僅知有善人，不知有惡人，又何得而知史？同是人，而有善惡之分。故同列於史，而有褒貶之異。史學乃如一鑑，照其美，同亦見其醜，乃可有益於人世。

子貢好方人。孔子言：「夫我則不暇。」人生複雜，孔子五十知天命，六十乃耳順。凡聞於耳，皆知其天命之所在，乃無逆於心，故曰「耳順」。此司馬遷所謂「明天人之際，通古今之變」也。但日常對人，可以無多評議。對一時傑出人，有關後世千百年以上之治亂盛衰，豈可默爾而息。孔子之晚年作《春秋》，而游、夏之徒不能贊一辭，此即在其褒貶上，而其意深遠矣。然則寫史又何可不知有褒貶。若重事而輕人，則褒者或有貶，貶者或有褒。褒貶既相異，而其所謂史亦可大不同。如晉文當高踞齊桓之上，則孔子《春秋》豈不當改造？如法國人之重視拿破崙，寫法國史者，又何能效法孔子之作《春秋》？故治中國史，則斷不當重事而輕人。尤不當於人無褒貶。而其於褒貶，尤當有深義。若僅求真憑實據，而無所褒貶，則自中國文化傳統言，又何貴有此史？

西方人則重事不重人。今日舉世人人知有原子彈，但何人始發明此原子彈，則知者漸少。縱盡力譴責其人，亦何補於事。舉一世之人，而僅重強弱成敗，不論是非善惡。成則是而善，敗則惡而非，則舉世當重曹操，不當再重諸葛孔明。此誠中西文化一大異所在，亦即中西史學盛衰之所在。

儻重書、志不重列傳，此亦不免史學之西化。要之，為一中國人有志治中國史，則斷斷不當有如此。此誠所當鄭重提出抗議者。至謂此下寫史，書、志方面文字篇幅當增多，此亦事理之當然，非輕重之別。可不待再加以辨論。

史學既重褒貶，則設筆下辭，更當有斟酌。即如陳壽著史，不稱《魏書》而名曰《三國志》，則嚴斥深鄙之意已見。而且其所貶則甚大，此特偶舉一例，已由史學而轉到文學方面去，其他不詳舉。

（民國七十六年九月為《國史館館刊》復刊第三期作）

十四、世界孔釋耶三大教

人生不能脫離時間、空間，故人之成人，亦必隨時、地而相異。孟子言知人論世。世乃兼指時、地言。中國無宗教，但孔子終不得不謂乃中國一大教主。欲知孔子，必該知孔子之時與地。孔子最仰慕周公，然孔子所生之時與地，與周公不同，斯孔子為人亦不能與周公相同。學孔子者時與地亦各不同，斯其所知於孔子者，亦復互相異。如荀子與孟子異，漢儒與孟荀異，宋明儒又與漢儒異。精而辨之，東漢儒與西漢儒異，明儒與宋儒異。近百年國人之知孔子，又與百年前清末諸儒有大異。即論孔子當時後進弟子亦復與前進弟子異。在後進弟子中，子游與子夏異，曾子與有子異。故兩千五百年來，凡為中國人，無不知孔子，而所知亦無不互相異。彙此各異，乃見孔子之大。然又孰為真知孔子？其及門中，首推顏淵，孔子已言之。後人於孔子孰為最真知，則待後人自定。然以孔子之大，恐自謂真知孔子者或不知，自謂不知孔子者轉有知。要之，能知孔子之大，斯離孔子之真亦庶乎其不遠矣。

釋迦生印度，與孔子略同時。印度與中國地大異，而釋迦之為人與孔子亦大異。中國以農立國，民生勤勞。印度處熱帶，生事易足，摘食樹果，亦足果腹。故其民逸居而多思。釋迦又一王太子，生事更逸，乃更多思。生、老、病、死，盡人所同，釋迦於此轉多思。實因釋迦生長王宮中，不有所思，何以度日。而在王宮中亦無可思，乃思及此人生同然常見事。復何可思，而思之不已，乃對人生生厭倦心。離家出走，但終亦離不開此人生界。而所思亦終無解決之道，乃枯坐菩提樹下得悟。覺人生終脫不了生老病死，惟有根本消滅生理一途。

釋迦於人生無大委屈無大苦痛，亦非有自殺之念，亦不勸人自殺，僅勸人出家，從事修鍊。但修鍊仍不離逸居閒思。故佛教近似西方之哲學家，長於思惟。只其思路有限，並似杜絕生機。常此演申，佛教思想終於不得不告停止。又其教，既不尊天，亦不尊佛。出家僅求解脫。諸佛漸多，而斯人生理終於不絕。於是信心漸滅，其在印度乃久而自滅。其傳入中國則不然。

中國傳統文化自有一套。佛教東來，先與莊老合流，次又與孔孟儒家匯通。中國人本以勤勞為本，修行為重。出家為僧尼，則自別有一套修行。但論其究竟，終不能忘棄孝道。又傳譯經典，並增註疏，勤勞亦如儒道。則中國僧侶內心外行，仍不失為一中國人。緜歷既久，乃自操作，自耕稼，自謀生理，則顯更仍是一中國人。天台、禪、華嚴三宗繼起，而佛教遂完成其中國化。中唐以下，中國人心中乃有孔子、老聃、釋迦三人。釋迦亦似成為一中國人，與其在印度王宮中及菩提樹下之釋迦大不同，而佛教乃成為中國文化之一支。

其次有耶穌，乃歐洲猶太人，其生遠後於孔子與釋迦，生地更遠，其與孔子、釋迦自必相異。猶太人在當時，常為一流亡被奴役之民族，與中國、印度皆不同。於人間世無多期望，乃期望於天，希有一上帝給以援助。印度人則易於生事，遂亦輕視上帝。中國農人勤勞，仍覺天可尊復可親，其態度適介印度猶太兩民族之間。

猶太人視塵世多罪惡，印度人於塵世則無親無仇，惟感倦怠。中國人又適介兩者間，認為人性有善有惡，上天有獎有懲，一惟人之自擇。故猶太人不言政治，但究人生。印度有政治，但其為力微，故亦不加重視。中國則天生民而立之君，君道承天道來，同可尊親，故重政治。期其長治久安，故亦重歷史。印度人不重歷史，猶太人則惟寄望於上帝，乃特富先知預言。

三民族之現實情況既不同，羣心想望亦各異。猶太人言上帝創世，亞當夏娃，天國降謫，故人生原始由罪惡來。印度人言生命，乃由前世積業來。中國人則謂父母結合，乃有此生，故一視同仁，無階級可分，亦無罪惡可言。惟期聖賢迭生，斯民即同享安樂。舜父頑母嚚，子幹父蠱，一家終脫於罪惡。鯀殛羽山，其子禹終治洪水之災。人類果自天國降謫，則何天國罪人之多？上帝既不能善治天國，又烏能治此塵世。

實則耶穌言，凱撒事凱撒管。猶太人既為凱撒所管，耶穌亦上十字架。耶穌乃上帝獨生子，預言上帝當拯救一世人，而惟有世界末日人類乃得救。抑且耶穌言富人上天國，猶如橐駝鑽針孔。而猶太人則始終以經商放高利貸為生。故耶穌復活，於猶太民族亦無關。

耶教盛行於羅馬西歐，直迄近代，歐洲人乃以耶穌為惟一教主，人人信奉。但全歐洲人，終亦以經商營利為人生主要事項。不知耶穌果復活又當何以為訓？

羅馬崩潰，蠻族入侵，但亦同信耶穌，而有中古封建堡壘中之貴族。耶教徒乃轉效凱撒，而有羅馬教會之組織，以及神聖羅馬帝國之夢想。其時為羅馬教皇者，若能學中國之堯、舜、禹、湯、文、武，亦未嘗不能有神聖帝國之出現。而君以此始，必以此終。教皇之高出人上，反而阻抑了人心之直通上帝，馬丁路德之新耶教乃以興起。

穆罕默德則求凱撒亦宗教化，雖與耶教同信上帝，但阿剌伯民族性終自與歐洲人不同。而耶回兩教亦遂大不同，乃有十字軍之戰。即同一耶教，新舊之間，亦鬪爭殘殺，層出不已。此乃耶穌凱撒化，而非凱撒耶穌化，則誠堪謂耶教徒一悲劇。

歐洲現代國家興起，凱撒仍是凱撒，而耶穌仍是耶穌，乃政教分離。教而離於政，斯其為教終有缺。政而離於教，其為政亦終有病。自此而下，西方現代國家乃有國民教育，斯亦僅求為一凱撒之順民。惟耶教徒特創大學教育，先有法律、醫術兩途。一律師，一醫生，其能拯救斯民者亦有限。至西方人大販黑奴，耶教徒乃至黑奴羣中傳教。殖民地繁興，耶教徒乃向殖民地傳教。斯則耶穌轉隨凱撒之後，不啻如中國人在帝王之下求為一忠臣。

近代西方科學，凡所發現，一皆反宗教。城市復起，商業盛行，以至資本主義之發皇，亦即反宗教。而耶穌之為西方教主，則終不能廢。近代西方人，又高呼人生獨立、平等、自由。但信上帝，則無自由、平等、獨立可言。天上人間，遂成為絕相反對之兩面。人世間終是一罪惡，惟死後天國，乃始有其光明之一面。使並此一面而失其存在，則試問人生復何意義價值可言？此實為耶教在西方終不能廢之惟一理由。苟使無希臘、羅馬，即不能有今日之西方。苟使無耶穌，亦不能有今日之西方。希臘人之商業經濟，羅馬人之武力統治，與夫耶穌之上帝信仰以及天國想像，三者混合，乃成今日之西方。生為今日之西方人，欲求擺脫其一，其事實難。欲知西方人，亦必研治西方已往歷史，事理顯然，無待深論。

中國人好言「化」，曰「化成天下」，斯見非化即無以成天下。中國人又好言「同」，同由化來。中國人欲化匈奴人，乃使匈奴人移居中國。欲化鮮卑人其他人亦然。然而尚有五胡亂華。蒙古人來治中國，中國人欲同化蒙古人，然蒙古人有故土可返，則其同化難。滿洲人來治中國，不返故土，則其同化易。

時地外，又當論多少數，中國人眾，可同化五胡及蒙古、滿洲。猶太人為一不易同化之民族，自有歷史，猶太人非有國家，遷徙流亡，至今猶太人散居各國，仍然為一猶太人。惟其自唐代來中國，而中國迄今乃不見有猶太人遺留，均已同化為中國人。則以中國地大人眾，同化力強，故雖猶太人亦終無以自保。

今再推擴言之，不僅猶太人，西方民族如希臘人、羅馬人，以及中古以下之現代各國人，如葡萄牙、西班牙乃及全歐各國，迄今尚有三四十國駢立，則西歐人之難於同化，豈不一如猶太人？推而言之，世界其他諸民族，惟中國人之同化力為最強。廣土眾民，以有今日，誠為人類學中大值研究一問題。

中國人好言「教化」，又言「治化」。教育與政治，乃中國人同化其他民族之兩大工具。堯、舜、禹、湯、文、武、周公執政，亦均言教。孔子以下好言教，亦不忘政。政教合，斯為治，而易化。今日吾國人好言西化，欲求中國而西方化，但政教分，則其事難。亦當知以我化人易，求化於人難。孔子一人化其弟子門人踰七十人，其事易。其門人七十餘弟子，儻欲一一求化於孔子，則其事難。孔子亦中國人，中國人盡求同化於孔子，其事已難，欲中國人盡化於非中國人之耶穌，則豈不將更難。猶太人尚不能化為耶穌，信耶穌者乃羅馬人。耶教之初進羅馬，乃以深夜之地下活動而得勢。其來中國，則適以造成晚清之拳禍。時地民族各不同，耶教在中國又烏得有其昌行之機緣。

抑且中國人謂身外所行為「道」，身內所藏為「德」，孔子曰：「用之則行，捨之則藏。」是也。故中國古人稱文王之德上通於天，但文王之德亦非文王一人成之。乃上自其祖太王，其父王季，乃至其伯父泰伯，叔父虞仲，下及其身，又至於其子武王、周公，而始成為文王通天之德。惟孔子乃可謂德由己成，然亦自十五志學，至於七十而始從心所欲不踰矩。孔子之道至是始成。耶穌則為上帝獨生子，其道直接得之上帝，不由己德。亦不聞耶穌何從修其德。只求信道，不問修德，此又中西信仰一絕大不同處。

中國民初新文化運動，主張全盤西化，然僅曰「賽先生」、「德先生」，而絕不言耶穌。賽先生乃自然科學，始於希臘。近代西方科學，亦與商業結不解緣。苟非城市商業化，則不能有今日西方之科學。德先生為民主政治，使無凱撒，即不易激起民主政治。近代西方民主政治，乃兼希臘商業與羅馬武力而一之。民主以多數意見為依歸。然多數意見，無不好富好強。不教富，不教強，則多數民意決不樂從。惟有轉讓能富能強者來任此政，乃為民主。故中國民初之新文化運動，實亦為每一個人求富求強之運動。

然就實論之，小國而求富求強易，大國而求富求強難。希臘僅有都市，尚不成國，故其求富易。羅馬，亦僅一城稱強，不依意大利半島稱強。即近代西歐，如葡萄牙、西班牙、荷蘭、比利時，乃至於英、法，亦皆小國。若以大國言經濟，則不患寡而患不均。中國自先秦以來，自由工業競起，下至漢武帝，而有鹽鐵政策加以限制，不許自由資本之滋長。兩千年來，下及清末，鹽政、礦政以及漕政運輸，皆不許私家資本操縱。而中國之士人參政，自唐代起一千年來，又必限於家世清白者乃得參預考試，工商業皆不得預考試。所以然者，欲求國政之平治，即不宜使民間經濟之偏榮偏枯。

即在西方亦何獨不然。大英帝國資本殖民可以行之印度非洲。若美利堅，賦稅不公平，即起而爭獨立。加拿大、澳洲繼起。故西方帝國主義僅能行於異民族。同血統同民族，則皆叛離以去。直至今，美、澳、加、南非諸邦，皆不能服從其祖國英帝國之領導，此亦當前具體之一徵。

然則資本主義、帝國主義均不能行之大國，惟有小國寡民，庶可依此期圖富強。大羣則所不宜。當前之英美，即當為其例。孔子曰：「足食足兵，民信之矣。」此亦僅為一小邦衛國言。足食僅以求飽，與圖富不同。足兵僅以求安，亦與圖強不同。如是之政府，則民信之。信政府，可不再信天。縱使不能足兵以安，足食以飽，為政者亦必先求民信。苟使其民不信政而信天，則其政何以存。故羅馬帝國必亡，大英帝國亦必亡。帝國亡，則資本主義何仗以自存？斯則西方現實政治現實人生之大可憂慮者。

今試改言美國，美國乃西方殖民首創第一大國，較之歐西小邦林立，真不啻翁仲之於侏儒。彼輩新自帝國主義之統治下解放，自不願自創一帝國。惟其不斷的西部發展，印第安人幾無噍類，實仍為一種變相的帝國主義之侵略。但北方如加拿大，南及墨西哥，以及中南美諸邦，皆屬西方殖民。彼此均願劃疆分界，和平相處，於是有門羅主義，儼欲分新大陸於舊大陸之外。敦睦安定，自成一體制，豈不為自希臘、羅馬以來之西方傳統另成一新格。然而就其內部言，白人、猶太人、黑人，如鼎之三足，猶太人掌經濟，商業資本依然不能不向外。黑人生齒日繁，民主投票權日益滋長，白人對此顯未有同化能力。則久後前途實難預卜。中國分家、國、天下。如美國，已如中國一「天下」，而美國人實無一中國人之「天下觀」。兩次世界大戰，美國皆參加，乃一躍而幾成世界之盟主。但美國人觀念，僅知有聯合國，不知有天下，於是進退兩難。果將如何來領導此世界，則頗無明確之定向，徒增紛擾，而內力亦漸趨削弱。使無耶教信仰為之維持，僅仗科學民主，則爭權爭利，即其國內亦將不能有一日之相安。

故西方文化傳統，希臘商業，羅馬軍功，帝國主義與資本主義相依為命，無可缺一，無可轉變。而加以死後靈魂升天之共同信仰為之調劑，遂有今日之形態。歐洲如此，新大陸亦然。財力軍力則均不足以同化人。今我國人惟求同化於西方，而又主排斥耶穌，僅同化於彼中之凱撒，又烏能然？

從中國立場言，孔子縱不信耶穌，其靈魂應亦得升天堂。若使其靈魂亦貶入地獄，則試問此上帝又寧可信？使孔子靈魂亦得上天堂，則孔子前後五千年來之中國人，其靈魂得入天堂者又何限？凡今中國人所自媿不如西方人者，乃僅在其財力武力上。求富求強，則必反孔子之所教。

百年前，中國人則曰：「中學為體，西學為用。」試問中學之體又如何發揮出西學之用來？

又如何用孔子之道來施行商業資本主義？來培養武力帝國主義？兵不足，食不足，民不信，百年來中國禍亂相尋。若果用西學，科學民主外，仍得有宗教，仍須有耶穌。西方自有其悠遠歷史而如此，亦豈咄嗟可期。中國人言：「十年樹木，百年樹人。」即在同一民族，同一文化中，教化之效，亦得經長時期之緜延，何況以廣土眾民長期積累之中國，而希冀其彈指間西化，又烏可能。

然則果使中國人崇揚孔子，求以孔子之道來同化今日之西方人，又如何？則當知此道亦非咄嗟可期。釋迦來中國，至今依然是一釋迦。耶穌來中國，又豈能使耶穌中國化？耶穌生於猶太，釋迦生於印度，而今日之猶太、印度亦均不能西化。孔子生中國，今日之中國，同樣不能西化。此亦無可奈何者。

然則今日世界各民族林立，而交通便利已如一家，又如何相處以安？曰，此惟有一道，仍賴「教化」。西方之資本主義、帝國主義相爭日烈，惟有寄望於耶穌，使凱撒而亦能耶穌化，則庶乎其近矣。耶穌不管凱撒事，使今日凱撒盡信耶穌，耶穌管凱撒當較易。其次則望耶穌而釋迦化。人類原始罪惡，世界終有末日。釋迦則能使人類自得涅槃，莫教上帝以末日強加於人類，豈不較近於大慈大悲救苦救難之一途？再其次則望耶穌而孔子化。修身、齊家、治國、平天下，人類自向善路跑，莫向惡路馳。以和平相處來靜待上帝之批判。當前人類所仰望，計惟有此三途。今則釋迦已在中國，中國人誠心希望西方化，似乎亦不當排除耶穌。但人類如何走上上述之三途，國人亦當努力。

今再深而言人，孔子、釋迦生異時，又異地，世不同，斯其人之生平思想行為亦各不同。然皆受後世大羣之崇拜信仰，歷兩千年不衰，斯其所以同為一超世偉人。惟當前舉世三大教，雖由孔子、釋迦、耶穌三人為之主，亦由三教之後人共成之，惟大體不違此主教者之藩籬門牆而已。孔子在當前現實人生上用功，釋迦則對此現實人生有厭倦，進而求杜絕人生以歸於空虛寂滅之涅槃。耶穌則對人生抱絕望，乃求援於上帝，達成其死後天堂之幻想。故孔子一切問題集中現在世，釋迦則在遙溯過去世，耶穌則寄望未來世。未來世在天上，過去世則仍屬人間，故就人生言，釋迦較近於孔子。但孔子重人亦重天，釋迦則平視天人，故就尊天一端言，耶穌猶近孔子。

然孔子、釋迦、耶穌有一共同點，即均不重視世間之富貴與權力，故皆不教人發財，又不教人爭權，更以殺人為大戒。能不爭富爭貴，進而至於不殺人，斯乃三教所同，而為舉世大羣所當絕對信奉者。釋迦之教人不殺人，不聚財，最為顯著。孔子尚言足食足兵，足食僅求飽腹，足兵為防禦侵略，止戈為武，決非殺人求所欲。耶穌則僅教人不求富，並不教人勿仗權勿用武，故曰凱撒事凱撒管。世上有凱撒，則其人易信耶穌，而耶穌則終上十字架，其徒亦不能盡力戒殺。如十字軍之戰，如新舊教衝突皆是，此則三教大不同之所在。

今日西方耶教徒，則終視發財與殺人為人生中兩件尋常事。凱撒則復活又復活，天上人間政教分立。盡力爭財爭權，去到教堂懺悔祈禱，離開教堂仍在凱撒下爭財爭權，甚至爭信仰，不惜以殺人為事，耶教終能在西方盛行，此亦一因緣。近代中國人，乃亦有人主張，人以機關槍來，我亦以機關槍去。而製造機關槍，則先需發財，於是殺人與發財亦視為人羣中兩大道。此則與孔子釋迦乃絕相違異，而於釋迦則更不容。

康有為寫《大同書》，主張仍有夫婦，但五年一更約，防止私財。但無一決然防止武力之道。新文化運動提倡科學與民主，科學正可謀財仗武，故新文化運動中乃亦排除耶穌。馬克思以共產為世界主義，則必主階級鬭爭，無殺可禁。故共產世界亦禁宗教。

今儻以勿殺人為宗教第一義，則宜奉釋迦、孔子為人類之大教主。耶穌開放了凱撒一路，此乃耶穌之不得已。釋迦之教行，則人羣中應無政府與政治。孔子告季孫氏，曰：「子為政，焉用殺。」人羣中可有政治，而主政者可不用殺。果使凱撒而亦信耶穌，則宜亦信奉此語。

耶穌誕生距今已將兩千年，孔子、釋迦猶前耶穌五百年，今日世界人事，此三人決不知。依今而論，釋迦以杜絕人類生機為其設教大宗旨，今日似當轉為一種哲學思想，供人類閒暇中討論，似不宜奉為人類共同之大教。耶穌放開政治一路，成為西方之政教分離，此層似尤不宜沿襲。惟中國孔子，以政治納入教化中，一切政治事業均當服從教化，此一層似為今日以後人類所最當信用。惟不殺人，則尤當為人類教化之第一義。孔子曰：「子為政，焉用殺。」則孔子不贊為行政而殺人。又曰：「聽訟，我猶人也。必也使無訟乎。」則以法律殺人，孔子亦不贊許。孔門亦不甚許湯武之征誅，故孔子謂武王猶有慙德。孔子門人則曰：「桀紂之惡，不若是之甚。」而孔子稱管仲則曰：「九合諸侯，一匡天下，不以兵力。如其仁！如其仁！」有求仁而捨生，未有為生而害仁。故孔子曰：「殺身成仁。」孟子亦曰：「捨生取義。」為仁義，可以自捨己生，不聞以殺人為仁。

其次如富貴，孔子並未盡情拒斥，故曰「不仕無義」，「用之則行」，則孔子不拒貴，但亦不求貴。富亦不拒，故曰：「富貴如可求，雖執鞭之士，我亦為之。」又曰：「子貢不受命而貨殖，臆測屢中。」亦非斥辭。惟冉有使季孫富於周公，則斥之曰：「非吾徒也，小子鳴鼓而攻之可也。」則孔子不求私財，亦不斥公富。惟當前私人自由之資本主義與國外侵略之帝國主義，則孔子當深所不許。而如今日西方民主政治下總統競選，乃至議員競選，恐亦非孔子所許。今日之中國人，如何善體此義，修身、齊家、治國、平天下，一以貫之。孔子曰：「後生可畏，焉知來者之不如今。」則有待於今日以下之後生興起。孔子又曰：「自周以下，百世可知。」則今日以下理想之後生，亦必無違乎兩千五百年前孔子之所知。上天降德，企予望之。

（民國六十七年作，七十七年三月重修，六月《動象月刊》載）

秦漢史

錢穆 著

你知道秦始皇如何統治龐大的帝國？焚書坑儒的真相又為何？漢帝國對外擴張遇到什麼樣的問題？重農抑商背後的事實是什麼？賓四先生以嚴謹的史學研究方法，就學術、政治及社會各層面，深入淺出地對秦漢史加以探討。不但一解秦漢史學的疑惑，更能提高讀者的眼界。

古史地理論叢

錢穆 著

本書彙集考論古代歷史、地理長短散文共二十二篇，其主要意義有二：一則以古代歷史上之異地同名來探究古代各部族遷徙之跡，從而論究其各地經濟、政治、人文進化先後之序；二為泛論中國歷史上南北兩地域經濟、政治、人文演進之古今變遷，指示出一些大綱領。要之為治歷史必通地理提示出許多顯明之事例。

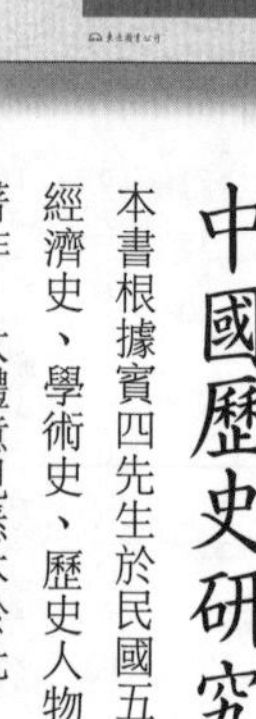

中國歷史研究法

錢穆 著

本書根據賓四先生於民國五十年在香港講演之內容，記載修整而成。內容分通史、政治史、社會史、經濟史、學術史、歷史人物、歷史地理、文化史等八部分。此下三十年，賓四先生個人有關史學諸著作，大體意見悉本於此，故本書實可謂賓四先生史學見解之本源所在，亦可視為其對中國史學大綱要義之簡要敘述。

中國歷代政治得失

錢穆 著

本書提要鉤玄，專就漢、唐、宋、明、清五代治法方面，有關政府組織、百官職權、考試監察、財經賦稅、兵役義務，種種大經大法，敘述其因革演變，指陳其利害得失，要言不煩，將歷史上許多專門知識，簡化為現代國民之普通常識，實為現代知識分子所必讀。

中國歷史精神

錢穆 著

中國的歷史源遠流長，其間治亂興替，波譎雲詭，常令治史的人望洋興嘆，無從下手，讀史的人望而卻步，把握不住重點。本書作者錢穆先生，以其淵博的史學涵養，敏銳的剖析能力，將這個難題解開了，使人得窺中國歷史文化的堂奧。

黃帝

錢穆 著

司馬遷《史記》敘述中國古代史，遠始黃帝，惟百家言黃帝，何者可定為真古史，司馬遷亦難判別。然古人言黃帝亦異於神話，蓋為各種傳說之總彙，本書即以此態度寫黃帝，以黃帝為始，彙集許多故事，接言堯、舜、禹、湯、文、武、周公，一脈相傳，透過古史傳說，勾勒其不凡的生命風貌。讀者不必據此為信史，然誠可以此推考中國古史真相，一探古代聖哲之精神。

論語新解

錢穆　著

自西漢獨尊儒術以來，《論語》便是中國歷代學者必讀之作，諸儒為之注釋不絕，習《論語》者亦必兼讀其注。然而，學者往往囿於門戶之見而刻意立異，眾說多歧，未歸一是，致使讀者如入大海，汗漫而不知所歸。

賓四先生因此為之新解。「新解」之新，乃方法、觀念、語言之新，非欲破棄舊注以為新。一則備采眾說，折衷於是，以廣開讀者之思路，見《論語》義理之無窮；二則兼顧文言頗析之平易，與白話語譯之通暢，以求擺脫俗套，收今古相濟之效。讀者藉由本書之助，庶幾能得《論語》之真義。

孔子傳

錢穆　著

儒學影響中華文化至深，討論孔子生平言論行事之著作，實繁有徒，說法龐雜，本書為錢穆先生以《論語》為中心底本，綜合司馬遷後以下各家考訂所得，也是深入剖析孔子生平、言論、行事後，重為孔子所作的傳記。

作者從孔子的先祖談起，及至孔子的早年、中年、晚年。詳列一生行跡，並針對古今雜說，從文化脈絡推論考辨，以務實的治學態度辨明真偽，力求貼近真實的孔子。

朱子學提綱

錢穆　著

本書為《朱子新學案》一書之首部。中國宋元明三代之理學，朱子為其重要一中心。儻論全部中國學術思想史，則孔子為上古一中心，朱子乃為近古一中心。《朱子新學案》乃就朱子學全部內容來發揮理學之意義與價值，但過屬專門，學者宜先讀《宋元學案》等書，乃可入門。此編則從全部中國學術思想之演變來闡述朱子學，範圍較廣，但易領略，故宜先讀此編，再讀《朱子新學案》全部，乃易有得。

中國學術思想史論叢

錢穆　著

本套書凡三編，共分八冊，彙集了賓四先生六十年來，討論中國歷代學術思想，而未收入各專書之單篇散論。上編（一～二冊）自上古迄先秦，中編（三～四冊）自兩漢迄隋唐五代，下編（五～八冊）自兩宋迄晚清。先生治學主通不主專，是以能於歷代諸子百家中，梳理其學術流變，闡發其思想精微。三編一貫而下，中國歷代學術思想之脈絡自然呈現。

中華文化十二講

錢穆　著

本書乃賓四先生初定居臺灣期間，在各軍事基地之演講辭，共十二篇，大體討論中國文化問題。賓四先生認為中國文化有其特殊之成就、意義與價值，縱使一時受人輕鄙，但就人類生命全體之前途而言，中國文化必有其再見光輝與發揚之一日。或許賓四先生頌讚或有過分處，批評他人或有偏激處，要之讀此一集，即可見中國文化影響之悠久偉大。

八十憶雙親、師友雜憶（合刊）

錢穆　著

本書為《八十憶雙親》、《師友雜憶》二書之合編，皆為錢賓四先生對自己生平所作的記敘。《八十憶雙親》為先生八旬所誌，概述其成長的家族環境、父親的影響和母親的護持。後著《師友雜憶》，繼述其生平經歷，以饗並世。不僅補前書之不足，歷數了先生的求學進程、於各地的工作經驗、做學問的契機、撰著寫就的過程以及師友間的往事等，使讀者對賓四先生有更完整、更深刻的認識；亦可藉由先生的回憶，了解其時代背景，追仰前世風範。

世界局勢與中國文化

錢穆　著

本書乃彙集三十年之散篇論文，共三十題，就其中一題，取名為《世界局勢與中國文化》，討論當前世界局勢之演變，及中國文化在此變動局勢中應如何自處之道。所涉方面甚廣，論題或大或小，或專或通。每題各申一義，而會合觀之，則彼此相通，不啻全書成一大論題，而義去一貫。其間各篇，雖因時立論，而自今讀之，亦無過時之感。

先秦諸子繫年

錢穆　著

先秦諸子年世問題實多，前人多據《史記・六國年表》加以考訂。然〈六國年表〉僅據秦史，本身即多闕漏。先生乃通過考證汲冢《竹書紀年》，改正《史記》之牴牾；兼之遍考諸子著述，博採秦漢古籍，對先秦諸子之生平思想，各家學派之傳承流變，一一論證。其廣度與深度，為當時的學術圈開創了一番新境界。

人生十論

錢穆　著

本書為錢賓四先生之講演稿合集，由「人生十論」、「人生三步驟」以及「中國人生哲學」等三編匯集而成。所論人生，雖皆從中國傳統觀念闡發，但主要不在稱述古人，而在求古今之會通和合。讀者淺求之，可得當前個人立身處世之要；深求之，則可由此進窺古籍，乃知中國傳統思想之精深，以及與現代觀念之和合。做人為學，相信本書皆可以啟其端。

中國古代思想史論

李澤厚　著

本書從剖析孔子仁學開始，論說了自先秦至明清的各種主要思潮、派別和人物。其中著重論證了中國的辨證法是「行動的」，而非「思辨的」。秦漢時期的「天人感應」宇宙觀；莊子、禪宗對人生作形上追求的美學；宋明理學則作為道德形而上學而具有重要價值，以及在明清時期思想中「治人」與「治法」已出現分離，象徵著傳統中國的政教合一制度動搖，思潮逐漸向近代靠近。

中國近代思想史論

李澤厚　著

本書收作者對近代中國自太平天國至辛亥革命時期各主要思潮和重要思想人物如康有為、譚嗣同、嚴復、孫中山、章太炎、魯迅等的系統論述和細緻分析。首篇即從思想角度剖析，太平天國為何「其興也勃，其亡也忽」，指出農民革命戰爭諸多規律性的現象，慨乎言之，深意存焉。其後數篇乃對戊戌變法維新思想和人物的詳盡分疏，於康有為大同思想和托古改制策略，評價甚高。此外，對嚴復在中國近代思想史的特殊地位，章太炎的民粹主義的突出思想特徵，本世紀初知識者由愛國而革命的心路歷程以及梁啟超、王國維等人的獨特意義，都或詳或略了以點明和論述。

中國現代思想史論

李澤厚　著

本書以「啟蒙」與「救亡」的雙重變奏，作為解釋中國近現代思想史上許多錯綜複雜現象的基本線索，在學術界引起了巨大討論。

此外，本書以數十年的新文學歷程，以及「現代新儒家」等哲學論題，深入淺出地探討現代中國思想的爭議與價值，並或明或暗地顯現了本世紀中國六代知識分子的身影與坎坷的命運。

國家圖書館出版品預行編目資料

中國史學發微／錢穆著.——初版一刷.——臺北市:
三民，2023
面；　公分.——（錢穆作品精萃）

ISBN 978-957-14-7413-7（精裝）
1.史學 2.中國

601.92　　111002631

中國史學發微

作　　者　錢　穆
發 行 人　劉振強
出 版 者　三民書局股份有限公司
地　　址　臺北市復興北路 386 號 (復北門市)
　　　　　臺北市重慶南路一段 61 號 (重南門市)
電　　話　(02)25006600
網　　址　三民網路書店 https://www.sanmin.com.tw

出版日期　初版一刷 2023 年 1 月
書籍編號　S600181
I S B N　978-957-14-7413-7

三民書局